高等院校早期教育（0—3岁）专业系列教材
中国学前教育研究会教师发展专业委员会组织编写

婴幼儿游戏

主　编　沈文瑛
副主编　张凤敏　王瑜

上海科技教育出版社

图书在版编目（CIP）数据

婴幼儿游戏/沈文瑛主编；张凤敏，王瑜副主编.—上海：上海科技教育出版社，2023.8

高等院校早期教育（0—3岁）专业系列教材

ISBN 978-7-5428-7871-7

Ⅰ.①婴… Ⅱ.①沈… ②张… ③王… Ⅲ.①婴幼儿—游戏—高等学校—教材 Ⅳ.①G613.7

中国版本图书馆CIP数据核字（2022）第243376号

责任编辑　钱吉　王婷　邱志华
封面设计　符劼

婴幼儿游戏

主　编　沈文瑛
副主编　张凤敏　王瑜

出版发行	上海科技教育出版社有限公司 （上海市闵行区号景路159弄A座8楼　邮政编码201101）
网　　址	www.sste.com　www.ewen.co
经　　销	各地新华书店
印　　刷	常熟华顺印刷有限公司
开　　本	787×1092　1/16
印　　张	16
版　　次	2023年8月第1版
印　　次	2023年8月第1次印刷
书　　号	ISBN 978-7-5428-7871-7/G·4664
定　　价	65.00元

高等院校早期教育（0—3岁）专业系列教材编写委员会

主　任　张明红　郑健成

委　员　（以姓氏拼音为序）

贺永琴　康松玲　凌　玲

刘　馨　马　梅　皮军功

钱　文　师宇楠　孙　杰

王　婷　叶平枝

《婴幼儿游戏》编写组

主　　编　沈文瑛

副 主 编　张凤敏　王　瑜

编写人员　于帅琦　王　瑜　沈文瑛
　　　　　梁美玉　陈国钰

总　　序

　　0—3岁是人生的开端，是个体发展的起点，是教育启蒙和最基础的阶段。心理学、脑科学等研究表明，0—3岁是大脑、语言、精细动作等发育最快、可塑性最强的关键期，遵循0—3岁婴幼儿身心发展的特点与规律，为婴幼儿提供适宜的发展与教育条件，才能起到事半功倍的效果。重视0—3岁儿童的早期发展与教育已逐渐成为全世界学前教育发展的重要趋势。21世纪初，我国政府开始加大对早期教育的关注程度和投入力度。《中国儿童发展纲要（2001—2010年）》对2001年到2010年的0—3岁婴幼儿教育发展提出了目标和策略措施。2003年，教育部等部委颁布的《关于幼儿教育改革与发展的指导意见》明确提出，要"全面提高0—6岁儿童家长及看护人员的科学育儿能力"。《国家中长期教育改革和发展规划纲要（2010—2020年）》在学前教育发展任务中也强调要"重视0—3岁婴幼儿教育"。

　　我国第六次人口普查数据显示，0—3岁婴幼儿约7 000万。同时，国家生育政策的调整和实施，势必带来未来几年新生人口的增长，也必然会对社会、经济和教育等各个层面产生影响；人们对0—3岁婴幼儿早期教育的重视程度越来越高，无疑也给0—3岁婴幼儿早期教育的发展提出了新的要求。科学、健康的早期教育需要高素质、专业的早教教师队伍。截至2017年，教育部已批准54所高专、高职院校开办早期教育专业。如何加快推进0—3岁早期教育专业建设，规范0—3岁早期教育专业课程与教材建设，尽快培养和培训一批专业化程度较高的0—3岁早教教师队伍，从而引领科学和高质量的婴幼儿早期教育，是一个亟待研究解决的现实问题。

　　针对这一现实需求，中国学前教育研究会教师发展专业委员会组建了早教教师委员会，于2015年、2016年分别召开了早期教育专业建设研讨会、早期教育课程与教材建设工作推进会，积极组织全国有关领域的专家学者，已经开设和准备开设早期教育专业的高专、高职院校相关负责人深入研究制订早期教育专业人才培养方案，并组织华东师范大学、北京师范大学、广州大学、天津师范大学、哈尔滨幼儿师范高等专科学校、福建幼儿师范高等专科学校、贵阳幼儿师范高等专科学校、国家卫健委（原国家卫计委）等有关院校和政府部门的专业人员组成了早期教育专业课程与教材建设专家委员会，组建了由部分幼高专、卫生、保健等专业人员组成的早期教育专业课程建设与教材编写委员会领导小组，围绕0—3岁早期教育专业的核心课程建设，精心组织研究编写了这套0—3岁早教系列教材，由上海科技教育出版社出版。相信这套教材的编写与出版，不仅可以为已经开设、准备开设和拟加强早期教育专业建设的有关院校与机构提供0—3岁早期教育专业课程建设的试用、使用和实验参考，也能成

I

为在幼儿园、早教机构、社区早教基地等相关机构从事早期教育、早期保育护理工作、早期家庭教育指导、早教管理与科研的教育者和工作者的参考用书。同时,也期望使用本教材的院校、培养培训单位和教育工作者能够根据实践,不断予以补充、修改和完善,共同推进0—3岁早期教育专业的课程与教材建设。

中国学前教育研究会教师发展专业委员会
洪秀敏
2017年7月于北京师范大学

前　言

　　发展婴幼儿托育事业是保障和改善民生的重要内容。目前，我国有3岁以下婴幼儿5000万左右，是世界上婴幼儿数量较多的国家之一。自20世纪90年代以来，受多方面因素的影响，我国托儿所逐渐萎缩，婴幼儿照护服务有效供给严重不足。我国3岁前婴幼儿的教育大都在家庭中进行，基本由祖父母承担。由于准父母缺乏婴幼儿健康与教育课程的学习，祖父母一般依据养育子女的经验养育和教育第三代，这势必带来婴幼儿托育问题。

　　2019年，国务院办公厅下发了《关于促进3岁以下婴幼儿照护服务发展的指导意见》，内容跨越了"早期教育"的概念，将3岁以下婴幼儿托育定位于"照护服务"，包含孕婴保健、科学养育、早期教育等方面。从生命起始的保健到孩子出生后的科学养育，再到早期教育，突出了生命全周期的服务管理概念，体现了十九大"幼有所育"的思想，明确提出加强对家庭婴幼儿照护的支持和指导，加大对社区婴幼儿照护服务的支持力度，规范发展多种形式的婴幼儿照护服务机构。

　　当前，高职院校对加强早教专业人才培养有着强烈的现实需求，而在专业人才培养的过程中，婴幼儿游戏方面的教材并不多见。游戏是儿童的天性，孩子们生来就喜欢游戏，他们是在生活和游戏中学习的。游戏蕴藏着发展和教育的契机，成人可以从中观察到婴幼儿在智力、语言、自我观念，以及个性等多方面的差异。游戏成为了解孩子的一个重要途径，专家以此为依据来设计更加符合婴幼儿需求的活动课程，提供更为适宜的游戏环境和材料，更好地促进婴幼儿主动学习，支持其健康和谐发展。

　　本书作为专业教材，主要阅读对象为高职院校早教类专业及本专科相近专业的学生。学生通过学习可以增强对婴幼儿游戏的认识，理解婴幼儿的发展规律和学习特点，珍视游戏和生活的独特价值，积极为婴幼儿创设自主游戏的时间、空间与条件，最大限度地支持和满足婴幼儿通过直接感知、实际操作和亲身体验获取经验的需要。

　　本教材也可作为婴幼儿照护服务机构的在职人员的培训教材。教材注重通过具体的案例帮助非早教专业的在职人员尽快提高对婴幼儿游戏的重视，习得科学的游戏创设环境和支持婴幼儿游戏的方法策略。另外，教材还可供婴幼儿家长学习阅读，对家庭婴幼儿照护起到支持和指导作用。

　　全书共分为六个章节，彼此之间具有一定的逻辑关系，这种逻辑关系是以一名没有早教经验的成人，学习如何依据婴幼儿身心发展特点和规律创设适宜的游戏环境、支持婴幼儿在游戏中主动学习和发展为线索展开的。教材遵循人的认知规律，从简单到复杂，从基础理论到基本运用。第一章围绕游戏基本理论展开论述，使读者对为什么游戏及游戏的价值展开思考。第二章将游戏与婴幼儿发展相结合,主要在于建立起读者对婴幼儿身心发展特点及规律的基本认识与理解。第三章在读者对婴幼儿有所了解的基础上,帮助其掌握婴幼儿游戏环境的特点、为婴幼儿创设良好游戏环境的原则与方法等,提升其专业能力。第四章帮助读者习得支持婴幼儿在游戏中学习的具体策略,建立观察解读、科学照护的意识。第五章作为本书的主要部分,进一步分类阐明不同年龄阶段婴幼儿在动作发展、语言发展、社会性发展及认知发展方面的特点,据此提供游戏选择与支持、玩具与材料方面的示例,帮助读者更为详尽地掌握婴幼儿游戏实践中的具体做法。第六章通过早教工作者与家长的具体实践案例分享,帮助读者更直观地了解目前已有的研究所得,并在此基础上引发读者进一步创新思考。

本书将婴幼儿游戏理论、婴幼儿游戏环境创设、观察记录与评价、支持方法策略等通过多种方式展现出来,帮助读者树立科学的早教基本理念与基本技能。案例是从家庭和早教机构两个维度呈现的,既考虑到这一阶段的婴幼儿大部分时间由家庭成员照护,又考虑到早教机构中工作人员的实际需求。教材以实践案例为导引,突出"做中学",引导读者在实践中学习,具有可读性和实效性。

本书由天津市幼儿师范学校附属幼儿园沈文瑛老师主编,天津师范大学学前教育学院张凤敏、天津市南开区第四保育院王瑜担任副主编共同参与统稿,天津师范大学学前教育学院于帅琦、陈国钰、梁美玉共同参与编写。其中,于帅琦老师负责第一章、第二章的编写,王瑜老师负责第三章的编写,沈文瑛老师负责第四章的编写,梁美玉老师负责第五章第一至第三节的编写,陈国钰老师负责第五章第四至第六节的编写,沈文瑛老师负责第五章第七节的编写。第六章广泛收集了一线教师的实践成果,他们从教师和家长的不同角度分别展示了在教育机构和家庭教育中的真实游戏案例,具有示范和引领作用。

本书在编写过程中得到了中国学前教育研究会原副理事长郭亦勤、天津市学前教育学会会长刘健的大力支持和帮助,在此表示感谢。同时,一并向为本书积极提供案例和图片资料的幼教同行表示衷心的感谢。书中如有不妥之处,还请读者批评指正,提出宝贵意见!

沈文瑛　于天津市幼儿师范学校附属幼儿园
2022 年 5 月

目录

1	第一章	游戏基本理论
1	第一节	游戏的内涵
11	第二节	游戏的发展
16	第三节	游戏的价值
21	第二章	游戏与婴幼儿发展
21	第一节	婴幼儿身心发展的特点
29	第二节	婴幼儿游戏的特点
36	第三节	游戏对婴幼儿发展的意义
41	第三章	婴幼儿游戏环境创设
41	第一节	婴幼儿游戏环境的意义
47	第二节	婴幼儿游戏环境创设的原则
54	第三节	婴幼儿游戏环境创设的方法
68	第四章	婴幼儿游戏观察与支持
68	第一节	婴幼儿游戏观察
81	第二节	婴幼儿游戏观察记录与分析
95	第三节	婴幼儿游戏支持策略
100	第四节	婴幼儿游戏评价
115	第五章	婴幼儿游戏组织与实施
115	第一节	0—3个月婴儿游戏
124	第二节	4—6个月婴儿游戏
134	第三节	7—9个月婴儿游戏
143	第四节	10—12个月婴儿游戏

I

157	第五节	13—18个月幼儿游戏
173	第六节	19—24个月幼儿游戏
186	第七节	2—3岁幼儿游戏

200	第六章	婴幼儿游戏案例
200	第一节	早教机构游戏案例
220	第二节	家庭游戏案例

243	参考文献
246	后记

第一章 游戏基本理论

学习目标

1. 了解游戏的内涵与本质特征、文化特点,掌握儿童游戏的特点及分类。
2. 了解游戏的起源、演变与发生,掌握游戏的经典理论学说。
3. 了解游戏的价值,明确游戏与生活、学习的关系。

小猫追着自己的尾巴转圈,婴儿不停地摆弄拨浪鼓,儿童在搭积木,一群孩子在追逐打闹……人们会认为这些都是游戏。那么在婴幼儿发展与教育的视野下,游戏的内涵是什么?有哪些特点?又经过了怎样的发展历程?具有哪些特殊价值?本章将通过阐述游戏的基本理论来解释这些疑问。

第一节 游戏的内涵

荷兰文化史学家约翰·赫伊津哈(Johan Huizinga)曾这样高度评价游戏:"文明生活巨大的本能力量起源于神话和礼仪,法律和秩序,商业和利润,技能和工艺,诗歌、智慧和科学。它们全都植根于游戏的原始土壤里。"不仅人类进行游戏,一些动物也进行游戏,游戏是一种古老的社会文化现象。什么是游戏?为什么游戏?对人类发展而言,游戏有多重要?这亦是古老的问题。长期以来,人类对游戏的思考与关注不仅仅在教育界,许多领域的学者(包括文化学家、历史学家、哲学家、社会学家、生物学家等)都非常关注游戏,并在他们的著作中或多或少地论述过游戏的价值和意义。

一、游戏的定义

游戏就像顽皮的孩子躲避着精确的定义。的确,不同的人会从不同的角度、立场、身份去解释和定义"游戏"这一概念:有的强调游戏与人类生存的关系,有的强调游戏与认知发展的关系,有的强调游戏的感觉运动过程,有的强调游戏的社会适应性,有的强调游戏的情绪情感因素,等等。游戏也因此呈现出复杂而又矛盾的多面特点,这就造成了对游戏解释和定义的多样性与复杂性,每一种解释和定义都反映出一定的时空背景与立场,揭示了不同人对"游戏"内涵的不同理解。

本书将游戏定义为一种社会文化现象,反映了人的主体精神的活动,具有极其丰富和复杂的内涵。作为一种跨越文化和年龄的人类行为,游戏是自主自由、使个体获得愉快满足的非功利性行为的总称,所包含的行为非常广泛。

进化生物学家贝科夫(Bekoff)曾提出:"就其核心而言,游戏是行为的万花筒。"这句话揭示了游戏包含行为的广泛性。游戏、审美活动等属于非功利性行为,虽然不能直接产生物质利益,但是这些行为能够满足人类身心方面的需要,让人获得精神和身体上的满足。

二、游戏的本质特征

（一）游戏本质特征的理论

1. 纽曼的"三内说"

纽曼(Newman)提出用控制(control)、真实性(reality)和动机(motivation)这三个指标来确定游戏行为,游戏的本质特征是内部控制、内部真实和内部动机。

（1）内部控制:游戏是受到内部控制的,一个人在游戏的时候是完全的自我控制;当其他人参与进来时,控制成为相互的。每个人都存在着自我控制(内部控制),当受到他人的控制(外部控制)时,内部控制开始向外部控制移动。例如,当一名儿童搭积木时,其游戏完全由自己决定;当另一名儿童参与进来时,两名儿童开始相互交流,商量合作搭建,他们的游戏开始受到外部控制。

（2）内部真实:在他人眼里看起来是"假"的事情,对游戏者来说却是一种内部真实。儿童的游戏总是反映现实生活中的内容或者与现实生活存在着千丝万缕的联系,这些在儿童内心是具有"真实感"的。

（3）内部动机:游戏是由内部动机支持的,但是实际上很少有某种活动的动机是纯内部动机或纯外部动机。游戏很多时候是"我要玩",而不是"要我玩",这体现了其内部动机的支持。

内部控制到外部控制、内部真实到外部现实、内部动机到外部动机之间构成了一个行为连续体,游戏与工作是这一连续体的两端,许多行为都可以在这一连续体上找到相应的位置。

2. 克拉思诺(Krasnor)和佩培拉(Peplerp)的"四因素说"

克拉思诺和佩培拉认为游戏的本质特征有以下四个方面:

（1）灵活性(flexibility):指游戏活动在形式与内容上的多变化性。

（2）积极性(positive affect):指游戏者的情绪体验总是积极的情感。

（3）虚构性(nonliterality):指游戏总带有想象的因素。

（4）内部动机(intrinsic motivation):指游戏不受外部规则或社会性要求的制约,游戏者是为游戏而游戏,玩即目的。

3. 加维(Garvey)的"五特征说"

加维认为游戏具有以下五个基本特征:

(1)游戏是令人愉快、有趣的活动:即使有时并不一定表现出快乐,但游戏者仍然会做出积极的评价。

(2)游戏没有外在的目标:游戏的动机是内在的,游戏更多的是一种获得愉快体验的手段,而不是为了某种特别的目的而努力。从功利的角度说,游戏本身是非生产性的。

(3)游戏是自发自愿的:它是非强制性的,由游戏者自由选择。

(4)游戏包括对游戏者的积极约束。

(5)游戏活动与非游戏活动之间有着某种系统性的联系。

4. 罗杰·凯卢瓦(Roger Caillois)的"六特征说"

法国社会学家罗杰·凯卢瓦认为游戏行为具有以下六个特征:

(1)自由:游戏不是被迫进行的,否则游戏就失去了吸引力和快乐的性质。

(2)松散:游戏不是精确的,没有事先预定的限制。

(3)易变:游戏没有预定的进程或结果,游戏者具有随机应变的自由。

(4)非生产性:从游戏开始到结束,不增加任何生产的物质或任何新因素,除去物品在游戏者之间的转移和变化。

(5)由规则和玩法支配:某种规则和玩法代替了通常的法则,具有独特的意义。

(6)虚构:游戏者清楚地知道他在经历着非真实的情况。

5. 鲁宾(Rubin)等的"六倾向说"

鲁宾等认为游戏具有以下六种倾向:

(1)内部动机:儿童游戏是因为他们想游戏,而不是饥饿等生理内驱力的作用,也不依从于来自外部的社会要求,或因为要得到游戏之外的奖赏。

(2)关注手段:游戏行为是自我发动的,而不是受外部的诱惑或要求的驱使。游戏过程本身吸引着儿童,活动的结果并不重要,例如:因喜欢游泳而游泳,那么游泳是游戏性的;如果游泳是为了保持体型,那游泳的游戏性就减弱了。

(3)我能拿它做什么:游戏不同于探究。探究的特征是"这个东西有什么用",是由刺激所控制的;游戏是活动者自己控制的,游戏者与物体或材料结成的关系特征是"我能拿它做什么"。

(4)想象或虚构:游戏是想象的或假想的行为,游戏行为不同于工具性行为。游戏者在游戏中可以将物体当作其他东西,从而发现它的潜在意义,且游戏者内心清楚"这不是真的"。

(5)规则来自游戏的需要:游戏是有规则的行为,但这种规则不是来自游戏之外,而是来自游戏的需要,由游戏者制定或自愿执行的。

(6)游戏者积极参与:游戏者总是积极参与活动,与材料和人相互作用。

（二）游戏本质特征的辨析

1. 虚假与现实

游戏活动包含着虚幻与假想的成分，在旁观者没有了解游戏所包含的虚假成分时，他们可能会指责游戏者游戏中的内容不符合现实的逻辑，但是当旁观者加入游戏成为游戏者时，又会认同游戏中的"虚假"，不会再追究某些逻辑。游戏活动也包含着现实的成分，游戏来源于儿童现实生活的经验，儿童现实生活的经验越丰富，游戏内容也越丰富，现实生活是游戏展开的基础，游戏是现实生活的后续活动，且儿童年龄越大，其要求的游戏情境也越接近现实，所以说，儿童游戏是虚假与现实的统一。

2. 放松与紧张

游戏可以使人放松，这一点几乎没有人反对，有些人甚至认为这是游戏本质特征中最重要的内容。的确，相对于工作和正规的学习来说，游戏是有趣的、放松的。在游戏中，儿童往往产生更多的积极和正向的情绪，人们也常用这种状态来区分游戏和工作。

工作往往被认为是需要认真的、会使人紧张的，会带来一些负面的情绪。事实上，游戏往往也伴随着认真、紧张，比如拔河、老鹰捉小鸡、丢手绢、木头人等游戏，但这种紧张是愉悦的、满足的。所以，不可否认，对儿童来说，游戏就是他们的"工作"，儿童的游戏是放松与紧张的统一。

3. 自由与约束

在游戏中，儿童对玩什么、怎么玩、和谁玩都有着自由选择的权利，是其自发、自愿、自主的行为，体现了其自由意志。但任何游戏又都是有规则的，游戏规则使儿童在游戏中的行为受到一定的约束，按照游戏需要和现实逻辑进行。因此，儿童的游戏是自由与约束的统一。

4. 目的与手段

游戏的目的就是游戏本身。儿童在游戏的时候更关注游戏的过程，游戏过程本身使儿童内心感到愉悦，而并不需要寻求游戏以外的东西如小红花、赞赏等。为了玩游戏，儿童会开动脑筋想各种办法解决问题，因此，手段为游戏目的服务，游戏是目的与手段的统一。

由此，我们可以归纳出儿童游戏的典型特征，即儿童游戏的特点：虚假与现实的统一，放松与紧张的统一，自由与约束的统一，目的与手段的统一。

三、游戏的文化特点

游戏是一种社会文化现象，作为社会文化生活的组成部分，受到时代和社会文化因素的深刻影响。人类游戏既具有相同的特征，又因各地文化的不同而呈现出不同的文化特点。把文化作为游戏研究的一种框架、思路和背景，有助于我们对游戏有更深刻、更全面的认识。

（一）游戏与文化的关系

文化差异促成了世界各地儿童游戏的多样性，在一定程度上使儿童游戏呈现出性别差异和成人态度差异。游戏对孩子们意味着什么，取决于他们所处的文化环境，取决于文化中的成员对游戏的态度、评价和支持儿童游戏的程度。有学者曾对国外儿童游戏的文化研究进行了概括总结,指出:"儿童游戏与文化是双向构建的过程。游戏是所有文化中儿童的一种主要活动,它既是文化的一个原因,又是文化的一种影响。它是特定文化的表现,是文化学习和传承的一个重要背景和途径,也是儿童发展的指示器和反应器。"也有学者认为儿童文化以多样的游戏形式存在,从某种程度上说,儿童文化可以被看作适应儿童存在方式的游戏,是一种以儿童自己的思想和行为来决定其价值和标准的文化。

例如,游戏心理学家萨顿-史密斯(B. Sutton-Smith)等对规则游戏进行了文化分类学的研究,将规则游戏分为身体技能型游戏、运气型游戏和策略型游戏三种文化等级不同的游戏,每种类型的游戏都有其对应的文化类型。

身体技能型游戏是生产技术比较简单、生存活动主要依靠人的体力和身体运动技能的社会的主要游戏类型。在狩猎采集型文化中,有效地运用弓箭、挖掘物体等生产工具的能力对于人们的生存至关重要,游戏技能与生产劳动所需要的技能是相同的。

运气型游戏主要依赖于运气,是随机的、偶然的,如掷骰子、转盘等。最早的运气型游戏出现在那些占卜盛行的部落中,人们普遍相信"命运",游戏者只能把自己的"命运"交给"运气",在这种文化类型中,人们习惯性地"认命"。在以运气型游戏为主的文化类型中,人们的生活方式单调乏味。在儿童的教养问题上,人们只要求儿童去做"被告知"的事情而不要求儿童去思考为什么要这样做;注重儿童责任感的培养,注重活动方式方法的一丝不苟,而不鼓励儿童的独创性。

策略型游戏主要依靠的是"计谋"或"策略"的运用,要求游戏者具备较高的智力活动水平与技能,如棋牌类游戏、猜谜与记忆游戏。一些高度社会化的运动项目,如足球比赛即属于策略型游戏。策略型游戏始于生产技术先进复杂,生存或成功主要依赖于人的理性决策能力而非体力或运气的文化类型特征的社会,盛行于需要运用外交手腕、策略、计谋甚至是欺骗手段来维持人际关系的社会中。在这种社会文化类型中,人与人之间通常有较森严的等级结构,维持人际关系是社会适应的重要内容。

研究发现,游戏类型与文化类型在发展水平上呈等级相关。在文化结构简单的社会中,人们不需要策略型游戏,策略型游戏是复杂的文化类型的特征。在文化结构复杂的社会中,三种不同类型的规则游戏可同时存在。

在人类学研究的视野中,游戏的复杂性、多样性和所处社会本身的文化类型、发展水平、复杂程度等有重要关联。呈现出文化水平越高、文化类型越丰富,游戏样式越多的特点。游戏与社会文化类型形成了依存关系,一个社会中占主导地位的游戏类型可以反映出这个社会的文化类型特征。

(二)中国儿童游戏的文化特点

中华民族历史悠久,创造了灿烂辉煌的文化,同样也有着丰富的游戏宝库。

1. 古代的儿童游戏

我国古代游戏中:力量型、运动技能型的对抗性团体游戏相对较少,个人技能技巧型游

图1-1 蹴鞠

戏较多；博弈类游戏（运气型游戏和策略型游戏），智力游戏（如七巧板、华容道等），文字游戏（如回文诗、灯谜、字谜、童谣等）高度发达和盛行；还有独特的筵宴游戏（如投壶等）。从留存至今的文物中，我们可以发现很多展现儿童游戏的情景，如蹴鞠、斗蟋蟀、荡秋千、捉迷藏、木偶戏、钓鱼钓虾、采荷等，十分丰富。

作为中国传统文化和教育的重要组成部分，中国古代儿童游戏有着显著特点，这些特点表现出古人对儿童成长的要求和期待，影响着儿童的身心发展，其中有些方面值得肯定，有些方面则应当加以分析和反思。

（1）道德为先

崇尚道德是中国古代儿童游戏的重要特点。据说唐代诗人元结家里的乳母制作了一种"圆转之器"供孩子们游戏。元结的朋友得知此事后大为不满，不仅将这些玩具当场烧毁，还义正词严地告诫元结，"圆"代表着圆滑世故，为刚正不阿之士所深恶痛绝，人应"宁方为皂，不圆为卿"，意为宁可做一个正直的皂隶，也不做圆滑的卿相。这是一种极端的道德主义，影响着中国古代儿童的游戏。

古人推崇智慧类、策略类游戏，主要原因是这些游戏具有道德性、政治性等特点。例如象棋，将、士、相、车、马、炮、兵，各有分工，作用范围和行动方式不同，尊卑分明，表现出中国古代森严的等级观念、强烈的忠君观念等。古代社会存在着男尊女卑的思想，受这种道德观念的影响，女孩子的游戏主要有乞巧、踢彩球、荡秋千、踢毽子等，其游戏内容充满了对女性的角色期待。儿童在游戏的过程中自然地受到传统观念潜移默化的影响。

（2）崇尚智慧

具有智慧内涵也是中国古代儿童游戏的重要特点。诸如棋牌类游戏、拼摆类游戏、语言文字游戏，非常重视培养儿童的智慧。除此以外，流传至今的中国传统玩具，如九连环、七巧板、翻绳等都表现出崇尚智慧的特点。

（3）遵循自然

中国古代儿童游戏体现了遵循自然的特点，玩具大都是来自生活、自然的材料或半成品，一般分为两类：一是儿童自身的手、脚等，如"剪刀、石头、布"还有"捉迷藏""木偶人"等都可以徒手进行；二是利用大自然中的一些简单材料（水、石头、树叶等），这些材料不代表某一具体的物体，儿童在游戏时，可以根据自己的兴趣和需要，对材料加以创造和想象。

（4）紧贴生活

中国古代的儿童游戏具有浓郁的生活气息，密切联系着生产生活。人们将日常生活中的劳动情境融入游戏，让游戏更贴近生活，使儿童在轻松、有趣的游戏过程中丰富和拓展生活经验,获得知识,增长能力。

2. 现代的儿童游戏

20世纪70年代末开始的改革开放对我国政治、经济、文化的发展和人民生活水平的提高都具有非常重要的意义。儿童游戏作为社会发展状况的一面镜子,同样反映出社会的变化。1997年,我国学者刘焱在北京地区采用问卷法和访谈法对童年(12岁以前)分别在20世纪60年代、80年代初、80年代末和90年代度过的四个年龄组的156名被试的童年游戏情况进行了调查研究。研究认为,其游戏特征基本上可以按改革开放为界线划分为两个具有不同时代特征的发展阶段。北京地区儿童游戏在改革开放前后的变化,基本上可以说明我国大中型城市儿童游戏的现状,这种变化说明儿童游戏是具有时代特征的,随着社会发展变化而变化,并反映着社会的发展与变化。

(1) 改革开放前

改革开放前,北京地区的儿童游戏主要具有政治性、自然性、群体性强的特点。从中华人民共和国成立到改革开放前,儿童游戏具有鲜明的政治色彩。政治性的特点主要反映在游戏的名称、题材和歌谣中。例如:古老的"抽陀螺"游戏在20世纪60年代的儿童那里被称为"抽汉奸";在追逐对抗的集体游戏中,出现了以"抓特务""炸碉堡"为题材的游戏;一种用石头击打垒好的小泥人的游戏被称作"斗地主"。这一时期,儿童游戏时所唱的歌谣大致可分为歌颂英雄人物、反对美帝国主义、批判资产阶级生活方式三类。80年代初,儿童游戏仍保留着较鲜明的政治色彩,但不再有新的政治歌谣出现。

自然性的特点主要反映在游戏的材料与游戏的地点。游戏材料多直接来源于自然界或由自然材料制作而成;游戏的地点主要在户外,儿童游戏与自然的关系较密切。70%以上的受访者说小时候自己动手捉蜗牛、萤火虫、金龟子等来玩;65%以上的受访者养小鱼儿、小鸟、小猫、小狗玩;80%以上的受访者自己收集生活中的物品作为游戏材料,如糖纸、冰棍儿棒等;65%以上的受访者表示小时候自己制作玩具玩,如做弹弓、竹蜻蜓、柳笛儿、万花筒、不倒翁等,玩具制作过程本身也被看作游戏过程。

群体性强的特点主要反映在这一时期儿童的玩伴主要是兄弟姐妹(因生育政策与现在不同,当时家庭兄弟姐妹众多),或者年龄相近、居住地相邻的伙伴,很少有独自一人玩或与父母玩的情况,而且儿童游戏的时间也较充裕。调查要求受访者按所花时间长短来排列他们课余所做的活动,结果"玩"被列为占课余时间最长的活动,远高于其他活动(做功课、看课外书等)。

(2) 改革开放后

改革开放后,北京地区儿童游戏的特点转向了世俗化、商品化、个体化,游戏地点由户外转向室内,游戏时间开始减少。改革开放以后,经济建设成为我国社会主义建设的中心任务,社会生产力发展水平得到了极大的提高,人民生活水平极大地改善。儿童游戏的政治色彩减弱,取而代之的是电视等传媒的巨大影响。有意思的是,从20世纪80年代末和90年代两个年龄组收集到的歌谣的内容,反映的是80年代初以来在我国红遍大江南北的十几部电视连续剧、动画片等，如《西游记》《红楼梦》，日本动画片《聪明的一休》，港台片《射雕英雄传》《八仙过海》《包青天》等，呈现了世俗化的特点。

儿童游戏的商品化则表现为大量现成的、作为商品的玩具进入了儿童的生活，自己动手制作过游戏材料的儿童人数由80年代末的64.4%下降到90年代的27.1%。都市化进程的迅速加快，城市绿地的减少，使得大部分儿童缺少亲近自然的机会。

改革开放后，城市化的脚步加快，居住环境的改变使儿童的游戏由户外转向室内，同时，计划生育政策的实施与落实，使儿童独自玩或与父母一起玩的比例上升，伙伴群体游戏减少，游戏呈现个体化趋势。一些儿童选择饲养小动物作为"宠物"，也是为了弥补伙伴的缺乏。

随着高考制度的恢复，我国逐步进入学历化社会。升学压力下，作业与功课、学习特长等成了占据儿童课余生活的重要活动，"玩"被认为是占用了宝贵的学习与补课时间，一些儿童在不合理的活动安排下产生了厌学情绪，甚至是心理问题。2021年，中共中央办公厅、国务院办公厅印发《关于进一步减轻义务教育阶段学生作业负担和校外培训负担的意见》，即"双减"政策，减轻义务教育阶段学生的学习负担，关注并给予儿童游戏的机会与时间。

值得关注的是，在工业和后工业社会中，随着社会文化的进步，儿童游戏的时间和强度在大幅度下降。这突出表现在现在儿童的游戏越来越虚拟化，身体活动游戏和追逐打闹游戏的比例大大下降，VR虚拟现实游戏、电子游戏、网络游戏等比例迅猛增加。游戏随着社会的发展而变化，同时也反映着社会的发展与变化，并且生成着"儿童的文化"。

四、游戏的分类

（一）按自我发展分类

埃里克森（Erikson）以自我发展的理论为依据对儿童的游戏进行了分类。他认为幼儿的身体与社会性技能可以在游戏中得到发展，身体与社会性技能的发展使幼儿的自我概念得到发展，因此，游戏有助于自我的形成。以自我概念的发展为依据，埃里克森把幼儿的游戏分为三种类型：

1. 自我宇宙游戏

这是生命第一年的典型游戏。婴儿在游戏中的探索是以自己的身体为中心，他们玩自己的手和脚，体验各种感知运动技能（如听、看、说、移动）。他们逐渐把自己的身体与他人、他物区分开来，形成自我发展的基础。

2. 微观宇宙游戏

从第二年开始，幼儿在游戏中的探索超越以自身为中心，逐渐学会用小型物体和玩具来游戏，表现为对物体的掌握。这种形式的游戏使自我概念得到进一步的扩展。

3. 宏观宇宙游戏

这是2岁以后幼儿的典型游戏。在游戏中，幼儿超越对自己的身体及"物—我"关系的掌握，开始掌握"他人—我"之间的社会性关系。幼儿最初把同伴当作客体来对待，但是随着在游戏中的接触,开始能够与同伴分享经验与想象,开展合作性的角色游戏。这种游戏再次使自我概念得到了扩展,使幼儿认识到自己能够在范围更大的社会性世界中获得成功,更好地理解社会文化及自己和其他人被期望承担的角色。

这三种类型分别代表了自我概念发展的三个不同阶段或水平。

(二)按认知发展分类

皮亚杰根据游戏与认知发展的关系,将游戏分为如下三类:

1. 练习性游戏

练习性游戏也被称为感知运动游戏,由简单、重复的动作组成,是最早出现的游戏形式,其基本功能是对新习得但还没有巩固的动作进行练习,其动因是感觉和运动器官在活动过程中获得的快感。如婴儿偶然用手碰到了小床上方一个会发出声响的玩具,他就会连续地用手去碰玩具让它再度发出声响。这种游戏可以练习婴儿的动作技能,使婴儿获得对环境的控制感,发现自己的动作和物体变化之间的因果关系。

鲁宾等人提出,练习性游戏随年龄增长呈现逐渐减少的趋势,在14—30个月时,这类游戏在婴幼儿的全部活动中约占53%,在3—4岁时,约占36%—44%,在4—5岁时,下降到17%—33%,到6—7岁时,就只占约14%了。但是练习性游戏可能伴随我们一生,只要在生活中有学习新技能的需要,就有可能出现这种游戏。如学骑自行车,我们可能都会经历刚刚学会骑但还不很熟练,又正是我们最喜欢骑车的时候,这也是在进行练习性游戏。

2. 象征性游戏

象征性游戏指的是幼儿通过扮演游戏中的某种角色或使用玩具代替某些物体进行游戏,即"以人代人、以物代物",是幼儿典型的游戏,2岁以后开始大量出现,4岁以后是比较成熟的发展阶段。3岁以前,婴幼儿的象征性游戏中往往没有角色,只有动作的象征。如幼儿坐在椅子上将椅子当马骑、拿着积木假装打电话等。

3. 规则性游戏

规则性游戏是指两个以上的游戏者在一起按照预先规定的规则进行的具有竞赛性质的游戏。规则性游戏是儿童游戏发展的高级形式,具有代代相传的特点。此阶段幼儿逐渐以规则为中心,用规则来组织游戏,如下棋、跳房子、击鼓传花、老鹰捉小鸡、丢沙包等。

(三)按社会性发展分类

美国心理学家帕顿(Parten)从儿童社会行为发展的角度将游戏分为以下六种:偶然的行为(或称无所事事)、旁观、独自游戏、平行游戏、联合游戏、合作游戏。其中,偶然的行为指的是行为缺乏目标,东张西望,或摆弄自己的身体,到处乱转,不属于游戏;旁观指的是观看他人游戏,偶尔和他人交谈,有时候会提出问题或提供建议,但行为上并不介入游戏,与偶然行为的不同之处在于旁观者会针对特定的群体进行观察,而不是到处无目的地看。旁观可能是游戏,也可能不是。因此,在这里我们讨论另外四种游戏。

1. 独自游戏

这是一种没有玩伴意识的个人游戏行为,儿童专注地玩自己的游戏,忽视他人的存在,不和附近的儿童交谈，儿童之间所玩玩具和游戏是不同的内容。这种游戏行为通常会发生在尚未出现自我意识、还不能理解他人的婴儿身上。

2. 平行游戏

这是一种由两个及两个以上的儿童在同一空间进行游戏的行为，儿童玩着和附近儿童相同或相近的玩具，会意识到其他儿童的存在，也会看其他儿童的操作，甚至会进行模仿，但不与其进行游戏互动。如两个儿童都在玩捏泥人，但各玩各的，一个人离开以后，另一个人还会继续玩下去。

3. 联合游戏

亦称协同游戏。儿童和其他儿童一起玩，彼此行为相互关联，但并不相互协调与支配，没有明确的分工与合作，缺乏对材料、活动目的和结果的共同计划和组织。儿童之间往往因材料的借入借出而有互动与沟通，也可能有动作的自发配合（如一个接一个地搭火车）。儿童只是在一起玩产生联系，但每个人按自己的兴趣来游戏，缺少共同的意愿。如果一个儿童退出游戏，其他人还可以继续下去而不受影响，游戏成员的变换非常频繁。

4. 合作游戏

多个儿童在一起围绕一个共同的游戏主题，采取分工合作的方式游戏，对要用什么材料及已有的材料如何使用、活动目的和结果有共同的计划和组织，活动有分工，角色是互补的。这种游戏主要在3岁以后发生，5—6岁得到发展，是社会性发展逐渐成熟的表现。如你当妈妈送孩子上学，我当爸爸开车去上班；我当顾客点菜，你当服务员上菜，他当厨师炒菜。

（四）按游戏活动内容分类

按照游戏活动的内容进行分类，可将游戏分为四类：

1. 动作发展类游戏

一方面是指以粗大动作为主的游戏活动，这类活动一般在户外较大空间进行，有些是有规则的集体游戏，如"老鹰捉小鸡"，有些是纯粹为满足动作机能快感的游戏，如嬉戏打闹。另一方面是指以精细动作为主的游戏活动，这类活动主要在室内的桌面上通过双手进行，如串珠、剪贴、弹豆子等，有纯机能性的，也可以有简单的规则。无论是粗大动作还是精细动作，都是儿童不断发展着的动作技能的展现。

2. 语言发展类游戏

指的是以对语言的嬉戏性运用为特征，包括由声音、节律、词汇、语法等各种语言要素构成的不同的游戏，如儿歌、歌谣、说反话、颠倒歌、词语接龙等。游戏中，儿童常常对自己、他人和玩具说话。猜谜语、说笑话、念儿歌等都是儿童喜爱的语言游戏。语言游戏有助于儿童学习语言，理解词义，掌握语法结构。

3. 社会性发展类游戏

这类游戏是对儿童现实生活经验的一种反映，儿童喜欢在游戏中模仿成人，他们假装成爸爸、妈妈、医生、司机等，把他们在实际生活中的所见所闻、所经历、所体验的事件在游戏中表现出来。这是儿童社会经验的展示，反映出儿童作为社会成员对人类社会生活的认识与理解。

4. 认知发展类游戏

这类游戏是指以让儿童获得知识、发展智力为主的游戏,有猜谜类、实验操作类、拼图镶嵌类、堆搭建构类等,其特点是让儿童在愉快的游戏过程中掌握必要的知识,提高认知能力。

第二节　游戏的发展

任何事物的发展都是一个先简后繁、由低级到高级的过程。粗野的、充满乐趣和想象力的,在成人看来简单无聊甚至荒诞的童年游戏也是这样,它是人类文化不可或缺的一个构成部分,是人类进化出具有高度灵活性和创造性心智的必要条件,用萨顿-史密斯的话说,它"让人觉得生活是值得的"。

一、游戏的起源

在许多哺乳动物中都可以观察到游戏现象,通常是在求偶和亲子互动的情境中,但其他物种确实没有达到像人类那样整个成年期都具有好奇心并不断游戏的程度,正是这一点使得约翰·赫伊津哈将人类称为"游戏的人"或"游戏者",并提出"游戏比文化更古老"的观点。早期的游戏理论家格鲁斯(Groos)甚至指出:我们不能说动物游戏是因为它们幼稚和喜欢嬉戏,相反,我们应该说动物有一个幼稚的时期是为了游戏。游戏是人类行为幼态持续的具体体现,同时又是幼态持续影响发展的工具。一些生物学家、心理学家都把游戏作为幼态持续或发展不成熟的表现内容。例如,佩莱格里尼(Pellegrini)等人认为,游戏是不成熟人类的核心成分;法国哲学家莫兰(Edgar Morin)将游戏作为幼态持续和延长的童年期的产物,并认为游戏可以影响脑的进化;拉桑德(Rathunde)和契克森米哈赖(Csikszentmihalyi)近年来的思考,将游戏和幼态持续之间关系的认识推向了一个新的高度,他们指出:"我们认为游戏最能说明人类的发展,幼态持续为婴儿提供了充足的时间,让他们在相对来说无压力的环境下游戏,游戏现象包含了幼态持续的进化逻辑。"

早期人类的劳动生活中已经存在着游戏,但生产力低下,劳动过程简单,人均寿命较短,儿童很小的时候就会随着成人参加生产劳作,因而童年期较短。原始社会的生产力低下,劳动生活内容简单,成人与儿童思维差距不大,他们可以共同游戏,同享乐趣。

二、游戏的演变

游戏是在自然进化的过程中出现的,其演变对动物和人类的生活具有重要的适应作用,主要表现在自然适应与社会适应。

（一）游戏的自然适应

游戏是有自然适应意义和价值的活动。年幼的动物在快乐游戏中成长的同时也为群体增加了更多自然适应的机会，提高了群体的生存能力。随着动物演化，学习在动物对环境的适应过程中起着越来越大的作用。与人相比，动物行为中的本能成分较多而学习成分较少。本能与学习的最大区别在于：本能是可以遗传的，而学习的结果是不遗传的。本能与学习之间有密不可分的关系。任何学习都以本能为基础，而学习又能促进本能的成熟与完善。如猫捉老鼠是一种本能，但是猫在成长的过程中总是不断用游戏的方式来练习这种本能。游戏是小动物学习的方式。艾布尔-艾贝斯费尔特（Eibl-Eibesfeldt）把游戏称为"动物与环境之间进行的试验性对话"。其含义之一是好奇，对新鲜事物感兴趣，这种态度往往被叫作探究，是多数高等动物幼仔的特征；其含义之二是试误，游戏为把熟悉的行为用于新的环境或在熟悉的环境中尝试新的行为提供了安全的、不必冒险的条件。因此，游戏对动物、早期人类的自然适应都具有重要的意义。

（二）游戏的社会适应

动物与人类不仅要适应处于不断变化中的自然环境，还要学会与其他成员共同生活，适应群体生活的要求。环境是自然的，又是社会的，游戏是自然的产物，同时也是社会的产物。

对社会环境的适应是儿童早期生活的重要内容，发生在家庭中的成人与儿童之间的亲子游戏，就为儿童适应社会环境创造了有利的条件，奠定了儿童社会适应的基础。当母亲抱着她的小婴儿，抚摸他柔嫩的面颊，对他说话、微笑的时候，她就开始了与孩子的游戏历程。婴儿1岁前后，游戏常常由成人发起，2岁以后就可以作为发起者与父母进行游戏。同伴游戏是指儿童之间的游戏活动，儿童在游戏中进一步提升社会适应能力。相较于亲子交往，同伴交往中的双方或多方在地位与权利方面处于更加平等的地位，具有不可替代的作用。这两种游戏在促进儿童的社会适应方面较具有代表性。

三、游戏的发生

关于儿童游戏的个体发生时间，目前主要有两种观点：一种观点认为游戏在儿童出生后不久（大约3个月）发生；另一种观点认为儿童出生后两年内的活动不能算真正的游戏，真正的游戏要到儿童3岁左右才发生。

（一）出生后不久即发生

皮亚杰是这一观点的代表人物。他认为这涉及游戏是本能活动还是后天习得的活动这一问题。皮亚杰不同意把游戏看作一种本能。他认为游戏不是儿童与生俱来的一种"能力"，而是随着儿童的认知发展而逐渐发生、发展的。他认为婴儿在出生后的第一个月，只有一些尚未协调的、与生存等本能需要相联系的遗传性图式。这时，主客体混沌，同化与顺应混合。因此，在这一阶段没有产生游戏，同样也不可能出现模仿，游戏的发生需要以一定的动作能力和心理发展水平为前提。皮亚杰认为游戏是在感知运动的第二阶段,即"初级循环反应"阶段(2—4个月)发生的。在反射练习的基础上,当新生儿杂乱的动作偶然产生了某些新的因素时,比如婴儿碰巧把手指放到嘴里,他就试图重复这一新的动作,这就导致了循环反应的发生。循环反应是以婴儿的动作效果为中心的动作图式的重复活动过程,其本身并不是游戏,而是一种探究性质的适应性活动。循环反应延续下去,即行为的重复出现才会变成游戏。例如,婴儿的手偶然碰到了系在摇篮上的一根绳子,绳子带动了摇篮上方的玩具,发出了声响,这种现象吸引了婴儿的注意,他很认真地想弄清楚到底发生了什么。类似的情况发生多次以后,婴儿才会把自己的动作和绳子及玩具的摇动、声响联系起来。这时,婴儿的表情就会变得轻松愉快,接着,他会一次又一次地去故意碰绳子以便让他感兴趣的现象发生,在这种情况下即发生了游戏。

（二）3岁以后发生

苏联社会文化历史学派坚持游戏的社会发生论,着重研究3岁以后儿童的角色游戏。他们认为在出生以后的最初三年中,只有实物活动而没有游戏。所谓实物活动,是以对物体的操作为特征、以掌握社会所规定的物体用途和使用方法为目的的活动。通过实物活动,婴幼儿学习把物品作为社会性的工具来对待。想象性的角色游戏孕育于实物活动之中,实物活动是角色游戏出现的前提。成人的教育影响对实物活动的发展和角色游戏的出现具有决定性的作用。真正的游戏是3岁以后才出现的、以假装为特征的角色游戏。3岁以后,一方面,儿童的独立性与能力有所增强,另一方面,儿童想参与他还不能胜任的成人活动的愿望也增强,二者相互矛盾,而游戏成为解决这种矛盾最好的手段。

可见,关于游戏什么时候发生的争论,主要在于研究者对游戏的定义不同。如果将游戏定义为象征性活动或想象的扮演活动,那么游戏发生的时间较晚;如果将游戏定义为游戏者主动控制的活动,以"轻松愉快""故意取乐"等作为发生的标志,那么游戏发生的时间则较早。但无论是出生后不久即发生,还是3岁左右发生,两种观点都没有把游戏当作本能,游戏同样是需要学习的过程。而游戏的学习是一个渐进的过程,在这个过程中,游戏的特征逐步发展完善。

四、游戏的经典理论

（一）精力过剩说

这是最早出现的游戏理论之一。这种理论认为,机体的基本生存需要(食物、安全等)满足之后仍有多余精力,多余精力的累积会造成压力,所以必须消耗掉,游戏即消耗多余精力的产物。这一思想初见于18世纪德国诗人和哲学家席勒的著作中,后由19世纪英国哲学家、社会学家和教育家斯宾塞发展形成。

1. 席勒的观点

席勒是在他的美学名著《审美教育书简》中谈到游戏问题的,他认为游戏与审美活动的性质相同，它们都是象征性活动，并且都是超越功利活动范围的"自由活动"，但前提都是需要物质生活得到满足。动物幼崽和人类幼崽都还不需要承担生活的责任，精力都可以用于游戏，游戏就是他们的生活。席勒将游戏分为两类：一类是体力方面的精力过剩引起的游戏，即动物性的身体器官的游戏；另一类是精神方面的精力过剩引起的游戏，即想象的或审美的游戏。在游戏的发展过程中，首先出现的是动物性的身体器官的游戏，在此基础上逐渐上升到人所特有的想象的或审美的游戏。正是通过第二类游戏，人类不断改造或超越现实，体验自身的力量，摆脱物质利益的束缚，成为真正完整的人。

2. 斯宾塞的观点

斯宾塞从生物演化的角度解释游戏的产生与发展。他认为消耗剩余精力的游戏活动随着种系的进化而变化，种系的进化程度提高，为满足原始生存需要所提供的时间和精力就会相对减少。低等动物不游戏是因为它们已经把时间和精力全部用于生存活动上，它们不停地忙于寻找食物、躲避天敌、建筑巢穴等；高等动物游戏是因为它们用来满足基本生活需要的时间和神经系统的能量较少，有更多的时间和精力来从事游戏活动。斯宾塞认为，游戏与审美活动的共同特征是非功利性，其区别在于审美活动比游戏活动表现出更高级的能力。斯宾塞用"本能论"来解释动物幼崽与人类幼崽的游戏，认为游戏是本能。因为儿童不需要像成人那样去从事具有实际意义的本能活动，在生存、征服等本能的驱使下，他们就去进行与成人的本能活动相似但并不具有实际意义的游戏活动，如男孩的打斗游戏。斯宾塞将游戏分为四种类型：感觉器官的剩余精力活动、艺术审美性游戏、高级协调力量的游戏、模仿。这种分类与后来的皮亚杰等关于游戏的分类具有相似之处。

"剩余精力说"作为游戏理论的开拓者，为之后的研究奠定了重要基础，但也存在着不足之处，例如，理论没有实验依据的支撑，不能解释儿童为什么游戏到筋疲力尽的程度还会继续游戏。

（二）生活准备说

生活准备说又称"能力练习说""预演说"，这种观点将游戏看成未来生活的预先练习。"生活准备说"由德国生物学家、心理学家格鲁斯提出，他是第一个在心理学中将游戏作为专门对象来研究的人，著有《动物的游戏》和《人类的游戏》。他受到席勒提出的艺术源于"游戏冲动"的思想影响，开始对儿童游戏产生兴趣。他认为"剩余精力说"没有充分认识到游戏的价值，提出游戏不仅仅是发泄剩余精力的途径，也在帮助幼儿为今后严肃的生活做准备。格鲁斯提出，动物生来不成熟的本能，在实际需要它们之前必须通过游戏加以练习，比如小猫捕捉线团是对捕鼠活动的模仿。游戏活动与模仿另一种本能紧密联系在一起，在游戏中通过模仿使成年生活所需要具备的、以本能为基础的能力得到锻炼，并使之完善。所以，游戏就是学习或练习，是对未来生活的准备。

格鲁斯把儿童的游戏分成两类：一类是首先出现的练习性游戏，包括感知运动的练习和高级的心理能力的练习，这类游戏对促进自我控制的发展有重要作用；另一类是随后出现的社会性游戏，包括追逐打闹和模仿性的游戏，这类游戏的作用在于形成人际关系。

"生活准备说"的价值在于强调了游戏的实践意义，强调了游戏中的学习，将游戏与儿童发展联系在一起。但其观点也受到了一些批判，认为其颠倒了游戏和劳动、游戏和童年的关系，过分依赖"本能"的概念，将动物与人类的游戏同等看待，不能解释人类成年后已经不需要为生活做准备时，仍然需要和热衷于游戏的行为。

（三）松弛消遣说

"松弛消遣说"认为人之所以游戏，是因为在持续工作后失去了大量的精力，身体需要放松，使失去的精力得以恢复，因此游戏是"恢复精力"的活动。早在17世纪，这种认为游戏是消除工作疲劳的有效方法的观点就已经出现。到了19世纪末20世纪初，德国哲学家拉察鲁斯（Lazarus）和哲学家柏屈克（Patrick）进一步发展了这种观点。

1. 拉察鲁斯的观点

拉察鲁斯认为，艰苦的劳动使人精疲力竭，这种疲劳需要一定量的休息和睡眠才能恢复，游戏活动就是这种具有精力恢复作用的活动。这种观点与"剩余精力说"不同，认为游戏发生在精疲力竭的时候，而不是精力过剩的时候，体现了工作与游戏的不同，工作往往是消耗精力的活动，而游戏往往是储存精力的活动。但拉察鲁斯本身并没有论及儿童游戏，20世纪初的另一位哲学家柏屈克发展了他关于游戏的思想。

2. 柏屈克的观点

柏屈克认为，现代社会中人们的工作越来越倚重诸如心理活动的随意机能、注意力的坚持性、抽象的分析推理等心理能力，这种劳动比单纯的体力劳动的精神负担和压力更重，他认为只有通过运动性游戏，才有可能把人从这种由心理压力导致的疲劳中解脱出来。因此，成年人进行游戏，是因为集中注意力、坚持性、抽象推理等心理方面的工作极易使人疲劳；儿童进行游戏，是因为这些心理能力尚未形成，儿童不能参与工作，只能进行游戏。儿童生来就是"游戏的动物"，游戏是童年期自发的、以本能为基础的活动，那种有压力的、需要自觉努力的、为生存而进行的工作是进化强加给成人的生活，儿童游戏只因为他们是儿童。

"松弛消遣说"观点的实际意义在于，休闲活动有助于长时间工作后的精力恢复，在儿童教育中，这个理论可使儿童的生活处于一种动静交替、有张有弛的有序结构中。但这种理论也存在一些局限性：① 这种观点认为体力方面产生的疲劳少于脑力紧张的劳动，无法解释体力劳动者为什么要游戏；② 如果游戏确实具有一种可以从工作压力中得到恢复的功能，那么如何解释儿童的游戏（其解释认为的"儿童游戏只因为他们是儿童"过于简单）；③ 把游戏看成非脑力性的活动，排除了很多有智力参与的游戏活动。

（四）复演说

"复演说"由美国心理学家霍尔（Hall）提出，认为游戏是个体再现祖先的动作和活动，重演着人类种族进化史，通过重演，使个体逐步摆脱原始的本能动作，为当代复杂的活动做准备。

霍尔认为格鲁斯的"生活准备说"中关于游戏是对未来成人活动的练习的观点是非常片面、浅显和错误的，因为它忽视了过去。霍尔将胚胎学关于人在发展过程中种族发展演化的情景会再现的思想应用于儿童游戏，他认为，胎儿的发展重演了动物进化的过程（从原生生物到人）；儿童时期的发展则重演了人类进化的过程（从猿到人）。这一过程包括五个阶段：动物阶段、原始阶段、游牧阶段、农业-家族制阶段、部落阶段。例如：儿童喜欢爬树，这是处于动物阶段的人类祖先行为的反映；儿童玩布娃娃，是处于农业-家族制阶段的人类行为的反映；分组的规则游戏，是处于部落阶段的人类行为的反映。

儿童的游戏就是我们祖先的"工作"，原始人的打猎、追逐等构成了现代儿童游戏的基本结构和内容。由于这些活动已经成为人的本能，因此，儿童做起来不用花费力气。在霍尔看来，在现代生活中找不到对游戏快乐的任何解释，只有回溯"过去"才能发现游戏的深远意义，这些游戏都是原始人生存斗争的复演。由于这些活动与生存有关，因此能够引起快乐。现在的情况虽然发生了变化，但其价值仍然保留在游戏中。他还认为游戏在儿童的发展中起到一种"宣泄"的作用。儿童按照原始本能在人类发展历史中出现的顺序逐渐摆脱这些原始本能，从野蛮走向文明。在幼年中的人还不能完全摆脱旧时"为非作歹"的倾向时，游戏就为原始的本能找到了表现的出路，通过游戏可以减弱由原始冲动引起的本能行为的倾向，为更高级、更复杂的人的文明行为方式的形成与发展提供了可能。儿童的游戏对未来健康的成年生活也是必要的。

"复演说"体现了儿童游戏的社会历史性，但也缺乏可靠的科学依据。霍尔的理论主要是以生物学中拉马克的获得性遗传学说（即上一代所获得的技能可以遗传给下一代）为依据，但遗传学说本身仍是一种未被证实的假设。另外，"复演说"也不能解释现代社会儿童游戏的内容。

由此可见，"精力过剩说"和"松弛消遣说"都将游戏作为精力的调节活动，但在调节的作用上相反；"生活准备说"和"复演说"都将游戏解释为本能，但在时间维度上相反。四种理论都存在着不足，且皆有不能解释的游戏现象和内容，但这些经典的理论对当时的教育实践和以后的理论发展都有重要影响。

第三节　游戏的价值

妈妈拿着拖布在拖地，一岁零三个月的儿子看到后，伸手向妈妈要拖布。妈妈为了给孩子模仿学习的机会，便拿来一个轻便的拖布交给儿子。儿子兴奋地把持着拖布，在地上来回拖拉着。5分钟后妈妈已经完成了劳动任务停歇下来，儿子却依然乐此不疲地忙活着。对妈妈来说，这是一项家务劳动；对儿子来说，这却是一次满足于过程而不在乎结果的游戏。游戏是儿童存在的一种形式、一种状态，是儿童真实生活的有机组成部分，是儿童学习的重要手段，对儿童来说具有特殊的价值。

一、游戏与生活

游戏是贯穿于个体一生的活动，与生活有着千丝万缕的联系，但是在不同的人生发展阶段，游戏在生活中占据的地位不同。对于成人，游戏只是他们工作之余的闲暇或娱乐活动；对于儿童，游戏则是他们的基本活动。儿童在游戏中可以做他在平常生活中做不到的事情，他们在游戏中的发展水平高于在日常生活中的表现。

（一）游戏是儿童的基本活动

基本活动指的是发生频率最高、最适宜、最必需的活动，游戏对儿童来说就是这样的活动。游戏是儿童的一日生活中除满足基本生存需要的活动（如进餐、睡眠、排泄等）之外，发生次数和所占时间最多的活动，也是儿童最喜爱的活动，表现为生活中任何事情都可能变成儿童的游戏。例如，洗手可以变成玩水，这样的快乐使儿童对游戏活动本身产生兴趣，兴趣和快乐这两种情绪体验相互作用，进一步支持和促进游戏，使游戏成为儿童稳定的兴趣。

（二）游戏是儿童的主体性活动

游戏从本质上来说，是儿童能动地驾驭活动对象的主体性活动，是表现儿童的主动性、独立性和创造性的活动。

游戏是积极主动的活动。游戏是适应儿童内部需要产生的、主动自愿的活动，而不是来自外部强加的要求或命令，是"我要玩"而不是"要我玩"。儿童好动，对周围世界充满了好奇，他们自发地去探索和认识周围环境。兴趣和好奇是推动游戏的直接动因，主动探究往往是游戏活动的开端。

游戏是独立性的活动。虽然儿童需要依赖成人生存，但游戏是其生命历程中最早的独立性活动。儿童可以自主独立地选择游戏内容、玩具材料、伙伴等，可以决定要玩什么、怎么玩、和谁玩等。

游戏是创造性的活动。通过游戏，儿童可以创造性地表现自己的生活经验，反映和表达对周围世界的认识。他们不仅喜欢玩成人教给他们的游戏，也创造和发明自己的游戏；他们不仅玩成人给他们的玩具，也借助于想象自己创造和发明玩具；他们在游戏中表达自己的愿望与想法，以自己独特的方式方法对待和使用玩具和游戏材料；他们在游戏中反映和模仿周围的现实生活，但他们的游戏不是周围生活的简单翻版，而是运用想象对现实加以改造，表现了自己对周围生活的理解。

（三）游戏是儿童的社会性活动

游戏是儿童与周围的成人和伙伴交往的基本途径。与伙伴交往是儿童的基本需要，儿童的游戏受社会生活环境的影响，其内容和玩具等都带有社会文化和时代的烙印。随着时代和社会的发展，儿童的游戏也在变化和发展。游戏是实现儿童与周围生活联系的特殊活动形式。

二、游戏与学习

《学记》中说"藏焉修焉,息焉游焉",要求儿童既要有正课的学习,又要有课后的休息和游戏,在遵循儿童身心发展规律的同时也产生了游戏和学习对立之感,学习过后才能游戏。《进学解》中说"业精于勤,荒于嬉",认为学业由于勤奋而精通,但却会荒废在游戏玩耍中,认为游戏会占用学习的时间,直接表明了游戏与学习关系的对立。人的成长和发展离不开学习,但是结合儿童的身心特点,我们需要正确认识游戏与学习的关系。

(一)游戏是儿童的学习过程

对儿童来说,传统学习中的各种概念和符号理解起来存在困难,但是在游戏中往往能轻松愉快地学会。儿童的游戏与学习常常是相互交织在一起的。从儿童学习过程的特征来看,试误学习(当人或动物面临一个新情境时,会进行各种尝试,以求得动机的满足)、操作学习(以手的动作对物体的控制而实现的学习活动)、模仿学习(效仿特定动作或行为的一种学习模式)在儿童游戏中大量出现。学习是有机体适应环境的手段,有机体为了生存,必须不断地改造自己的行为。儿童的游戏与学习均源自其生存与发展的内在需求,在一定意义上可以说,游戏是儿童学习与发展的"母体",是儿童学习的过程,儿童在游戏中发展了专注、坚持、探究、创造等学习品质。

(二)游戏是儿童主动的学习方式

学习分为主动学习和被动学习,游戏则属于主动学习。儿童在游戏中积极主动地理解周围的人和物,积极主动地建构属于自身的经验,学习知识,发展能力。儿童在游戏中的学习不同于在课堂中的学习。游戏中的学习属于日常生活当中的学习、主动的学习,主要以感知、动作和表征等为认识手段,获得的经验是具体的、形象的、内隐的、个体化的;课堂中的学习主要是接受学习、被动学习,主要以词汇、句子、符号等为中介的概念学习,注重读写算等技能的训练,获得的内容是抽象的、模仿的、外显的、公共的。今天,大多数学校强调静坐学习和长时间集中注意力,这与儿童喜欢游戏的天性相冲突。对神经系统尚未发育成熟的儿童来说,游戏也许是调节现代学校要求和儿童身心发展水平冲突的重要手段。我们的教育工作者和家长要尊重儿童游戏的权利,把游戏置于应有的重要地位,不要因学业活动把儿童压得喘不过气来。

本 章 小 结

这一章介绍了游戏的内涵、游戏本质特征的相关理论、游戏的分类方式、游戏的发展历程及游戏的经典理论,阐述了游戏与生活、游戏与学习的关系,帮助读者理解游戏给予儿童的宝贵价值。

延伸学习

拓展阅读

童年游戏的积极意义

美国精神病医生斯图尔特·布朗(1994)作过以下一番引人注目的陈述：

作为一名精神病医生，长期以来我一直在研究那些童年期受虐待，而后具有暴力倾向的成人的发展过程。我的第一个病例有一个爆炸性的新闻事件。1966年8月1日，我在休斯敦的贝勒医学院精神病学系当老师。大约中午时，我在广播里听到了发生在大学里的枪击事件，一名25岁的学生查尔斯·惠特曼(Charles Whitman)将枪支运到了学校塔楼的顶部，然后开始对下面校园里任何移动的物体射击。当一名警察和一名志愿者强行攻入塔内将其击毙时，已有13人死亡，31人受伤。州长下令对这个事件进行全面调查。为什么惠特曼会做出如此行为？我负责部分的行为研究。我领导的小组开始调查每一个熟悉他的人。惠特曼无任何犯罪记录，他曾是一名海军陆战队队员、雄鹰童子军侦察员、祭坛男孩。我们发现惠特曼有过一段充满暴力和残忍的生活背景：他的父亲经常虐待他和他的母亲。但我们通过调查，发现了另一个更加微妙的情况，他在童年时期缺乏正常的游戏活动。他的老师回忆他是一个容易受惊的小男孩，从来不会自发地进行游戏。在校园里，当其他孩子都在玩耍时，他总是消沉地靠在一面墙上。放学后，他的父亲完全控制了他，使他几乎没有机会参与集体游戏或是独自玩耍。调查之后，我开始越来越多地思考惠特曼缺乏游戏的事实。第二年，我协助进行了对已判刑的26名杀人犯的研究。这些年轻人在童年时代缺乏游戏或者只有过一些不正常的游戏经历，如欺凌弱小、虐待他人、过度戏弄他人或者虐待动物。另外，在对25名曾杀人者或死于酒后驾车的司机的调查中，发现他们曾经有过不正常的游戏行为。我不认为游戏的问题是引发犯罪和反社会行为的根本原因，但是从这些个体中得出的这个事实一直在困扰着我。它使我认识到游戏具有多么重要的积极意义。游戏是健康、幸福儿童时代的一个重要部分。富有游戏性的成年人通常也是具有高度创造力，甚至十分聪明的个体。

（资料来源：约翰逊，等.游戏与儿童早期发展[M].华爱华、郭力平，译.上海：华东师范大学出版社，2006：29—30.）

学习活动

1. 你认为游戏还可以有哪些分类方式？
2. 以小组为单位收集资料，结合自己的童年经历整理你所知道的中国传统民间游戏（名称、玩法、类型、价值等），并准备相应的游戏材料。选择其中几种游戏进行展示，然后组间分享对游戏本质特征的理解与认识。
3. 分组查阅资料，了解现代的游戏理论，并进行组间分享。

复习与思考

1. 儿童游戏的特点有哪些?
2. 游戏的经典理论有哪些?
3. 游戏的价值体现在哪些方面?

第二章　游戏与婴幼儿发展

学习目标

> 1. 掌握婴幼儿身心发展的基本规律及阶段特点，掌握婴幼儿游戏的发展及特点。
> 2. 了解影响婴幼儿身心发展的因素，了解影响婴幼儿游戏的因素，了解游戏对婴幼儿发展的意义。

2019年5月，《国务院办公厅关于促进3岁以下婴幼儿照护服务发展的指导意见》（国办发〔2019〕15号）颁发，为促进婴幼儿照护服务发展提出重要意见；2021年1月，《国务院办公厅关于促进养老托育服务健康发展的意见》（国办发〔2020〕52号）第一条"健全老有所养、幼有所育的政策体系"内容中提出，"加强婴幼儿身心健康、社会交往、认知水平等方面早期发展干预"。婴幼儿的教育与发展事关千家万户，更事关国家和民族的未来。2021年7月20日，《中共中央、国务院关于优化生育政策促进人口长期均衡发展的决定》公布，就"实施一对夫妻可以生育三个子女政策，并取消社会抚养费等制约措施、清理和废止相关处罚规定，配套实施积极生育支持措施"提出要求，又被称为"三孩政策"。正值2021—2025年"十四五"规划时期，我们发现婴幼儿照护与教育的需求持续释放，需要持续关注与深入学习相关内容。在本章中，我们将学习有关婴幼儿身心发展的特点及影响因素、婴幼儿游戏的特点及影响因素，了解游戏对婴幼儿发展的意义，这是每个家长、每个从事婴幼儿教育工作的人都应该了解的。

第一节　婴幼儿身心发展的特点

婴幼儿处于十分脆弱而又飞速发展的关键时期，身体和心理均未发育成熟。在生命最初的几年里，婴幼儿身心发展的基本规律、特点及影响因素，是我们需要了解的知识，也是我们探索婴幼儿游戏的逻辑起点。

一、婴幼儿身心发展的基本规律

（一）顺序性和阶段性

婴幼儿的身心发展具有顺序性，表现为头尾规律、自上而下、由近及远、由初级到高级、由简单到复杂。例如：生理的发展总是大肌肉群的发育先于小肌肉群，身高体重的增加先于骨化过程的完成，整个身体的发展按从头部向下肢和从中心部位向全身边缘的方向进行；认知的发展总是从无意注意到有意注意等。同时，婴幼儿的身心发展还具有阶段性，即在顺序性的发展过程中，身体、心理的发展都呈现出相对独立的前后衔接的阶段性。

（二）不均衡性

婴幼儿的身心发展具有不均衡性，是指在发展过程中，生理、心理的发展不是同步进行的，在某一年龄阶段，有些方面的发展可能比较快，而另一方面的发展可能比较慢，呈现出不均衡性。这主要表现在两个方面：一是在不同的年龄阶段，其身心发展是不均衡的；二是在同一时期，身心不同方面的发展也是不均衡的。幼儿身心发展的不均衡性是由生物个体的成熟规律造成的。个体在某一方面的某种成熟程度，表明了它在客观上具备了在该方面接受教育和进行学习的可能性。

（三）个体差异性

婴幼儿个体在发展速度、发展水平、体型特点、功能特点、达到成熟的时间等方面存在个体差异性。由于遗传、环境及教育等因素的不同，即使在同一年龄阶段，不同个体之间其身心发展也存在着个别差异，这种差异主要表现在两个方面：一是不同个体身心发展的速度不同，二是不同个体身心发展的质量不同。

（四）互补性

互补性反映了人的身心发展各个方面的相互关系。首先，机体某一方面的技能受损直至缺失后，可通过其他方面的超常发挥得到补偿；其次，人的心理机能和生理机能之间也具有互补性。身心发展的互补性要求教育者帮助生理或心理技能方面有障碍的婴幼儿树立起信心，相信他们可以通过某方面的补偿性发展达到一般正常婴幼儿的水平。教师和家长要帮助婴幼儿发挥优势，长善救失。

二、婴幼儿身心发展的特点

（一）0—1岁婴儿期

人类出生后的第一年发展非常迅速，身体发展和心理发展紧密联系在一起，其特点主要体现在以下几个方面：

1. 适应新生活，认识周围世界，开始与人交往

儿童出生后由胎内安全舒适的环境转向一个变化多端、充满刺激的全新的胎外环境，这是婴幼儿所面临的一个巨大变化。出生头一个月的新生儿，必须适应环境，独立进行维持生

命的活动,接受外界声、光等各种各样的刺激。新生儿出生后就会有许多无条件反射,如吸吮反射、眨眼反射等,这些反射是新生儿的本能,与维持生命有关,对新生儿适应生活有重大意义。

新生儿出生后,逐渐能够注视进入他视野的物体。在第二至第三周时,出现集中听声音的能力。当听到特殊的声音时,新生儿会安静下来。到了第四至第五周,当成人说话时,婴儿会停止吃奶安静地注意听,与成人的交往也开始发生。满月的孩子看到人脸时会发出微笑,甚至还会手舞足蹈。再大一些的孩子,明显需要与人交往,成人不在时会哭,有人陪伴时就很愉快。

2. 动作持续发展

在婴儿的各项发展中,动作的发展非常重要,呈现出以下特点:

(1) 从整体混乱的动作到局部的、准确的和专门化的动作

儿童最初的动作多是手脚乱动、全身参与,而且是笼统的、不明确的。用手抓东西也是满手一把抓,不能用食指和大拇指捏住。随着婴儿长大,动作才逐渐分化为局部的、准确的和专门化的。

(2) 从上部动作到下部动作

从身体动作的发展顺序看,孩子是先学会抬头,然后学会俯撑、翻身、坐、爬、站,最后学会走。

(3) 由粗大动作到精细动作

儿童的动作最先出现的是大肌肉动作,如头部动作、躯体动作、双臂动作、腿部动作,之后才是手的精细动作,如手指捏东西、拿筷子、握笔等。

(4) 从无意动作到有意动作

婴儿最初的动作是无意识的,当他做出各种动作时,既无目的也不知道自己在做什么。虽然婴儿碰到东西用手去抓,但他并不能意识到自己在做什么动作。

3. 心理活动的发生和发展

(1) 最初的认知活动的出现

婴儿认知活动的发生突出表现在感知的发生和视觉、听觉的发展上。婴儿的视线能够追随移动的物体,稍长大一些还能够主动寻找视听目标。如当玩具出现时,他会一直盯着看,如果成人将玩具拿走,他会东张西望用眼睛寻找玩具。婴儿正是在对事物的定向追随活动中认识他所接触的世界的。在视觉和听觉活动的不断发展中,婴儿开始能够分辨熟悉和陌生的面孔。当陌生人抱他时,他会大哭并尽力挣脱。认生是婴儿认知能力发展过程中的重要特征。

在婴儿的认知发展过程中,手眼协调动作开始发生和发展。婴儿不仅通过眼看、耳听来认识世界,也会用手去探索自己看见的东西。婴儿的动作有了方向和目的,能对物体的大小、形状产生知觉。这表明,婴儿时期出现了最初的认知活动。

(2) 掌握语言的准备

婴儿阶段,虽然语言还没有产生,但是他们已经为说话做了多方面的准备。研究发现婴

儿对语言的刺激非常敏感。出生后不到10天的新生儿就能辨别出语音和其他声音,并做出不同的反应。婴儿对语音的感知是儿童语言发展的重要准备。

6个月以后的婴儿,喜欢发出各种声音,咿呀学语。7个月的婴儿会用不同的声音招呼别人,如东西掉在地上,他就会发出不高兴的叫声,示意成人捡起来。再大一些,婴儿开始能听懂一些词,当别人问"妈妈呢?"他就会把头转向妈妈,表明语言理解能力开始发展。总之,婴儿阶段是人的言语萌芽期,婴儿从理解别人说话和牙牙学语中为掌握语言做准备。

(3)情感的发展和社会性的萌芽

心理研究表明,婴儿的情绪发展很早就已经表现出来了,最初的情绪表现主要与生理需要是否得到满足有关。两三个月以后,婴儿开始对与之交往的成人做出选择,如很早就能辨认母亲的面孔。6个月左右,他们开始对亲近的人产生依恋表现为:当亲近的人在身边时显得愉快、舒适、有安全感;当亲近的人要离开时会紧张哭闹,感到不安。婴儿不仅具有表达情绪的能力,还有识别他人情绪的能力。日常生活中可以看到,10个多月的婴儿看到别人发怒时,会表现出不安。

微笑是婴儿最初的社会性行为,婴儿通过微笑与成人进行交流,引起成人对他的积极反应。婴儿对成人的依恋和对成人的交往性微笑都是婴儿社会性发展的萌芽。正确对待婴儿的依恋行为,与婴儿积极交往,有利于他们健康地成长。

(二)1—3岁婴幼儿时期

1—3岁是儿童学会走路、学会说话的一个重要时期。

1.动作逐渐发展完善

(1)学会自由行走

1岁左右的婴幼儿刚开始学步,走路还不稳。2岁以后,便能行走自如,并开始学习跑、跳等动作,但动作仍然不灵活,比较缓慢笨拙,摔跤也是常有的事。但通过锻炼,他们的行走很快就会熟练起来。

(2)开始使用工具

1岁以后,幼儿手的动作进一步灵活起来。他们能较准确地拿住各种东西,表演各种动作,并开始学习使用工具,如勺子。虽然动作不太精确,显得较为笨拙,但比起以前已经是巨大的进步了。有了这种使用工具的本领,孩子特别爱做事,爱模仿大人,比如大人用筷子吃饭,他也想要用筷子吃饭。

2.出现新的心理活动

(1)会说话

这个年龄段的婴幼儿语言能力有了突破性的发展,能够说一些简单的词语和句子,对语言的理解水平也有了较大的提高。孩子最先理解的词是经常接触的物体的名称,如"灯";其次是对成人的称呼,如"妈妈""爸爸";再次是玩具和衣服的名称,如"球球""帽帽";最后是对人的身体的称呼,如眼、嘴、手等。

一岁半以前,儿童的发音还很不准确,喜欢用叠音,如"饭饭""车车"等。所说的句子也很不完整，常常以词代句，或句子非常简单，如"宝宝吃""妈妈要"，往往只有熟悉的人才能听懂他们说的话。

3岁左右是幼儿掌握最基本的语言的阶段。在与成人不断的言语交流活动中，他们的语言能力有了明显的提高，似乎在不知不觉中就能说出一千多个词语，也能说出一些较为完整的句子。

（2）想象开始萌芽

想象是大脑在一定的刺激下对已有表象进行加工改造而形成新形象的心理过程。婴幼儿时期，表象的发生使孩子的认识活动出现了重大的变化，如妈妈不在眼前时他也会想妈妈，不像1岁以前的婴儿，只有在妈妈出现时才要找妈妈。2岁左右的幼儿已经能够在操作物体的时候进行简单的想象活动，想象的萌芽使幼儿的游戏活动初露头角，如拿着娃娃就学着成人的样子拍娃娃睡觉、给娃娃喂奶。

（3）思维的出现

婴幼儿可以根据已有的记忆表象对事物进行最初的概括和推理。例如，能够把性别不同、年龄不同的人加以分类，把年纪大的男人称作"爷爷"，把小男孩称作"哥哥"，把小女孩称作"姐姐"等。2岁以后还能对一些简单的事物做出判断，如成人说"天黑了，宝宝该睡觉了"，他会问"月亮为什么不睡觉"。这时，幼儿的思维具有直观行动性，即边行动边思维。如抱着娃娃时，看见了小勺，才会想到喂娃娃。

3.独立性开始出现

2岁左右的幼儿能够开始独立行走，有了更多的自主意识。例如：吃饭时弄得满脸满身，也不让成人帮忙收拾一下，只顾自己高高兴兴地乱吃一通；即使走路虽然还不稳当，可当成人要扶他时，他会说"我自己，我自己"。这些都说明幼儿的独立性开始出现。

独立性的出现是儿童心理发展过程中非常重要的一步，是人生头两三年里心理发展成就的集中表现，标志着幼儿的自我意识开始萌芽，认识到自己与他人的区别，心理水平有了很大的提高。

表2-1　3岁前婴幼儿粗大动作发展表

粗 大 动 作	年　　龄
抬头	3个月
翻身	5个月
支撑坐	6个月
爬行	8—9个月
站立（扶）	10个月
扶着走	12个月
行走	15个月

(续表)

粗大动作	年龄
跑	18个月
跳跃	18—24个月

表2-2　3岁前婴幼儿精细动作发展表

精细动作	年龄
双手握拳很紧	1—4周
双手握拳姿势逐渐松开	2个月
抓握反射消失，手经常呈现张开姿势，欲握物	3个月
能够抓住玩具，用大拇指参与握物	4个月
常双手去抓，能够用手抓握物品送入口中	4—5个月
独自摇摆或玩弄小物体，并能将物体从一只手转移到另一只手	6—7个月
能够用拇指与食指取物	8—9个月
可以扔掉手中物品	10个月
能够用匙取食，几页几页翻书，用蜡笔在纸上乱涂	12—15个月
能够叠2—3块积木，拉脱手套、袜子	18个月
能够稳稳拿住茶杯	21个月
能够叠6—7块积木，握杯喝水，一页一页翻书，画垂直直线和圆圈，拿稳勺子	24个月
能够临摹直线和水平线	30个月
在帮助下穿衣服	32个月
能够解开、扣上纽扣，独立进餐使用餐具，叠9—10块积木，临摹圆形	36个月

三、影响身心发展的因素

（一）遗传因素

在遗传学中，亲代与子代之间在形态、结构和生理功能上相似的现象被称为遗传。有机体与生俱来的构造形态、感官和神经系统等方面的解剖心理特征被称为遗传素质。遗传现象是由染色体中基因的组成部分（主要成分为脱氧核糖核酸，即DNA）及其排列组合特点所形成的，它是储藏、复制、传递遗传信息的重要物质基础。基因通过引导蛋白质的合成调节细胞的生化组成特征，从而影响生命体的身体和行为特征，使个体表现出一定的倾向性。现

代遗传学的研究表明,遗传对身心发展的影响有以下几个方面:

1. 遗传影响着儿童对外部环境刺激的感受和反应

每个儿童都有自己独特的基因型,这些基因型使得他们拥有独特的身体与行为反应倾向,影响他们与环境的互动。例如:胆小内向的孩子对母亲的管教高度敏感;母婴之间的同步协调对脾气较差儿童的自我控制能力的发展有重大影响;有敌意倾向的孩子容易引起父母更严厉的管教,而严厉的管教又容易使孩子的敌意倾向加强。这说明发展是遗传与环境相互作用的过程。成人如果能够敏感地发现儿童的行为趋向,并为他们创造一个适宜的、支持性的环境,可以有效防止儿童行为问题的发生。

2. 遗传对发展的影响是与环境共同作用,并不能单独决定发展

首先,遗传提供了儿童身心发展的前提条件和物质基础,但这些条件与基础并不能单独决定儿童的发展。其次,遗传因素影响着儿童身心发展的基本过程,但并不能机械地决定这一过程,儿童的发展会表现出个别差异。基因程序显示了一种倾向,而这一倾向是否显现及如何显现却与环境有着莫大的关系。

众多研究显示,遗传与环境是共同作用于儿童发展的。研究者发现,那些拥有反社会行为遗传倾向的儿童,如果成长在充满支持的环境中,产生反社会行为的可能性为小到中等;而那些既有反社会行为的遗传倾向又处在环境威胁中的儿童,出现反社会行为的可能性要高得多。这说明即使个体具有某种障碍的遗传倾向,如果我们能对环境做出积极的改变,使其更具有保护性,那么这种障碍就可能得到缓解甚至不出现。因此,对教育者而言,重要的是了解儿童的遗传倾向,并根据每个儿童的个体特征,创造与他们的遗传特性相对应的环境。

拓展资料

遗 传 咨 询

遗传咨询(genetic counseling)是一个沟通过程,帮助夫妻评估生育遗传障碍患儿的概率,并根据这个风险和家庭目标选择最好的做法(Shiloh, 1996)。来寻求咨询的个体往往要么有生育困难,要么知道自己家族有遗传问题。此外,35岁以上晚育的妇女也是潜在的咨询对象。在35岁以后,染色体异常的总体概率会急剧上升,从1/190到48岁怀孕时的1/10(Meyers, et al., 1997)。

如果一个家庭有智力落后、身体缺陷、遗传疾病的家族史,遗传咨询人员就会与这对夫妻面谈,并准备好一张家谱(pedigree),将亲属中的感染者标示出来,利用这张家谱来估计这对夫妇孕育异常患儿的可能性。许多遗传障碍通过验血或基因分析就可以发现双亲是否携带有害基因。综合考量相关信息后,咨询人员会给予来访者建议与帮助,挑选生殖技术或领养等。

(资料来源:劳拉·E.贝克.婴儿、儿童和青少年(第5版)[M].
桑标,等,译.上海:上海人民出版社,2014.)

（二）环境因素

人类发展生态学的研究显示，人的发展过程是个体与其直接生长于其中的、变化着的环境之间的渐进的、双向的互动过程。

环境泛指个体生活中能影响其身心发展的一切外部条件。它根据不同的标准可以分为不同的类型。根据环境构成成分的性质可分为自然环境与社会环境。自然环境包括出生地的自然条件和地理位置，社会环境指与婴幼儿相关的一切社会因素，包括政治、经济、文化以及各种性质的社会关系。根据这两类环境与婴幼儿联系的紧密性，可将影响儿童发展的环境分为宏观、中观、微观环境。宏观环境是指儿童所处的总体的自然与社会环境，如时代、国家与生产力发展水平；中观环境是指儿童所处的地域、社区环境，如具体的地区与城市；微观环境是指与儿童直接发生联系的家庭、学校、社区与自然环境。这些不同层次的环境既为儿童的发展提供了可能性，也有一定的限制性；它们对儿童发展的影响既有积极的一面，也有消极的一面；其影响的大小与环境的性质和儿童发展水平都有相关性。这里我们主要讨论与婴幼儿身心发展直接发生联系的微观自然环境和社会环境。

1. 自然环境

（1）自然环境是第一环境要素

自然是人类的老师，也是影响婴幼儿发展的第一环境要素。在儿童还未出生时，母亲所处的自然环境是否健康，对胎儿的健康发育非常重要。美国一项研究表明，空气污染可危害孕妇子宫中的胎儿，导致胎儿基因发生变化，增加其未来罹患癌症的风险。美国哥伦比亚大学研究人员在专业医学杂志上发表文章，报告了他们调查的纽约低收入社区60名不吸烟的孕妇及其新生儿的情况，测量了这些孕妇在孕期最后3个月中所受汽车尾气等有害气体污染的程度，并检测了新生儿脐带血液中的染色体。研究人员发现，吸入污染程度较重的空气的孕妇，其新生儿持久性基因变异的发生率比正常水平增加了大约50%。

（2）自然资源对婴幼儿健康的影响

婴幼儿的生长最初遵循的是生命自然的节律，如自然的睡与醒的节律、吃与玩都有其内在的节律。如果这种节律得到很好的保护，婴幼儿就能健康地成长。同时，自然也为婴幼儿生命的生长与发展提供必需的物质资源，婴幼儿接触到不同品质的自然资源，会产生不同的发展结果，例如：人的身高与日照时间的长短有一定的关系，因而，北方的儿童普遍会比南方的儿童长得高一些；生长于空气清新的环境中并能吃到各种健康食物的儿童，身体更容易保持健康，而生长于污染严重的环境中的儿童患病的概率会大大增加。

科学研究显示，最基本的教育力量是自然本身。在与自然的直接接触中，儿童体验着对自然的谨慎和尊重，对植物、动物、土地和水的友好和亲密，最终演变成在自然中的"在家"的感觉。然而，随着全球城市化进程的推进，人们以一种工业化的方式对待自然，原始的自然栖息地日益减少，土地日益淡出人们的生活，可供儿童接触的自然也越来越遥远。这会让我们的孩子与自然界越来越有隔阂，以致大量儿童出现"大自然缺失症"，这种与自然接触的缺失使他们出现过胖、多动、注意力不集中、抑郁等症状。

2. 社会环境

这里主要讨论家庭、社区环境和早期教育机构对婴幼儿身心发展的影响。

（1）家庭是儿童的第一所学校，父母是儿童的第一任教师

家庭中，父母对婴幼儿的爱抚、教养对其个性的发展起着重要的作用，家庭成员之间的关系对婴幼儿的健康成长有着至关重要的影响。儿童发展研究表明，人际关系及其产生的相互影响是健康发展的基础，亲密的、充满关爱的人际关系是人类群体生活的基础，亲子关系是良好社会关系的范式。这种良好的人际关系也最有可能为儿童在多个领域中的健康发展提供支持，如交流、认知、社会-情绪能力、道德理解等。人们相信生命最初几年中建立起来的关系与后来建立的关系是不一样的，早期的关系是形成性的，为日后所有有意义的发展构建了一个基础结构。美国心理学家墨森（Mussen）等人通过对孤儿院孩子的研究发现，他们往往爱闹事（如脾气暴躁、踢打他人），更依赖大人（如要求别人的留意和不必要的帮助），更散漫和多动。

（2）社区是婴幼儿成长的文化摇篮

生活在一定的地域里，建立了一定的社会关系，互相联系的人群就构成了一个社区。由于长期的共同生活，会逐步积累和培养起一些共同生活的社会习俗，这些习俗反映在人们的衣、食、住、行、劳动、娱乐、社会交往、待人接物等方面，生活于其中的婴幼儿会通过观察与模仿自然习得。同时，不同的教养习俗也会影响婴幼儿的发展。人类学家的一些研究证明，各个种族对儿童照料的方式不同，使得儿童成年后的性格也不同。

（3）早期教育机构对婴幼儿身心发展的影响

早期教育机构作为一种专门的教育机构，对婴幼儿发展的影响是有目的、有计划、系统的。专业的教养人员必须考虑婴幼儿的个别差异与年龄特征，考虑什么样的环境、什么样的游戏最有利于婴幼儿的身心发展，以及采取什么措施来协调各种教育的影响，从而促进婴幼儿的身心发展。

第二节　婴幼儿游戏的特点

游戏是婴幼儿的天性，是婴幼儿生活的基本内容。由于0—3岁婴幼儿的身心发展水平较低，发展速度较快，其游戏在以感知运动能力发展为中心的基础上，表现出重复性、生活化的特点。这些特点决定了成人在婴幼儿游戏发展中发挥着主导作用，是游戏充分发挥其价值的重要保证。

一、婴幼儿游戏的发展

不同的身心发展水平导致不同的游戏形式，身心发展的需要是游戏的动因，游戏又反过

来促进发展。因此,身心发展是与游戏水平的发展同步的。

（一）游戏的萌芽(0—1岁)

第一年出现的游戏形式是练习性游戏和社会性亲子游戏。

1. 练习性游戏

（1）不随意的练习性游戏

练习性游戏始见于2—3个月的婴儿中,这种游戏是由外部刺激引起的视、听、触觉的感官快感,如气球、铃铛等都会引起婴儿的注意,令他手舞足蹈,并露出积极、愉悦的表情。这种游戏随适宜刺激的出现或消失而转移,因此是被动的,但这种游戏对婴儿的发展至关重要。研究表明:经常注视那些醒目的、鲜艳的图案的婴儿,比那些没有丰富视觉经验的婴儿注意力集中的时间要长些,也更机灵些;能集中注意并十分警觉的婴儿,比那些在清醒状态时也引不起注意的昏昏欲睡的婴儿发展得更快些。这时的发展任务主要是视觉和听觉,成人可以有意识地提供悬挂的视觉玩具,用能发出悦耳声音的玩具引逗婴儿,促进其身心发展。

（2）随意的练习性游戏

3—4个月以后,随着手眼协同动作的发生,婴儿开始能做出一些简单而有效的随意动作。我们常常可以看到婴儿玩弄自己的手指,把两只小手交叉在胸前,频繁地进行张合、交叉的动作,并认真地注视着。这时的婴儿还分不清主体与客体,不仅会把玩自己的手、脚,还会与自己的声音闹着玩,模仿哭声、笑声等。这时的婴儿会把抓握到的东西移到胸前,并试图往嘴里送。当婴儿渐渐知道手可以影响物体,发现动作和物体变化之间的关系时,他会主动地使有趣的事情发生时,被动的练习性游戏就转为主动的练习性游戏,这既可以满足感官对刺激的需要,又可以满足运动器官对活动的需要。这时的发展任务是练习够取和抓握,成人可以在婴儿的小床上方低悬发声玩具,使其练习双手主动地作用于玩具。

（3）摆弄实物的游戏

6个月以后,婴儿的神经与肌肉的控制力、立体视觉能力、手眼协调能力达到更高的水平。婴儿试图坐起来,继而学习爬行,这时他会发现比躺着时更广阔的天地。但这时他接触物体的方式是笼统而不分化的,表现在用同样的方式对待所有的物体,基本方式就是抓、咬、扔、敲打等,通过这些动作练习感觉和运动的协调,使视觉与运动的联系很快形成。

10个月以后,婴儿可以同时玩两件物品,他学会把两样东西放在一起,但只能进行空间安排,还不能进行功能性的安排,即把两样无关的物品联系在一起。比如他用一个物品去敲打另一个物品,把一个东西放在另一个东西的上面,这说明他开始发现事物之间的关系。婴儿由于支配了物体而得到满足,感到愉快,因而表现得更加积极主动。

近1岁时,婴儿通过"找"的游戏获得物的永存性概念,他会主动移开障碍物,找到玩具。每当将喜爱的玩具前面的障碍物推开,抓住玩具时,他就会产生一瞬间的成功感,这一成功对婴儿的发展很重要,是其记忆和联想的心理现象萌芽的表现。

2. 社会性亲子游戏

第一年的社会性游戏主要表现在母婴之间。婴儿最初的社会性反应是从与母亲的亲密关系开始的。父母或家庭中的其他看护者的照料、抚育使婴儿获得了最早的社会性体验,在成人和婴儿之间的身体接触和情感交流中,游戏起了重要的作用。

(1) 以亲情为纽带的逗乐

婴儿出生头几个月就能感受到多种人类感情的细微差别。婴儿最初主要是通过身体接触,然后是眼光接触,与接近他的人建立感情关系。大约在6周前,婴儿能从身体接触中感受到照料者的亲近与否。6周后他会设法同母亲建立眼光接触,并试图保持这种接触。母亲在照料婴儿的同时,应主动地对他说话、微笑、亲昵,做一些特殊的表情引逗婴儿,或模仿他的动作和声音。

3个月左右,婴儿开始积极地应答,他们注视母亲的脸部,用欢乐的表情给予回应,甚至随着月龄的增长,婴儿还会主动用声音和动作逗引成人。婴儿的反应激起了成人与之嬉戏的更大热情,成人和婴儿之间就是这样用声音和动作彼此进行着感情交流。

(2) 以物为中介的嬉戏

随着婴儿的动作和手眼协调性的发展,成人和婴儿之间出现了以物为中介的多种手段的游戏。通过与物的交互作用,通过对物的动作示范,成人与婴儿的情感交往更为亲密,并且,婴儿在游戏中开始体验社会性交往的基本规则,如等待、轮流、重复、听指令等。

(二) 装扮行为的发生与象征性游戏的出现(1—3岁)

1. 装扮行为的发生(1—2岁)

进入第二年后,幼儿游戏的质量逐渐提高,在游戏能力方面有这样几个质上的变化:

(1) 独立行走使活动范围扩大

1周岁以后,幼儿挣脱成人的怀抱,开始独立行走,用蹒跚的步子去寻找自己的活动空间,迈着小碎步跑来跑去,甚至试着爬高。比起过去,幼儿活动的主动性大大加强了,大肌肉发展迅速,变得十分好动。这时的他可以推拉大玩具,来回滚动皮球,对移动的物体特别感兴趣。成人一方面要为幼儿提供充足的活动空间,满足其发展的需要,同时又要注意幼儿的安全,防止意外的发生。

(2) 小肌肉运动技能的发展使双手参与实物的摆弄

小肌肉动作的发展是幼儿用双手进行更为复杂活动的准备,使他逐渐摆脱仅用触摸、口尝的感觉方式了解物体特性的做法,通过抓、捏、转动等方式进一步探索物品。

(3) 积极尝试活动经历试误

面对这个陌生的世界,幼儿的好奇心开始萌芽,驱使他通过行动去实地探究,密切地察看并更加积极地参与所发生的一切。例如,他会用手去抠物品上的缝和洞,还会试图拆开所有会动、会响的物品,这种尝试和探索通常会被成人定义为"破坏行为"。面对这种情况,成人不应限制,而应给幼儿一些无用的物品供其摆弄,满足其好奇心,促进其发展。

2. 象征性游戏的出现(2—3岁)

皮亚杰认为象征性游戏是思维开端的标志,是感知运动智力内化为思维的一个过渡环节。象征功能最初表现为两个方面:

（1）开始使用替代物

象征功能最初表现为出现有意识地以一种物体代替另一种物体的游戏活动,通过动作、图画、语言来表达对事物的体验。儿童游戏的内容通常是与家庭日常生活紧密相连的,如做饭、铺床、扫地等。从模仿这些活动的一个动作,到模仿活动的整个过程,游戏逐渐变得有条理,而且有所延伸。比如喂娃娃,儿童一开始仅仅是用奶瓶喂奶,逐渐延伸到喂完以后拍娃娃睡觉,再延伸到为娃娃盖被子等。在游戏中,儿童还会自言自语,描述并解释正在做的事。这个过程中,象征物的使用非常广泛,任何东西都可能成为幼儿需要物的代用品。

（2）出现角色的萌芽

角色的萌芽在这一时期的游戏中已有显露但角色非常简单,都是幼儿生活中熟悉的人。幼儿在模仿这些人物的行为时,就扮演了他们。然而此时幼儿的角色意识并不强,他们常常模仿成人的动作,却并未意识到自己正在扮演他所模仿的人。比如他开汽车,嘴里还发出"嘟嘟"声,却不一定意识到自己就是"司机",因此,严格地说,这还不是真正意义上的角色扮演,只能说是角色出现的萌芽。

这一阶段幼儿的游戏是独自进行的,与同龄人之间还没有合作。尽管他们对同龄孩子很感兴趣,愿意一起玩,并且很亲近,但仔细观察就会发现,他们的游戏是平行的,互不相关。而当幼儿与成人一起游戏时则配合默契,因为成人能够理解幼儿的意愿,了解幼儿的能力。

二、婴幼儿游戏的特点

（一）感知与重复

感知运动游戏是婴幼儿以感知动作探索物体与周围环境的活动,是游戏的最初形式。皮亚杰的认知发展理论提出,0—2岁是婴幼儿认知发展的感知运动阶段,这一阶段婴幼儿的游戏主要是动作性游戏和玩物性游戏,以感知动作为主,呈现出重复性的特点。婴幼儿通过游戏练习并提升自身的动作能力,同时通过反复摆弄自己的身体及材料获得快乐。婴幼儿的游戏多以训练感知动作和发展感知能力为主要目的。有规律地重复某种动作是婴幼儿最初也是最典型的游戏动作,如不停踢脚、摇晃身体等。从婴儿出生后的第二年开始,练习性游戏不断增加,婴幼儿以此掌握动作技能并学习如何控制自己的身体。

（二）游戏生活化

婴幼儿的游戏是在生活化的游戏环境中运用生活化的游戏材料进行的。婴幼儿在生命的最初3年是稚嫩娇弱的,发展水平较低,需要成人在生理和心理上给予养护和教育。0—3岁婴幼儿的游戏呈现出生活化的特点,主要是因为婴幼儿的身心发展水平较低,生活经验不足,婴幼儿难以独立行动和生活,因此,生活环境中的一切事物就成为他们探索和学习的重要内容。婴幼儿的游戏是生活化的,游戏离不开生活,游戏的内容也与生活紧密相连。

（三）婴幼儿为主体

婴幼儿是游戏的主体,成人是游戏的主导。成人参与婴幼儿的游戏可以提高游戏的质量。婴幼儿与成人之间的游戏主要是亲子游戏。一方面，0—3岁是婴幼儿感知运动能力发展的重要阶段，婴幼儿开始用自己的方式探索周围的生活环境，学习和掌握动作技能，获得身心发展，亲子游戏可提升成人与婴幼儿的亲密关系。另一方面，3岁以下婴幼儿的教育与养育大多是在家庭中进行的，由于婴幼儿自身能力较弱，难以完成自我服务，成人自然而然成为其主要照料者，婴幼儿游戏的开展也由成人主导。

针对婴幼儿游戏的特点，教师与家长要理解并支持婴幼儿游戏的重复性，为其提供生活化的游戏环境与游戏材料，扮演好游戏主导的角色。

三、影响婴幼儿游戏的因素

（一）内在因素

1. 年龄与性别

很多研究者都对男孩和女孩的行为、喜好方面的差异进行了研究，并在理论上做出了解释。2岁之前，男孩与女孩的行为没有太大的差异，但女孩对人更敏感，对成人更亲近；在不能控制的情境中，男孩表现出更大的痛苦。对2岁幼儿的家庭活动和3—4岁幼儿的活动的观察表明，在游戏的选择上，男女存在显著差异。女孩大多偏好布娃娃、表演或过家家类的游戏，男孩则更倾向于交通玩具、积木及需要力量的游戏，如扔球、踢球等。在游戏中，儿童对同性别的伙伴做出的互动行为显著多于对异性伙伴。麦考比（Maccoby）和杰克琳（Jacklin）的研究发现，3岁的儿童已明显表现出上述特征。研究发现，不同性别的游戏伙伴在游戏方式上也存在差异。与女孩和女孩的游戏相比，由男孩和男孩组成的游戏伙伴更容易因为争夺玩具而发生冲突。当男孩和女孩之间发生这类冲突时，女孩通常是放弃对玩具的争夺而退到一边观看男孩独自一人玩玩具，而女孩和女孩之间很少发生争夺玩具的情形。

2. 健康状况

婴幼儿自身的健康状况也会对其游戏产生影响，例如：患有心脏病或哮喘的婴幼儿不适合活动量大的游戏；婴幼儿感冒时，可能短时间内对游戏不感兴趣，或只选择参加一些活动量小的游戏；身体疲劳、睡眠不好、饮食不好等都会影响婴幼儿游戏的开展。

对先天或后天残疾的儿童来说，影响更为明显。我国学者邱学青通过对听力障碍儿童的游戏观察发现：听障儿游戏的形式较为固定、单一，在游戏的主题、内容及游戏规则的理解方面明显低于正常儿童，且兴趣狭窄，通常拒绝与正常儿童进行社会交往，游戏中会出现更多的攻击性行为。多项研究表明，婴幼儿的健康状况是影响其游戏的因素之一。

3. 认知风格

个体的认知风格指个体不同的理解、记忆和思维方式，它包括感知方式、个性、智力和社会性行为的因素，其中场依存性和场独立性这两种认知风格对儿童的游戏行为有普遍影响。

有关研究发现：场依存性认知风格儿童的社会性兴趣更加明显，他们在自由游戏时花更多的时间玩社会性游戏，对人更感兴趣，对他人的需要及成人的批评等更为敏感，能更多地运用社会性线索去解决问题,一般更多地参与合作游戏或联合游戏;而场独立性认知风格的儿童更喜欢单独游戏,他们对人际交往更冷淡,不合群,不迷信权威,遇事有自己的标准,分析问题能力更强。

想象力的高低也会对婴幼儿的游戏产生影响。想象力水平较高的儿童注意力更集中,玩的时间会更长,能综合运用不同的材料创造出更多的东西,游戏情景变化时也具有更强的应变能力;想象力低的儿童则玩的时间更少,游戏水平表现较弱。

（二）外在因素

婴幼儿游戏除了受年龄、性别、健康状况、认知风格的内在因素影响以外,还受家庭成员与结构、伙伴、电视、托幼机构的课程等外在因素的影响。

1. 家庭成员与结构因素

由于婴幼儿需要成人的鼓励来保持对游戏的兴趣,因此特定的家庭文化可以影响婴幼儿的游戏行为。只是"看孩子"或对孩子过度关注的父母都会妨碍婴幼儿自发地游戏。

父母的价值观对婴幼儿的想象游戏具有一定的影响。研究发现更具想象力的男孩的家庭文化背景特征是:母亲比较注重应变能力(创造性、独立性、想象力),父亲则注重相关性(社会能力)。

婴幼儿的家庭生活经验影响着想象游戏的倾向性。弗雷伯格(Fraiberg)认为高想象性游戏倾向的幼儿往往是独生子女或长子女,在家里有较大的活动空间,父母亲受教育程度较高,能够鼓励孩子的想象性游戏,而且孩子往往与父母亲中的一方(通常是母亲)关系密切。辛格(Singer)认为有利于幼儿想象性游戏发展的因素有两个：① 父母亲或其中一方经常与孩子交往,并在交往中为孩子提供游戏行为的范式；② 孩子有独处的机会可以对与父母亲交往时所获得的经验加以重新体验和分析。丹尼斯(Dennis)的研究支持了辛格的观点:高想象性游戏倾向的幼儿和低想象性游戏倾向的幼儿其家庭环境的区别在于:前者的母亲更少限制家中的游戏环境,更多地鼓励并参与孩子的想象性游戏,而且其父亲不以任何方式抑制孩子的游戏。家庭中成人对孩子游戏的约束不利于幼儿的想象性游戏。家庭中的长子女和独生子女拥有想象的伙伴的可能性较高,而且女孩往往多于男孩。虽然想象的伙伴与幼儿的智力无关,但一些创造性较强的成人回忆说他们在童年时期拥有想象的伙伴。

父母婚姻破裂导致的家庭结构的不完整和家庭气氛的紧张也会对游戏产生影响。海瑟林顿(Hetherington)等人对来自父母双全的核心家庭的儿童和父母离异后由单身母亲抚养的儿童的游戏进行了比较研究,并得出上述结论。父母在婚姻问题上的纠纷使儿童感到焦虑和紧张,导致儿童游戏发展迟缓和异常,而且男孩受害程度高于女孩。研究还表明,来自核心家庭的儿童开展象征性游戏的能力更强,他们更倾向于假装和以物代物,游戏的内容也更丰富。

父母离异为什么对男孩影响更大、更持久？人们认为由于男孩大都与母亲生活在一起,缺乏父亲的影响,进入学校教育机构环境后接触的老师大多数为女性,这对男孩的成长是不利的。研究表明,父亲和母亲对幼儿的影响是不同的,父亲更倾向于和孩子玩运动型、力量型的游戏；而母亲则更多地与孩子玩较为安静的游戏。一项对54名来自贫穷家庭的黑人婴儿的研究也表明,父亲对自己的男孩越是关心,那么在五六个月时,这个婴儿就可能越聪明、越愉快,而在女孩身上却找不到类似的结果。还有的研究表明,父亲在孩子3个月以后开始给予男孩更多的关注,男孩到八九个月时就流露出对父亲的真正依恋。这些研究表明,父亲和母亲在婴幼儿的发展过程中起着不同的作用,家庭结构上的缺陷及由离婚等造成的家庭成员之间感情的不和睦,会对婴幼儿的游戏产生不利的影响。

2. 亲子依恋因素

亲子游戏作为亲子交往的质量指标,反映父母的人格特征与育儿方式,影响婴儿依恋的性质;而婴儿与父母之间形成的这种情感联结的性质,又影响着游戏的质量。

研究表明,安全依恋型婴儿在母亲在场时,能对陌生的环境进行积极的探索,更有可能发现物体的适当用途,如认识到球可以滚或玩具汽车可以推,对陌生人的反应也比较积极。安全依恋型学步儿更喜欢与人交往,更有可能与同伴进行互补性的合作性游戏。安全依恋型婴儿在2岁时表现出较强的独立性;到5岁时,他们在自由游戏中,对外界事物表现出较强的好奇心和行为的灵活性。有研究表明:与非安全依恋型婴儿相比,安全依恋型婴儿更喜欢玩想象游戏,游戏时间更长,内容更复杂。研究还指出,这些具有安全感、与成人结成亲密依恋关系的婴幼儿更好交际,喜欢与人亲昵。当他们进入幼儿期时,也更倾向于玩社会性游戏。在安全的亲子关系中获得的自信心和独立性为婴幼儿以后的社会性能力(如伙伴交往等)提供了良好的基础。

3. 伙伴因素

(1)伙伴的存在

鲁本斯坦和豪伊斯(Rubenstein & Howes)对19个月的学步儿的自由游戏进行了研究,设计了两种情境,一种是独自玩,一种是有一个熟悉的同龄伙伴在场。结果发现,在有伙伴在场的情况下,婴幼儿更能发现物体的性质,更多地以假装的方式使用物体。在有伙伴在场的情况下,婴幼儿过去已经掌握的操作物体的技能由于受到模仿的影响,变得更熟练和有目的性,并且能在更为复杂的行为水平上整合起来,同时共同活动和快乐的分享也强化了这种技能。

(2)伙伴的年龄

一般认为,让不同年龄的婴幼儿在一起游戏,可以促进婴幼儿的合作、分享与谦让等社会性行为的发展。让不同年龄的婴幼儿在跨年龄的情境中整合自己的行为,一方面能扩大年长婴幼儿的社交技能,形成责任感和关心他人等良好品质,使自我意识得到更好的发展;另一方面,又能使年幼的婴幼儿从社会性经验更丰富的幼儿那里学会与人相处、交往的技能,形成依恋、友好的情感。不同年龄的婴幼儿在一起,大一些的婴幼儿可以更好地表现自己的游戏经验和技能,计划游戏主题和情节,发展自己的组织能力,年幼的婴幼儿也可以在合作游戏中取得开展游戏的经验。

4. 其他外在因素

环境与材料的提供会影响婴幼儿游戏的发生与发展。早期教育机构提供了专门的环境和材料,可有目的地在某个年龄阶段婴幼儿中开展游戏活动,当然,其中教育者的方式、态度、教育观等都会对婴幼儿游戏产生影响；家庭中空间的大小和布局也会影响游戏的质量；玩具和材料的种类、数量、性质、搭配关系等也对婴幼儿的游戏产生影响。

时间也会影响婴幼儿的游戏。婴幼儿各年龄段的注意力维持时间并不相同，无论是什么游戏都需要充足的时间开展，婴幼儿也需要足够的时间去探索和尝试。合理的时间才能使婴幼儿尽情愉快地投入游戏，有利于其身心发展。

电子产品的存在同样影响着婴幼儿的游戏。近年来，随着智能手机、平板电脑等电子产品的普及，婴幼儿使用电子产品已经非常普遍，且呈现低龄化趋势。电子游戏在一定程度上替代了传统游戏，但过度电子化可能会对婴幼儿的生长发育产生影响，这一现象应受到教育者的重视。

第三节　游戏对婴幼儿发展的意义

一、游戏促进婴幼儿身体的发展

游戏是婴幼儿最喜爱的活动，对保障其身体健康、促进其生长发育和发展其运动能力具有重要意义。

（一）促进生长发育

各种游戏活动可以满足婴幼儿身体活动的需要，而且专门设计的体育类游戏对促进婴幼儿的身体生长发育效果显著。游戏可以促进机体的新陈代谢和生长发育，使婴幼儿身体的器官得到活动和锻炼，感受外界各种刺激（如温度、光照、自然现象等），提高机体对环境的适应能力和对各种疾病的抵抗能力。婴幼儿在游戏中变得强壮、健康，游戏也给婴幼儿带来愉悦和满足。

（二）促进基本动作的发展和协调

游戏具有促进婴幼儿基本动作和运动能力（包括大肌肉、小肌肉及全身运动的协调）发展的潜能，有助于动作的发展与分化整合。包含仰头、翻身、钻爬、蹬、走、跑等粗大动作的游戏，可以锻炼大肌肉群的活动能力，促进身体对运动的控制和协调；包含插塑、搭积木、玩沙子、绘画、拼图等精细动作的游戏，可以发展手部小肌肉的活动能力，促进手眼协调技能的发展。婴幼儿时期基本动作的练习一般都是在游戏中进行的，游戏是发展婴幼儿基本动作的重要途径，同时婴幼儿的运动能力也随着游戏水平的提高而提高。

二、游戏促进婴幼儿语言的发展

语言是社会交往的需要，米勒（Mueller）等人研究了婴幼儿的游戏，发现即使是只有12

个月的幼儿在游戏中也存在着语言,婴幼儿的平行游戏能自然地促进他们之间的交流。研究表明,3岁的儿童在游戏中使用语言交往,且用语言交往的时间随着年龄增长而增加,游戏促进了语言的发展。布鲁纳(Bruner)认为儿童最复杂的语法和语言符号往往最先在游戏情境中使用,而且在游戏中语言掌握得最快。还有研究表明,语言运用的复杂程度与婴幼儿游戏的水平、年龄及家庭社会经济地位有关。

婴幼儿掌握语言后,语言逐渐成为游戏活动的必要部分。婴幼儿可以通过语言区别一些角色游戏,这同时也为他们从成人和同伴那里学习新的词汇和概念提供了更多的可能。游戏中存在一些重复的语音、词汇、句子等,使婴幼儿感受到其中的乐趣,游戏也更加促进了其语言的发展。

三、游戏促进婴幼儿社会性的发展

以人际交往为基础的社会性游戏可以促进婴幼儿的社会性发展,主要表现在亲子游戏和伙伴游戏中。

游戏有助于婴幼儿学习社会性交往技能。社会性交往技能是指发起、组织与维持社会性交往活动的能力。在1岁左右,当婴幼儿发现一些有意思的事情时,会主动地发起游戏,比如把球扔到很远,成人捡回后他会继续扔出去,持续反复。游戏过程中会经历等待、轮流、分享、合作等,婴幼儿由被动慢慢变为主动。随着年龄的增长,他们的游戏也由亲子游戏逐渐转向伙伴游戏。

游戏帮助婴幼儿尝试克服"自我中心",从他人角度思考问题。"自我中心"是婴幼儿在社会交往过程中表现出来的思维特点,往往表现为只从自己的角度出发看问题,不能理解他人的观点、想法并体会他人的情感。婴幼儿在很早就开始意识到伙伴的存在,会表现出兴奋的状态,通过和其他儿童进行游戏来学习社会规则。婴幼儿在实际生活中逐渐认识规则的意义,按照规则来协调自己与他人的行动和关系,控制与调节自己的行为,逐渐学会遵守规则。

表2-3 婴幼儿不同年龄阶段的社会性发展任务

年　　龄	发 展 任 务
0—3个月	生理方面的协调
3—6个月	紧张的控制
6—12个月	建立情感上的依恋关系
12—18个月	探索和掌握
18—30个月	自主性
30—54个月	冲动的控制,性别认同,伙伴关系

四、游戏促进婴幼儿认知的发展

认知发展是指个体认知结构和认知能力的形成和变化的过程,涉及知觉、记忆、注意、思维、语言、想象等多种心理过程。游戏不仅反映了婴幼儿的认知发展,也为之提供了机会和条件,在婴幼儿认知发展中具有重要的作用,主要表现在概念的获得和问题解决能力的形成与发展。

（一）促进概念的获得

概念形成与概念同化是认知发展的重要内容,也是儿童获得概念的两种基本方式,且与游戏的经验密切相关。其中概念的形成是前语言阶段婴幼儿学习的特点,游戏对婴幼儿概念的形成与发展具有重要的作用。

对婴幼儿来说,口头告知和死记硬背式的概念学习没有意义。虽然通过不断重复与练习,婴幼儿可以记住成人告知的概念,但是往往不能真正理解概念的实际意义,他们需要通过自己的实际活动来积累感性经验理解概念。例如：婴幼儿在洗澡和玩水时,可以感知水的流动、溶解、浮力等特性；在滑滑梯时,可以体验和理解"高""低""上""下"等空间方位概念。在游戏中,婴幼儿通过接触和操作各种游戏材料和玩具,逐渐认识各种物体的特性(如软和硬、粗糙和光滑等)和用途,积累和丰富各种经验,获得相关的概念。

（二）促进问题解决能力的形成与发展

问题解决能力是适应环境生存和生活的基本能力,这种能力不仅仅与思维、想象力等智力因素有关,还与一些非智力因素有关,属于人的综合表现。大量的研究表明,游戏为婴幼儿提供了发现问题和解决问题的机会,有助于婴幼儿问题解决能力的形成与发展。婴幼儿在游戏活动中会遇到各种各样的问题。例如,婴幼儿在玩娃娃的时候想要用布将娃娃包起来,但横着包、竖着包都不够,他探索各种方法以后,发现利用对角线的长度可以将娃娃包起来。再如游戏时发现没有炒菜的铲子怎么办、晾衣服用什么等。游戏活动要求婴幼儿积极动脑筋想办法去解决各种问题,同时促进着他们问题解决能力的形成与发展。

五、游戏促进婴幼儿情绪情感的发展

情绪情感影响身心健康。游戏不仅可以使婴幼儿身心快乐,而且可以丰富和深化婴幼儿的积极情感,有助于其释放消极情绪。

（一）丰富和深化积极情感

婴儿出生时就具有多种基本情绪,这些基本情绪在后天逐渐显露并分化,逐步形成道德感、成就感、同情心等高级情感。例如：他们在游戏中学会遵守要求,有助于道德感的发展；用积塑搭成房子会使其体验到自己的动手能力,有助于成就感的发展。游戏还可以发展婴幼儿的同情心,角色游戏为他们提供了站在他人角度考虑问题、体验他人情感的机会。这些在游戏中获得的情感体验,会对他们产生潜移默化的影响,丰富和深化他们情感的发展。

（二）有助于释放消极情绪

消极情绪（如焦虑、紧张、愤怒、嫉妒等）长期得不到释放会影响身心健康。游戏有助于婴幼儿释放消极情绪，例如，现实生活中婴幼儿害怕去医院看病打针，但在游戏中却喜欢玩看病游戏。游戏使痛苦经历再现，帮助婴幼儿转换角色、减轻恐惧。

综上所述，游戏可以促进婴幼儿身体、语言、认知、社会性、情绪情感等多方面的发展，教育者可以通过游戏去影响婴幼儿的发展，解决发展中出现的问题。

本章小结

本章主要讲述了婴幼儿身心发展的基本规律、特点以及主要影响因素，又讲述了婴幼儿游戏的发展、特点以及主要影响因素，阐述了游戏对婴幼儿发展的重要意义。

延伸学习

拓展阅读

游戏对婴幼儿早期教育的重要作用

在探索婴幼儿学习和经验获得的脑机制研究中，作为婴幼儿的基本活动和学习经验的主要来源——游戏，受到了研究者的高度关注。近十几年来，在计算机脑成像技术和其他先进科学技术的帮助下，与游戏相关的脑科学研究取得了丰富的研究成果，这些成果解释了游戏的深层机制，也为游戏在婴幼儿早期教育中的应用提供了科学理论依据。

一、游戏对人脑可塑性的重要作用

脑能够学习是因为其具有可塑性，可以根据环境刺激产生改变。适应环境的能力是脑与生俱来的固有属性及核心特征——可塑性。婴儿出生时，所有的神经元都已经具备，然而脑皮层中的大部分神经元都还没有充分建立连接；出生之后经过几年的发展，脑才最终形成复杂的功能结构。加州大学欧文分校的研究者鲍伯·雅各布斯（Bob Jacobs）等人通过对20名正常男女进行威尔尼克区锥体细胞树突长度、树突分枝等结构与教育因素之间关系的研究，得出如下结论：受教育程度高、喜欢挑战性思维的活动个体，脑中总的树突分枝长度比中等层次以下的人要长。雅各布斯推测，脑中这些变化的产生可能是由于被试不同的受教育程度和学习经验造成的。该研究表明，教育对脑的结构具有显著的一致性影响。美国康奈尔大学的语言学研究者王悦（Yue Wang）等人在训练美国被试学习中文的任务实验中发现，学习可以引起大脑皮质进行重组。美国纽约肿瘤医院神经学研究者卡尔·金（Karl H. S. Kim）等人的双语学习研究表明，大脑具有语言加工可塑性。这些关于大脑可塑的研究结果向我们揭示了：学习与环境经验会对脑的结构与功能产生影响，而且不同类型的学习与经验还会以不同的方式改变大脑的结构；同时，受教育程度的不同、学习经历的不同、学习技能的不同及学习的起始年龄的不同等都是影响脑结构重组的因素。学习与环境经验对大脑既有积极的影响也有消极的影响。学习训练开始的时间、类型、强度、持续时间等因素都会影响学习训练的结果，进而影响大脑可塑性。一般来说，在学习训练较早、训练类型适当及强度较大与持续时间较长等情况下，大脑的可塑性更为积极。这些结论促使早期教育者对婴幼儿所处的生活环境和所接触的信息质量越来越重视：在进行早期教育时，能否及时、适当地为婴幼儿提供丰富的游戏环境和创造有益的学习经验，对能否提高早期教育活动的质量和促进婴幼儿发展具有重大的意义。

二、游戏对人脑发育敏感期的重要作用

敏感期是指大脑的结构或者功能对特定的外部刺激非常敏感的阶段。在这个阶段，大脑特别容易接受经验的影响以促进大脑结构与功能的发展。基于脑的可塑性，认知神经领域的科学家发现脑在特定时期的发展极易受经验的影响。在此期间，应给予学习者适当的学习体验以促进认知能力的发展。在这些适合特定技能学习的"敏感期"或"机遇期"内，脑需要特定类型的刺激，以实现并保持相关脑结构的发展。婴幼儿时期存在着人类感知觉、语言、身体动作及情绪情感等领域发展的敏感期。19世纪初期，意大利教育家玛利亚·蒙台梭利（Maria Montessori）认为，在孩子出生的头几年，无论从体力还是智力方面的发展来看，这一时期的教育都是至关重要的。她总结了儿童在不同发展阶段的几个敏感期，如感官敏感期（0—6岁）：从出生开始，婴儿就会借着听觉、视觉、味觉、触觉等感官来熟悉环境、了解事物；秩序敏感期（2—3岁）：一个有秩序的环境可以帮助孩子认识事物、熟悉环境，一旦他所熟悉的环境消失，他就会无所适从，从环境里逐步建立起内在秩序的同时，他的智力也会因此而逐步建构。

（资料来源：刘文利，李佳洋.游戏对婴幼儿早期教育的重要作用[J].教育家，2020（28）.）

 学习活动

1. 以小组为单位，收集视频或实际观察婴幼儿的游戏活动，结合所学，尝试分析其中体现的婴幼儿身心发展的特点、婴幼儿游戏的特点及游戏对婴幼儿发展的价值，小组间分享交流。

2. 关注我国近几年颁布的与0—3岁婴幼儿相关的政策文件，了解各地区政策，并思考如何在游戏设计中加以落实。

复习与思考

1. 婴幼儿身心发展的基本规律有哪些？
2. 婴幼儿身心发展的特点及影响因素有哪些？
3. 婴幼儿游戏的特点有哪些？
4. 请简要概述婴幼儿游戏的发展，并说明哪些因素影响着婴幼儿游戏的发展。
5. 结合实例谈谈游戏对婴幼儿发展的意义。

第三章 婴幼儿游戏环境创设

学习目标

1. 了解0—3岁婴幼儿游戏环境创设的意义和原则。
2. 学习掌握0—3岁婴幼儿游戏环境创设的方法。
3. 了解家庭中游戏环境、材料的有效利用。

环境是重要的教育资源。0—3岁是婴幼儿生理、心理发展最迅速的时期,也是大脑发展的黄金期,他们通过视、听、触、味、嗅觉器官来感知、探索身边的环境。创设良好的游戏环境对婴幼儿智力开发、常规养成及个性品质发展有着十分重要的意义。因此,在身心发展的关键期,为婴幼儿提供一个"教育营养"丰富的游戏环境至关重要。教师、家长等照护人员可以通过创设不同功能的游戏区域,充分发挥环境的内在价值,支持婴幼儿在与游戏环境互动的过程中获得有益于身心发展的经验,从而得到认知、情感、社会性等多方面的发展。

第一节 婴幼儿游戏环境的意义

良好的环境是游戏开展的基础,对游戏质量有着很大程度的影响。0—3岁婴幼儿是在与环境的互动中学习与发展的,他们的游戏行为更容易受环境的直接影响。因此,我们要根据婴幼儿的年龄特点创设适宜的游戏环境,从游戏场地、游戏材料、环境设施等多方面支持他们的发展需要,从而促使婴幼儿在环境的影响下主动感知与学习,有效促进他们感知觉、身体机能、知识经验和社会性等多方面的均衡发展。

一、满足游戏需要

婴幼儿游戏活动离不开游戏环境创设的支持。游戏环境创设是为游戏服务的,二者密不可分,缺一不可。婴幼儿在与环境的互动中探索和认识周围世界,发现自我和他人,形成和锻炼自己的各种能力。

婴幼儿有多种多样的游戏兴趣和需要：扮演、建构、探索、运动、艺术……一个丰富多彩的游戏环境，可以满足婴幼儿的兴趣和需要。教师、家长等照护人员应从婴幼儿的身心发展特点出发，根据活动特点及方式，因地制宜地创设不同的功能区域，如运动区、认知区、阅读区、角色区等，以满足婴幼儿不同的兴趣需求。

不同游戏区域中的玩具材料是婴幼儿进行游戏的物质基础，直接影响婴幼儿对游戏的参与度。形象生动、色彩鲜艳的玩具材料深受婴幼儿的喜爱，如娃娃家中仿真的水果、蔬菜，小锅、小碗、小灶台等贴近生活的玩具材料，能唤起他们的游戏兴趣，满足其模仿和动手操作的需求。

图 3-1 仿真蔬果

图 3-2 炊具材料

图 3-3 娃娃家

为婴幼儿创设矮、圆、软、趣、变的游戏环境，可以更好地满足婴幼儿的心理需求，因为他们更喜欢在安全、温馨、充满童趣的游戏环境中主动探究。如在阅读区、认知区这种较安静的区域四周放置温馨的小沙发、软靠垫、小帐篷等，婴幼儿可以在游戏过程中感受到"家"的温暖，在小沙发上靠一靠，在小帐篷里面躲一躲，满足身心发展的需要。

图 3-4　软包墙面

图 3-5　小沙发

二、引导游戏行为

婴儿从出生开始，就用自己的方式探索周围的世界，在与环境互动的过程中通过直接感知、亲身体验来建构自己的经验。丰富的游戏环境能够为婴幼儿提供感知、探索的机会，引发婴幼儿的游戏行为。例如，6个月左右的婴儿，已经能够很好地控制自己手部的动作，愿意主动用小手来探索周围的环境，喜欢拍打、抓捏身边的所有物品。教师、家长等照护人员如果能够在游戏环境中提供不同材质、种类的抓握玩具，就能有效地引导婴幼儿的游戏行为，他们会乐于主动尝试抓握、触摸、拿取，从中获得愉快的游戏体验，进而锻炼手部灵活性及手眼协调性。

不同的游戏环境引发不同的游戏行为。有研究发现，婴幼儿在97%的自由游戏时间里，会使用某些玩物。不同的操作活动，婴幼儿获得的经验也不一样，当然发展也就不同。有学者列举了不同游戏材料及其活动对婴幼儿发展的意义。

图 3-6　手指推推乐

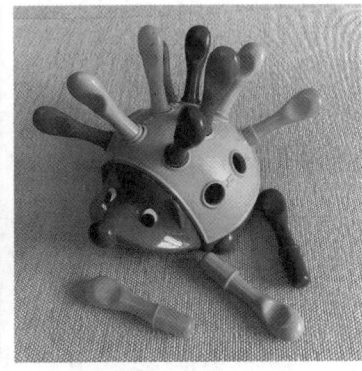

图 3-7　刺猬拼插拼

图 3-8　触觉感知球

表3-1　不同游戏材料及其活动使婴幼儿获得的不同经验、能力

游戏材料及其活动	获得的经验、能力
拍打旋转吊饰，使它晃动	因果关系
滚球	动作
把图案放入拼板里	形状、大小、颜色之类的概念
把塑料珠子串在一起	手眼协调能力
把积木从架子上拿下来搭建	独立
用颜料在纸上涂鸦	空间关系
将水与干的颜料混合	科学概念
在面团上戳洞	因果关系
撕纸做拼贴画	手眼协调能力
学会使用糨糊	为自己的成就感到自豪

由此可见，游戏环境与游戏行为直接影响着婴幼儿的发展方向，教师可以通过创设不同的游戏环境引发婴幼儿的游戏行为，促进其建构多方面的经验而获得全面发展。

三、激发主动学习

兴趣、自由选择与自主决定是婴幼儿主动学习的基本条件。婴幼儿具有强烈的好奇心和求知欲，一个熟悉又丰富多彩的游戏环境，会调动他们的兴趣，为他们提供选择的可能性。教师应允许婴幼儿按照自己的兴趣和能力选择材料，让他们在没有压力的氛围中玩玩做做、探索问题、发现问题、解决问题，成为积极主动的学习者。

案例1

有趣的小球（16—36个月）

游戏环境：安全舒适的爬爬垫场地，贴有红、黄、蓝、绿不同颜色的乒乓球，多个张大嘴的鳄鱼玩具。鳄鱼身上贴有与乒乓球相对应的不同颜色。

游戏过程：自主游戏时间，东东和豆豆来到益智游戏区域，他们拿起乒乓球开始游戏。豆豆首先选择了红色乒乓球，他努力抓握、追逐着小球，玩了一会儿。看到张着大嘴的鳄鱼玩具，他尝试着走过去。这时他发现鳄鱼身上也贴有颜色，看了一会儿，他把红色球放入了红色鳄鱼的大嘴中，开心地拍拍手。东东则把多个乒乓球滚来滚去，观察着球的变化，还不时拿起两个不同颜色的球观察。

案例分析：游戏环境中，多彩的乒乓球引发了幼儿选择这一区域的游戏兴趣，东东和豆豆分别以自己的方式开展游戏。豆豆在抓握、追赶乒乓球的过程中注意到了"鳄鱼"及它身上的颜色，在操作中理解了其中的对应关系。豆豆更喜欢观察多个乒乓球的滚动状态，主动感知球的不同。他们不仅认识了颜色，还在乒乓球的游戏中发展了反应能力与身体协调能力。

（资料来源：天津市南开区第四保育院　王瑜）

由案例可见，游戏环境可以激发婴幼儿以自己的方式主动学习，获得在原有水平上多方面的发展。

四、增强人际互动

同伴交往是人际交往能力的重要组成部分，是参加社会互动的最初形式，关系着婴幼儿未来的成长与发展。游戏环境的创设为婴幼儿提供了游戏和社交的场所，提供了与伙伴和成人自由交往的机会和条件，有利于婴幼儿之间的相互模仿与启发，增进同伴之间的相互了解和交流。

案例2

娃娃家（24—36个月）

游戏环境：温馨舒适的娃娃家区域，投放玩具小锅、铲子、蔬菜等。

游戏过程：强强和丽丽自主选择了娃娃家游戏区域，强强戴上"爸爸"的小领带，丽丽当他的宝宝。他们把娃娃家的玩具摆弄一番后，"爸爸"带"宝宝"去"买菜"。在取菜的过程中"爸爸"和"宝宝"交流着，"宝宝"用简单的语言和肢体动作指明自己爱吃的"菜"，从而完成选购。"爸爸"在做饭的过程中忙着"切菜"与摆放，并照顾"宝宝"吃饭，他们愉快地游戏着。

案例分析：娃娃家游戏环境的创设，自然引发了"过家家"游戏，角色分工与互动增强了人际交往，能够促进婴幼儿语言、动作、社会性等多方面的发展。

（资料来源：天津市南开区第四保育院　王瑜）

五、尊重个体差异

婴幼儿在成长发展过程中，因先天遗传或后天环境的不同，形成不同的个性品质。心理学家托马斯将婴幼儿的气质类型划分为容易型、困难型和迟缓型三类，不同气质类型的婴幼儿，在行为、思维、情绪、意志、性格等方面的表现也不相同（见下表）。即使同一气质类型的婴幼儿,在发展速度、兴趣爱好、学习方式等方面也会存在差异。教师应在观察与了解婴幼儿的基础上,创设不同形式、主题、材料的多样化游戏环境,充分尊重婴幼儿的个体差异,有针对性地提供适合的帮助与指导,促进每个婴幼儿身心和谐发展。

表3-2 婴幼儿气质特征

气质类型	积极面	消极面
容易型	随和、适应性强、开朗	行动轻率、感情不稳定
困难型	敏感、情感丰富	适应慢、任性、易发脾气
迟缓型	冷静、情感深沉、实干	淡漠、缺乏自信

案例3

投球乐(24—36个月)

游戏环境:高低不同的跨栏、平衡道、障碍、滚筒、海洋球、头饰;三条通往不同终点的"路线"。

游戏过程:游戏开始了,林林选择了一道障碍最多的路线。他手拿海洋球,迈过三个高低不同的跨栏,通过平衡道,跳过障碍,最后将球投到立着的滚筒中。完成后他马上又来到起点再次游戏,这次他尝试了其他两条路线。看到林林积极主动地顺利完成游戏,教师通过变换滚筒的摆放方式增加了游戏难度。这一次,林林尝试对准倒下摆放并且左右摆动的滚筒进行投球,这样一来,林林的兴趣更浓了。

晴晴看到小伙伴玩得这么开心,也准备去尝试。教师观察到晴晴有一点胆怯,马上过去鼓励晴晴大胆尝试,建议她从障碍最少的路线开始。晴晴在老师的帮助下越过障碍,顺利地将球投入桶中,脸上露出了微笑。

一直躲在妈妈怀里的菲菲始终不愿意去尝试。老师戴着小兔头饰,模仿兔妈妈的语气说:"菲菲,我是兔妈妈,你愿不愿意和我一起玩游戏呀?我们可以搭建一条新的路线,来吧!"菲菲在"兔妈妈"的带领下,按照自己的意愿搭建出一条新路线,学着兔妈妈的动作到达了终点。

案例分析:林林属于"容易型"的气质类型,喜欢挑战,不断变化的游戏环境更能激发他的游戏兴趣,使其获得游戏带来的快乐,满足身心发展的需要。而晴晴属于"困难型"的气质类型,需要为她营造一个宽松的心理环境,用愉快的情绪感染她,用亲切的语言鼓励她。而简单的游戏环境使游戏难度降低,使她在自主愉快的氛围中主动参与游戏,获得发展。菲菲则属于"迟缓型"的气质类型,不喜欢主动参加活动,教师通过角色扮演创设游戏情境来增加趣味性。教师与菲菲一起自主设计游戏路线,帮助她融入游戏,使她在放松、愉快的游戏中发展动作技能。

(资料来源:天津市南开区第四保育院 王瑜)

由此可见，婴幼儿现有水平不同，个体需求就会不同，教师创设游戏环境时应考虑到婴幼儿的个体差异，通过创设多样、多层次的游戏环境，满足不同个体的发展需要，促进婴幼儿在原有水平上获得提升。

第二节　婴幼儿游戏环境创设的原则

婴幼儿游戏环境创设的原则是指教师、家长或照护人员创设游戏环境时应遵循的基本要求。早教机构是为婴幼儿早期发展而设立的机构，是促进婴幼儿身心发展的重要场所之一。早教机构的工作人员在游戏环境创设中应以婴幼儿为本，从他们的发展与需要出发，遵循安全性、适宜性、一致性、互动性、开放性及美观性原则，使游戏环境目标与婴幼儿发展目标相结合，体现环境对婴幼儿的积极作用。家长等照护人员在家庭中创设游戏环境时，同样可以参考此原则。

一、安全性原则

安全性原则是指游戏环境中的设施设备、游戏材料等物质环境必须符合国家相关部门的安全标准和环保标准，不得影响婴幼儿的身心健康发展。"安全"是开展各类活动的前提和保障，教师等照护人员应为婴幼儿创造一个安全舒适的游戏环境，促进其健康发展。可以说安全性原则是游戏环境创设的基本原则。

（一）安全环保，符合国标

安全的游戏环境是婴幼儿健康成长的保障。因此，游戏环境中的家具、用具应确保表面光滑、边缘圆润，大小尺寸适合婴幼儿的身高。产品包装应具有基本标识：产品名称、生产厂家及生产地址、主要材料和成分、适用年龄范围、执行标准、产品合格证等，符合GB6675-2014《玩具安全》国家标准，贴有3C标志。

形象的仿真玩具是低龄儿童喜爱的游戏材料之一，年龄较小的婴幼儿在操纵摆弄玩具材料时，会无意识地放入口中，或无意识地摔打进行探索，所以应为儿童选择结实耐用、没有棱角、零部件不容易掉落、无毒的玩具材料，以免造成伤害，并且做到定期清洗与消毒，保障玩具材料的安全卫生。

（二）安全卫生，取材生活

生活中的废旧材料随处可见，种类繁多。如手提袋、瓶盖、纸筒、扣子、瓶子、吸管等。来源于生活的游戏材料，首要考虑的因素就是安全与卫生，如易拉罐、奶粉桶，成人要先将开口部位包裹处理后，再投放到游戏区域中，确保游戏时的安全。

将这些来源于生活的、符合卫生和安全标准的物品结合教育目标加以改造，就可以转化为独特的游戏材料，相比成品玩具更能够激发婴幼儿的想象力与探索精神。例如，将一次性纸盘进行装饰,变成美丽的孔雀、可爱的小猫、漂亮的小鱼,可以为游戏环境增添很多色彩,发挥环境隐性的教育功能,潜移默化地培养婴幼儿的创新和审美意识。又如,生活中的包装盒有很多,冰箱、洗衣机的大包装盒,香皂、牙膏的小包装盒,都是我们可以利用的游戏材料。可以将大包装盒做成"隧道",让婴幼儿练习钻、爬;将小包装盒做成益智玩具,如纸盒迷宫等,练习手部的精细动作。

图 3-9 纸盘制作

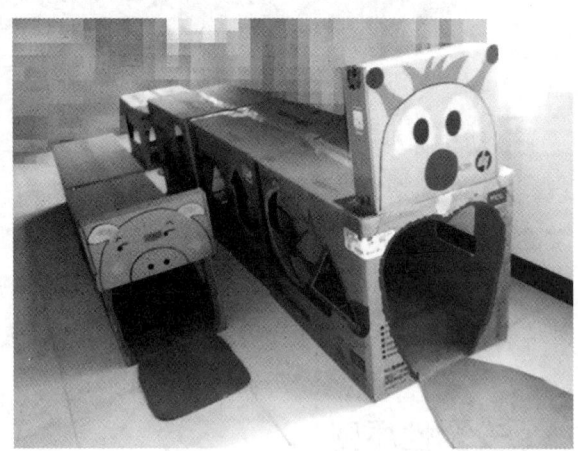

图 3-10 纸箱隧道

二、适宜性原则

发展适宜性是指游戏环境的创设要符合婴幼儿的年龄特点及心理需要,促进每个婴幼儿全面、和谐地发展。由于0—3岁婴幼儿对环境的依赖性极大,发展的能动性是在成人为他们安排好的环境中起作用的,所以成人要根据婴幼儿的年龄特点与个体差异,创设适宜的游戏环境。

(一)适宜婴幼儿的年龄特点

婴幼儿的身心发展有一定的顺序性和阶段性,从简单到复杂,从被动到主动。成人应遵循婴幼儿生长发展的速度及水平,依据最近发展区与关键期,创设符合婴幼儿年龄特点的自由探索的学习空间,促进其潜能发展。

例如,0—3个月是婴儿与环境、抚养人建立安全感的时期。在他们清醒的时候,成人要多与之交流,利用一些颜色鲜艳带声响的玩具逗引他们,锻炼视听觉追踪能力。播放舒缓轻柔的音乐给他们听,使其尽快适应新环境。

再如,3—6个月的婴儿已经掌握了很多本领,对周围的环境表现出好奇,愿意用手去抓握物品。可以准备一些可抓握的小玩具吸引他们主动地去抓,锻炼手眼协调能力。

又如,1岁以后是幼儿学会走路的关键时期,照护人员可以在安全、相对平稳的环境中,准备一双柔软、防滑的学步鞋,利用玩具吸引他们练习行走。这个时期也是幼儿的语言爆发前期,应多用规范、清晰的语言与他们交流,播放儿歌、故事给他们听,创造良好的语言环境。

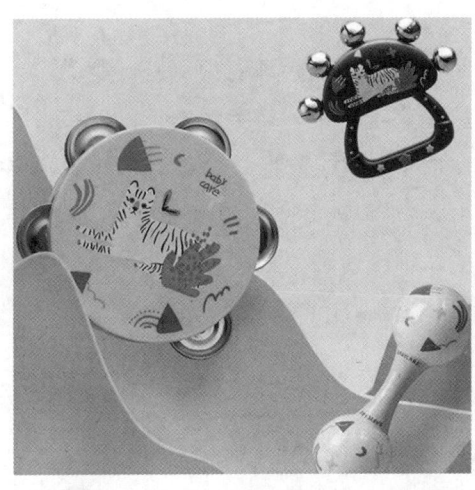
图 3-11 铃儿响叮当

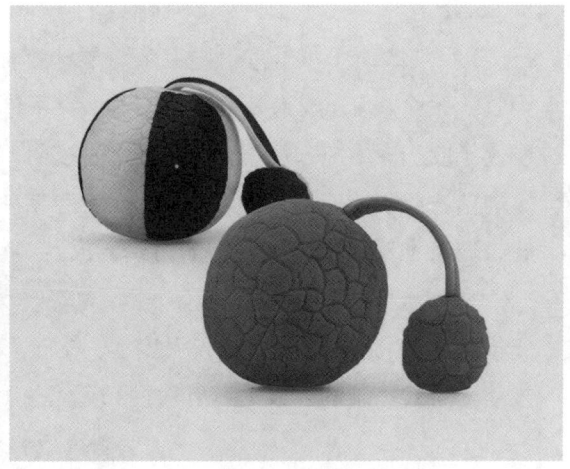
图 3-12 视觉刺激球

图 3-13 嵌板

图 3-14 磁力玩具

这个阶段还可以为幼儿提供一些嵌板类玩具、磁力玩具等,在游戏中提高他们的动手能力。一些用低结构材料开展的游戏如盖瓶盖、喂娃娃等,也都能够很好地锻炼幼儿的手眼协调能力。

案例4

翻山越岭(6—9个月)

游戏环境:地垫、高低不同的靠垫、软包(5 cm—15 cm不等)、颜色鲜艳的手铃或其他玩具等。

游戏过程:成人在地垫上利用高低不同的软靠垫搭建了一座此起彼伏的"高山",和8个月的宝宝玩"翻山越岭"的游戏。成人用红色手铃吸引宝宝向前爬行，并用肢体动作和语言引导宝宝勇敢地爬上地垫。宝宝沿着设置好的路线努力翻越了三个靠垫，成人及时给予鼓励，将手铃放在宝宝手中。待宝宝爬行的熟练度逐渐提升后，加入高度约15 cm的枕头以增加难度。成人将一个红色的小球滚向前方吸引宝宝爬过更高的障碍，宝宝手膝并用向前爬，翻越的速度慢了很多。成人俯身推动宝宝的小脚增加力量，最后宝宝成功地越过障碍拿到小球。

案例分析：成人利用常见的生活物品作为练习障碍爬的游戏材料，不断增加爬行难度。利用手铃、小球吸引宝宝，增加了爬行的乐趣，辅助宝宝掌握障碍爬的技能。游戏环境的创设具有针对性和适宜性。

（资料来源：天津市南开区第四保育院　王瑜）

（二）适宜婴幼儿个体发展

婴幼儿在性别、个性、发展水平等方面存在差异，他们所需要的支持性游戏环境也是不同的，照护人员要根据每个婴幼儿不同的特点，采用他们喜欢的游戏形式，以环境、材料为载体，让每个婴幼儿都有探索的机会，促进其在原有基础上得到发展。

案例5

喂小动物（18—24个月）

游戏环境：自制喂小动物玩具材料、自制小动物喜爱的"食物"若干。

游戏过程：洋洋来到玩具柜前，被几个可爱的小动物玩具所吸引。她拿起"小花猫"的盒子探索着，并捏起一条"小鱼"尝试着放到"小花猫"嘴里，成功后脸上露出了笑容。之后她继续一条一条地喂"小花猫"吃"鱼"，嘴里喃喃自语："小猫吃鱼。"玩了一会儿后洋洋便对这个玩具失去了兴趣。老师对洋洋说："这里还有小鸭和青蛙，它们的肚子也饿了，请洋洋来喂它们吃东西吧！"于是洋洋拿起了"小虫子"，试着去喂"小鸡"。"小鸡"的嘴巴是一个小小的三角形，增加了操作难度，洋洋拿起"小虫子"慢慢地塞进"小鸡"的嘴里，速度比喂"小花猫"慢了许多，但她坚持认真地操作。

案例分析："喂小动物"是一个经常可以见到的游戏，它可以帮助幼儿学习认知、对应及点数的技能。小动物造型能够吸引幼儿，根据小动物的特征提供不同的食物（小花猫吃鱼、小鸡吃虫子、小狗吃骨头），符合1.5—2岁幼儿的生活经验和能力发展水平。洋洋在游戏中能够很好地与材料进行互动，当她对"小花猫"失去兴趣时，教师能够及时发现，引导她尝试使用更有挑战性的新材料，满足其个体发展的需要。

（资料来源：天津市南开区第四保育院　王瑜）

三、一致性原则

游戏作为婴幼儿一日生活中不可或缺的活动形式，发挥着重要的教育作用。早教机构作为供婴幼儿学习、发展和接受教育的场所，其创设必然具有教育意义，应与教育目标相一致，与幼儿的兴趣需求相一致。否则，游戏就失去了教育价值，婴幼儿就失去了有效发展的机会。

（一）与教育目标相一致

游戏环境是为教育目标服务的，具有潜移默化的教育价值。将教育目标紧密结合环境创设，与教育内容融会贯通，能够充分吸引儿童投入游戏，对游戏环境产生积极的作用，有利于实现教育目标，促进婴幼儿身心发展。

例如，为了让孩子们充分感知季节变化，教师根据季节特征创设了游戏环境。在秋天满地金黄落叶的时候，孩子们会捡起一片片树叶，于是教师用棕色的卡纸剪出树干，让孩子们用小手沾上颜料印到"大树"上、"大树"旁，这样教室里便有了黄色、红色、绿色的叶子，孩子们感受到秋天的五彩缤纷。教师又带领孩子们涂画水果，将水果剪下来与孩子们一起布置到"大树"上，孩子们感受到秋天是丰收的季节。冬天到了，教师将可爱的雪人贴在墙上，孩子们用纸撕出一片片美丽的雪花装扮冬天。在"春有百花秋有月，夏有凉风冬有雪"的环境中，孩子们对季节有了更深刻的了解。

（二）与兴趣需求相一致

游戏环境的创设应与婴幼儿的游戏兴趣相一致。材料是游戏的物质基础，是婴幼儿最基本的学习工具，游戏的教育价值主要是通过游戏材料实现的。因而，家长、教师等照护人员应基于观察，了解婴幼儿的兴趣，提供与之相一致的游戏材料。

游戏材料最直接的功能就是激发婴幼儿游戏的兴趣。为婴幼儿提供什么种类的游戏材料，就为他们开展哪类活动提供了可能。游戏材料不仅会影响游戏开展的类型，还会影响游戏内容和情节的发展，因此，游戏环境的创设要具有多样性和新颖性，满足婴幼儿自由选择的需要，激发他们游戏的动机。同时还要注意，随着婴幼儿兴趣需要的转移和认知操作水平的提高，游戏材料应定期或者不定期地增减或更新，以促进婴幼儿更好地开展游戏。

四、互动性原则

婴幼儿是在与游戏环境中的人、事、物互动的过程中学习和发展的，因而在创设游戏环境时应充分遵循互动性原则，以婴幼儿为主体，通过环境创设支持婴幼儿对环境产生积极作用，使游戏环境成为引导婴幼儿主动学习的桥梁，有效促进其学习与发展。在早教机构，互动行为更加复杂，教师等照护人员在创设游戏环境、提供材料的过程中，应为婴幼儿创造互动机会，引导其在游戏中学习轮流、等待、分享等，促进其语言、社会性等多方面的发展。

（一）增强与环境互动

首先，游戏材料的摆放应该有利于婴幼儿与环境互动。所有玩具和游戏材料都应向婴幼儿开放，不能因为怕他们损坏，而将玩具当作摆设。摆放玩具材料的柜、架高度应该适合婴幼儿身高，是开放的或透明的。不透明的容器应该贴上标识。总之，要方便婴幼儿根据兴趣及游戏需要自由地选择。

其次，投放的材料要有可操作性，是婴幼儿可以改变、可以控制的，这样的材料才能激发其兴趣，吸引其注意，支持其主动学习。因此，玩具不能成为仅供观赏的"看具"，婴幼儿不应该只能被动使用玩具，而应可以用不同的方式操作。当一件玩具有不同的玩法和操作结果时，能较大程度地激发婴幼儿的好奇心，调动他们的主动性，促使他们积极探索。与购买的材料相比，生活中的材料具有可变化、玩法不固定、常玩常新的特点，婴幼儿可以自主地组合、拆分、排列，因而这些材料更容易受到婴幼儿的欢迎。

最后，早教机构中的主题墙饰不仅是具有教育性、审美性的外在装饰，更是教师以婴幼儿发展需要为目的，紧密围绕教育目标和教学内容，发挥婴幼儿主体作用，师幼共同创设的婴幼儿喜爱并能与之产生互动的教育资源。因此，教师在进行游戏环境创设特别是墙饰布置时，应在了解婴幼儿兴趣需求的前提下，引导其以主人身份直接参与环境创设，充分调动他们参与的积极性，以此更好地促进其学习和发展。

案例6

亲亲小鱼主题墙（18—24个月）

游戏环境： 小鱼图片、彩纸若干

游戏过程： 鱼缸里养了几条小金鱼，深受孩子们的喜爱，教师在发现他们的兴趣后，以小鱼为主题创设了"亲亲小鱼"主题墙。首先，教师准备不同的小鱼图片，孩子们被吸引过来看一看、认一认。随后师幼一起创设游戏墙，画小鱼、贴小鱼，孩子们的游戏兴趣逐渐高涨。

接下来，教师将小鱼的尾巴放大贴在墙面上，用图片表现出小鱼的尾巴不仅可以推动身体向前游，还可以控制方向。兰兰指着小鱼的尾巴说："看，小鱼的尾巴本领真大！"其他小朋友也在仔细地观察着……

在此基础上，教师在墙面通过图示创设了游泳路线这一游戏情境，安安用小手推动小鱼向前游动，其他同伴也纷纷效仿。教师引导："比比哪条小鱼游得快吧！"孩子们开心地玩了起来。

案例分析： 教师以婴幼儿为主体，及时捕捉其兴趣与需要，与婴幼儿一起共同创设游戏主题墙。之后引导婴幼儿与主题墙积极互动，在快乐的游戏中获得知识，发展能力，真正发挥了游戏环境的教育价值。

（资料来源：天津市南开区第四保育院　王瑜）

（二）增强人际互动

人际互动包括婴幼儿与教师之间的互动，婴幼儿与同伴之间的互动。婴幼儿的学习是在与外部世界的相互作用中主动地建构自己的知识与经验，是一种互动的、以某种相互关系为基础的社会建构过程，所有的孩子通过与他人（教师、同伴、家长等）的对话、互动与协商，找到自己的定位，获得认同感和归属感。

在早教机构中，作为教育基本表现形式的师幼互动，存在于一日生活中，其质量高低对婴幼儿发展产生重要影响。教师作为婴幼儿的伙伴、养育者和指导者，应根据其实际需求寻找互动时机，开启互动行为，通过有效的师幼互动，有针对性地帮助每个婴幼儿获得发展。此外，教师还要引导他们积极地与同伴进行互动和友好交往，建立和谐的同伴关系，在交往中，学会关心同伴、互相学习、共享玩具，感受与他人共同生活的乐趣，在集体生活中获得愉快和自信的体验。

例如，2—3岁的幼儿自我意识已初步萌芽，小小的游戏区域就是一个学习与他人互动的小环境。让他们在快乐的游戏中掌握初步交往的技巧，能促进其社会性发展。

五、开放性原则

开放性的游戏环境包含两个方面的含义：一是开放性的物质环境，即游戏空间、时间及游戏材料的开放性。二是宽松的精神环境，即游戏中的师幼关系、同伴关系是平等和谐的。

（一）开放的物质环境

开放的物质环境是婴幼儿有效进行同伴互动、主动学习的重要条件。因此，创设的游戏环境应该以婴幼儿的实际经验为基础，开放、有弹性。

1. 活动区设置的开放性

早教机构的室内活动区是一个灵活的、动态的、相互联系的整体。教师可以巧妙地利用隔断，开放式的小门、柜子等，将活动室分割成不同的游戏场地。随着儿童游戏的发展和需要，教师应随时改变各活动区的界限，及时调整活动区的数量、种类及其搭配关系。

2. 玩具材料使用的开放性

玩具材料的使用不应局限在某一个区域中，婴幼儿可以根据自己的兴趣爱好自由选择，自主决定在哪里玩、怎么玩，以自己的方式与材料互动，最大限度发挥玩具材料的教育价值。

（二）宽松的精神环境

婴幼儿游戏的开展除了依赖于良好的物质环境，还依赖于良好精神环境的构建。和谐、平等、自由、合作、民主的良好人际关系，是游戏开展的先决条件，也是婴幼儿健康全面发展的保证。在早教机构的各种关系中，师幼关系是最重要、最基本的关系。教师要尊重婴幼儿，关心、爱护、体贴每一个孩子，给予他们充分的自由，对其行为以正面、肯定的评价为主，构建起积极健康、温馨和谐的师幼关系。

良好的同伴关系是婴幼儿健康发展的重要精神环境。同伴关系的主要功能是给婴幼儿提供学习技能和交流经验的机会，这种作用是成人不能给予的。教师、家长等照护人员要鼓励、引导婴幼儿积极与同伴交往，让他们之间形成平等友爱、愉快和谐的同伴关系。这种氛围中的婴幼儿游戏才是积极主动的、自主自愿的、富有想象力和创造力的。

六、美观性原则

环境是婴幼儿发现美、感受美的途径。具有高度美感的游戏环境应该是色彩和谐、形象具体、布局合理的。这样的环境不仅可以提升婴幼儿的审美情趣，还能减缓视觉疲劳，给他们带来轻松愉快的情绪，从而产生安全感和舒适感；同时，潜移默化地提高其审美能力。婴幼儿大都喜欢鲜明的色彩，红、黄、蓝、绿是他们最先认识并偏爱的颜色。我们要尊重婴幼儿的审美情趣，创设既有教育价值又兼具审美性的游戏环境，唤起他们对美好事物的兴趣和情感。

第三节　婴幼儿游戏环境创设的方法

0—3岁婴幼儿是在与环境的互动、对环境的探索中发展起来的，他们的游戏行为更容易受环境、材料的直接影响。因此，创设一个安全、有效、愉悦、和谐的游戏环境，既是儿童积极主动开展游戏的前提，也是认知、能力、行为习惯等方面得以发展的必要条件。那么，应该如何为婴幼儿创设游戏环境呢？本节将从早教机构和家庭这两个不同的创设主体出发，介绍一些创设环境的具体方法。

一、早教机构游戏环境的创设

游戏环境包括物质环境和精神环境两个方面，在创设游戏环境的过程中，早教机构的教师等照护人员要达成共识，相互配合，共同努力，为婴幼儿营造一个良好的游戏环境。

（一）创设良好的物质环境

良好的物质环境有利于引发、支持婴幼儿对游戏的参与兴趣，教师及照护人员应合理规划游戏空间，提供丰富多样的游戏材料，最大限度地满足婴幼儿在游戏中直接感知和动手操作的需要。

1. 规划游戏空间

婴幼儿的游戏空间应设置在低矮处，以方便婴幼儿随时安全移动，探索周围环境。婴幼儿是通过感觉、行为和运动来游戏的，因而，所有的游戏空间应设置在照护人员的视线之内，以保证婴幼儿的安全。同时，婴幼儿的游戏空间应该足够大，能满足婴幼儿躺着、移动、翻滚、坐立、匍匐爬、手膝爬或玩耍，不会显得拥挤。

（1）为不会移动的婴儿设置可移动游戏空间

照护人员可以为那些行动范围较小的，还不会匍匐爬或手膝爬的婴儿设置一个可移动的游戏空间，如一个低矮的床垫或一块足够大的毯子，一个或几个婴儿躺在上面，教师或照护人员每天可以通过移动垫子或毯子来调整游戏空间的位置，以便他们每天都可以看到不一样的游戏景象。

（2）为学会爬行的婴儿设置有起伏的游戏空间

照护人员可以为开始匍匐爬或手膝爬的婴儿提供相对开阔的空间，因为他们会试着从低矮的床垫或毯子上爬出来，不断挪动身体，努力前行。因而，可以在他们的游戏空间内，找一处相对开阔的场地，摆放一些起伏不平的软障碍物。如不同形状的沙发靠垫、不同厚度的软包等，高低变化的物品可以满足他们体验爬行游戏的快乐。

（3）为可以走步的婴幼儿创设多样游戏空间

照护人员可以根据室内外环境面积的大小、房间的格局等实际情况，根据当前婴幼儿人数及他们发展的具体需求，设置游戏区域的数量和内容。通常可以根据婴幼儿身心发展的需要设置运动游戏区域、认知游戏区域、艺术游戏区域、阅读游戏区域、想象扮演游戏区域及沙水游戏区域等，以满足不同婴幼儿的兴趣需求及多方面发展的需要。

各游戏区域是动态的、相互联系的整体。设置游戏区域时，教师等照护人员要依据各区域特点及与其他区域的相互联系，合理安排，整体布局，做到既有相对划分，又能弹性调整，使区域之间相互适应和协调，更好地发挥游戏区域的教育价值。尽量将性质相似的游戏区域相邻设置，这样一方面可以避免不同性质游戏之间的相互干扰，如喧闹与安静的游戏区域在空间位置上要分开；另一方面也可以促进性质相似的游戏相互影响，便于游戏深入开展，如可以共用材料的游戏区域相邻，为增进两个游戏区域的婴幼儿互动与交流提供条件。同时，注意游戏区域之间应可以延伸转换，为婴幼儿营造一个开放、可变、互通的游戏环境。

2. 投放游戏材料

材料是婴幼儿开展游戏的物质基础，直接影响婴幼儿对游戏的参与兴趣，支持、发展婴幼儿的游戏行为。3岁前婴幼儿以无意注意为主，活动中缺乏目的性，思维离不开具体形象材料的刺激。在材料投放之前，教师及照护人员应充分了解本年龄阶段婴幼儿的身心发展水平，根据年龄特点，投放符合已有经验、贴近生活并且便于婴幼儿观察与操作的，安全、多样化、适宜的玩具材料来支持他们的探索，促进他们主动参与活动。

虽然说丰富多样的游戏材料能够给婴幼儿带来快乐，但是数量和种类并不是越多越好。因为他们的大脑处于发育阶段，有意注意时间较短。心理学教授克莱尔·勒纳曾说：给孩子过多的玩具或不适当的玩具会损害他们的认知能力。在过多的玩具面前，婴幼儿会显得不知所措，无法集中精神去玩其中某一个玩具，影响对某一种游戏材料的深入探究，不利于专注力和创新精神的发展。婴幼儿好模仿，在集体游戏中，相同玩具材料的数量可以多一些，避免他们争抢。

（1）为不会移动的婴儿准备感知游戏材料

对不能移动的婴儿来说，教师及照护人员可以考虑为他们准备一个材料收纳筐，将不同月龄婴儿需要的感知觉刺激材料放置其中。这样，当婴儿被移动到不同地方时，照护人员可以随时拿到跟随移动的游戏材料，与婴儿展开游戏。颜色鲜艳带声响的玩具、不同质感可抓握的小玩具都可以满足小月龄婴儿在视觉、听觉、触觉等方面发展的需求。视觉刺激球等都属于此类材料，可以一并放在收纳筐中。

（2）为学会爬行的婴儿准备有回应材料

随着婴儿学习爬行、翻滚等动作，他们更需要一些可以对他们的行为有回应的游戏材料。如各种可以滚动的球类等响应性材料，婴幼儿很容易让这类游戏材料动起来，运动中的小球等会给婴幼儿的游戏行为以回应，因此，他们更乐于追踪游戏材料的运动轨迹，不断采用多种方式移动自己的身体，以便能够进一步和材料互动，体会游戏的快乐。再如镜子也是回应材料的一种，婴幼儿通过神奇的镜子能够注视自己的游戏行为，自己一动，镜子中的影像也会跟着动，给婴幼儿以回应，帮助婴幼儿体验与镜子游戏的快乐。因此，可以在游戏空间摆放镜子等材料，让婴幼儿看到镜子中的自己，进一步拓展游戏。

（3）为可以走步的幼儿投放多样材料

对能够自主行动的婴幼儿来说，提供多样可自主选择的游戏材料更能激发他们的游戏行为。教师等照护人员可依据游戏环境创设的原则，将丰富多样的游戏材料分别放置在不同游戏区域中，以方便婴幼儿自主选择不同的游戏区域与游戏材料，满足他们的不同游戏需求。同一游戏区域的材料还要兼顾材料的层次性，以适宜不同发展水平的婴幼儿。

◇运动游戏区域

运动游戏区域既可以设置在室外，也可以设置在室内，但需要较开阔的游戏空间。地面应是防滑材质，四周墙面要做软包防撞处理，保障婴幼儿在活动中的安全。可依据婴幼儿爬行、站立、行走等阶段基本动作发展的需要，提供激发他们运动兴趣的游戏材料，满足他们开展多种体育游戏的需要，如斜坡、攀爬平台或架、隧道、滑梯、拱笼、各种带小轮的车辆、球、绳、棍、飞盘、推拉玩具等小型器材。

感觉统合训练器材也可以放入其中供婴幼儿选择使用，如软体运动组合、爬滑钻洞组合、软体摇摇船、平衡触觉板、万象组合、平衡脚踏车等，使婴幼儿身体和大脑相互协调，感觉学习和运动学习同步进行。

◇认知游戏区域

婴幼儿的认知发展是感知觉、记忆、思维、想象等多种能力全面和谐的发展。他们通过感官去感知和认知。教师及照护人员要从婴幼儿的生活经验与兴趣出发，将材料与目标相融合，支持他们在操作摆弄中感受多种游戏材料的特征。

常见的游戏材料包括蘑菇钉、磁力棒、毛毛虫串珠、手抓嵌板、套筒、敲打玩具、听觉筒、嗅觉瓶、触觉板、温觉板等。如照护人员准备生活中常见的圆形物体（圆圆的镜子、纸盘、瓶盖、海洋球等），婴幼儿在看一看、摸一摸中感受圆形的特征。圆形嵌板、自制教具"河豚圆形对对碰"等能帮助水平较高的婴幼儿感受圆形大小，婴幼儿在将相同大小的圆形——对应的操作玩耍中能感知圆形的特点。

图 3-15　运动组合

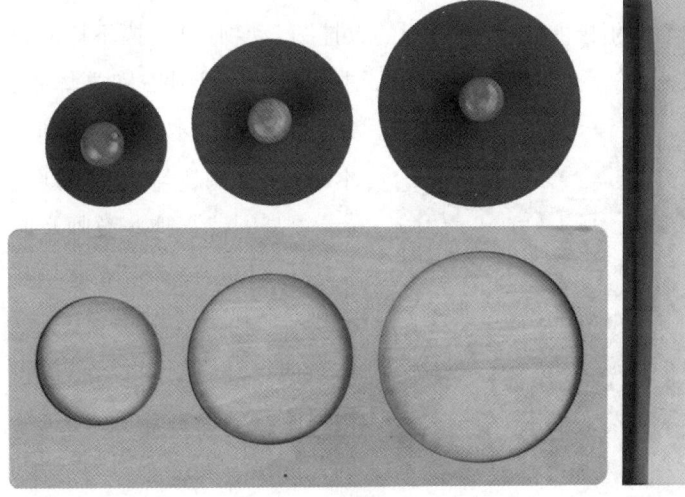

图 3-16　圆形嵌板

图 3-17　圆形对对碰

又如在"颜色分类"游戏中,将教育目标融入游戏材料,提供了红、黄、蓝三种颜色的纸杯蛋糕模具和绒球。婴幼儿找出与蛋糕模具相同的颜色,对应放到相应的纸杯蛋糕模具中,在快乐的游戏中认识颜色并学会按颜色进行分类。

除此以外,还可以巧妙利用生活中的物品作为游戏材料。废旧纸盒、包装袋、纸杯、拉链等,都可以创造出各种适合婴幼儿发展的玩具材料。

◇艺术游戏区域

艺术游戏区域包括美工类游戏区域和音乐律动游戏区域等。教师及照护人员可根据婴幼儿的具体情况考虑在室内或室外创设此类游戏区域。

美工游戏区域应选择靠近水源的位置,便于儿童操作。可将游戏材料分类摆放:将绘画工具类、纸张类、颜料类分层摆放;将一些细小物品,如毛球、吸管、毛茛类低结构材料分成若干个盒子,便于婴幼儿取放。在环境创设上,可将儿童艺术作品进行裁剪、装饰后拼贴或悬挂,使平面与立体相结合,增加互动性与观赏性,让婴幼儿在游戏的同时受到美的熏陶。材料投放时要考虑婴幼儿的年龄特点及最近发展区,引发其参与兴趣。如为婴幼儿提供大面积的涂鸦墙,立体的可供涂鸦的房子、汽车模型、画架等,引导婴幼儿自主选择材料涂鸦或装饰,体验自由表达的快乐。可以根据婴幼儿的需要,提供不同材质的拓印工具、绘画工具、多种颜色不同质地的纸等。还可以鼓励婴幼儿利用生活中常见的棉签棒、竹筷、线绳等物,大胆想象,自由创作。

音乐律动游戏区域可设置在容易进入的空旷空间,以便婴幼儿自由出入。除了录制好的优美音乐供婴幼儿随之舞动、打节奏外,还需要投放一些可敲打、可以发声的乐器,如铃鼓、木琴、响板、蛙鸣筒等。也可自制不同音高的音乐瓶等满足婴幼儿自由探究的需要。

◇阅读游戏区域

阅读游戏区域应创设在一个相对独立的空间,并且光线要适宜,柔和的自然光是最佳之选,四周建议放置温馨的小沙发、软靠垫、小帐篷等,让婴幼儿在阅读的同时感受到"家"的亲切,满足婴幼儿的身心发展需要。

应尽量选择具体、形象、结构简单的图书,如颜色鲜艳的大挂图、动物卡片、撕不坏的布书、有趣的洞洞书和立体书、适宜的儿童绘本、亲子自制绘本等,根据兴趣与需要定期更换,提高阅读兴趣。教师及照护人员可创设多种情境与孩子交流,利用故事背景图、立体玩偶等开展阅读游戏,创设情境丰富的语言环境,促进婴幼儿的语言表达能力、良好阅读习惯的养成。

图3-18 图书区

◇想象装扮游戏区域

想象装扮游戏区域是模拟生活情境创设的游戏区域,来源于生活,是一个开放性的游戏空间。对0—3岁婴幼儿来说,最熟悉的就是家庭环境。娃娃家是想象装扮区的中心主题,婴幼儿通过操作游戏材料、角色扮演、模拟熟悉的生活化场景,在游戏中获得经验,潜移默化地促进认知、语言、社会性及情感的发展。

如果以"家"为主题,可以根据空间面积将活动区划分为卧室、厨房、客厅等,娃娃家内铺设柔软的地垫,摆放仿真的家具……拉上温馨的窗帘,为婴幼儿营造一个安全、自然、舒适的游戏氛围。材料投放要从婴幼儿的需要出发,提供真实、形象的生活用品,激发他们游戏的愿望。如高度适宜的桌椅、娃娃、娃娃服装、奶瓶、毛巾等;电视机、电冰箱、电话等;厨房用具、食物等。这些仿真材料能够营造一个真实的"家"的环境,再现婴幼儿生活中的场景。

婴幼儿对材料的兴趣始于同伴与师幼间的模仿,因此,材料投放的种类和数量一定要有"备份",如小锅、小铲子、蔬菜水果,尽量能够和游戏人数相符,供婴幼儿自主选择。随着婴幼儿经验的丰富,环境、材料也要有相应的变化。开放性的材料更能激发婴幼儿的兴趣,吸引他们主动去探索,促进他们在游戏中主动学习。

游戏环境是无声的老师,教师及照护人员可以通过环境的暗示、引导作用来规范婴幼儿游戏中的行为。例如,通过为玩具材料贴上明显的标识来帮助婴幼儿形成"玩具从哪里拿就放到哪里"等收整材料的规则。可将玩具材料分类摆放,用婴幼儿喜爱的小动物图案做好一一对应的标记,引导他们在游戏后主动将玩具送回"家",慢慢学会整理。在阅读游戏区域张贴进区规则,用照片、图画等婴幼儿可以理解的形式表现出来,引导他们做出相应的行为反应,逐渐养成遵守公共秩序的好习惯。

3. 建构立体空间

游戏环境的创设可以有效利用墙面、地面等空间,将固定的有限空间充分发挥效用,尽可能地创造出多维立体的环境,为婴幼儿提供丰富的信息刺激,支持婴幼儿与周围环境相互作用。

图3-19 利用三维空间开展游戏

（1）墙面的利用

墙面空间的有效利用，不仅能使其具有装饰作用，更蕴含着重要的教育价值，促使婴幼儿主动去观察、探索、创造。墙面空间分为生动形象的装饰性墙面和表现教育价值的功能性墙面。装饰性墙面要符合婴幼儿的年龄特点，色彩明快、充满童趣。功能性墙面应是开放、互动的，包括拼插墙、触摸墙、涂鸦墙、主题互动墙等，种类多样。

拼插墙：通过自主的墙面建构游戏，让婴幼儿在反复拼插中主动想象，在操作中促进眼、脑、手协调，发展想象力与创造力。

图3-20　拼插墙

涂鸦墙：0—3岁这一时期的美术称为涂鸦期，涂鸦墙可以满足婴幼儿的探索与想象，让他们无拘无束、自由地涂抹，表现内心世界。涂鸦墙面让空间环境变得立体、互动、有趣。

触摸墙：触摸墙是感官学习非常实用的设置。教师收集生活中的常用材料，如棉花、贝壳、布类、石子、泡沫和一些金属类、塑料类、草绳类等，根据材料的软硬、粗细等特性合理分类。在美化环境的同时，婴幼儿可以通过触觉直接感受软、硬、光滑、粗糙等物体属性，发展感知觉，认识事物。

图3-21　触摸墙

主题互动墙：可根据教育目标、婴幼儿的兴趣爱好、认知活动的内容或一年四季的变换等创设符合婴幼儿年龄特点的主题墙饰。将墙面变静为动，激发其积极行为。例如，丰富多彩的海底世界总是能引起婴幼儿的好奇心，形态各异的小鱼、小螃蟹深受他们喜爱。教师可以从婴幼儿的兴趣出发，创设《海底世界》主题互动墙，通过粘贴小鱼的鱼鳞、拓印小鱼吐泡泡、用小夹子装饰螃蟹的大钳子等互动环节，激发婴幼儿的探索兴趣，有效发挥墙面的教育作用。

（2）地面的利用

创造性地开发与利用地面的教育价值与功能，可以丰富游戏内容，激发婴幼儿的游戏兴趣。如走迷宫、跳格子、沿线走等游戏，就深受婴幼儿喜爱。教师还可以根据目标，将地面空间作为墙面的延伸，使二者相映成趣。例如，结合墙面主题"夏天的大池塘"，教师可以在地面创设"青蛙捉虫"的游戏情境，摆放几片"大荷叶"，引领婴幼儿模仿青蛙跳，锻炼腿部的力量，体验游戏的快乐。休息的时候可以坐在"大荷叶"上面钓"小鱼"（磁性钓鱼玩具），丰富游戏活动的内容。

（3）妙用空中延伸

在空中悬挂美观或具有教育意义的挂饰，不仅能起到装饰作用，更能为婴幼儿创造机会提供不同的信息刺激，让他们在潜移默化中学习。1.6米以上的空间，可以展示婴幼儿的作品，如绘画、手工等，艺术性地进行悬吊展示，也别有一番风味。利用桌子或玩具柜将活动室巧妙地划分成几个不同的空间，可以让环境看起来更加新颖，充满童趣。

总之，婴幼儿游戏的过程是动态的，随着年龄的增长和游戏的开展，婴幼儿的能力水平和兴趣会产生变化。游戏环境的创设要随着婴幼儿经验水平的提高逐渐丰富，根据游戏的发展递进式地投放游戏材料，不断激发婴幼儿对游戏的兴趣。教师及照护人员应从婴幼儿的需要和教育目标出发，在游戏中仔细观察他们对玩具材料的兴趣，及时对材料进行调整和补充，更换、增添新的游戏材料。将高结构的游戏材料慢慢递减，增加一些操作性强的低结构材料，引导婴幼儿尝试不同玩法，支持婴幼儿的游戏不断深化，实现游戏中的主动学习与发展。

（二）创设宽松的精神环境

心理环境是游戏环境的一个重要组成部分，包括师幼之间、婴幼儿之间的关系，宽松自由的游戏氛围等。教师在创设物质环境的基础上，营造和谐、平等、信任的师幼、同伴关系，是婴幼儿开展游戏的先决条件，也是他们健康全面发展的保证。

1.形成温馨和谐的师幼关系

良好的师幼关系对婴幼儿的认知、情感、心理健康等方面起着积极的影响，特别是教师的言行，直接影响游戏开展。

0—3岁的婴幼儿语言表达能力有限，主要的沟通方式就是情绪的表现。教师及照护人员应充分尊重每个婴幼儿的个性，在游戏中发现他们的闪光点，给予每个婴幼儿表达、表现的机会。运用积极的语言、微笑、爱抚、拥抱等表达对婴幼儿游戏行为的赞许和喜爱，让他们感到老师像妈妈一样亲切,从而建立信任的情感关系,使他们在和谐、愉快的精神氛围中自然真实地参与到游戏中,最大限度地发挥自主性与创造力。

教师及照护人员应以伙伴的身份参与到游戏中,在游戏中细心观察婴幼儿的表现,及时捕捉他们的兴趣需要,通过平等交谈中的有效回应,形成温馨和谐的师幼关系。

2. 形成愉快和谐的同伴关系

同伴关系对婴幼儿的心理健康发展具有重要作用,有助于他们自信心的建立。婴幼儿以独自游戏为主,教师及照护人员应积极为婴幼儿营造宽松的游戏环境,有目的地创设机会,在游戏中鼓励婴幼儿间互动和交往,参与集体互动、交往性的活动,为他们提供相互模仿的对象,鼓励、引导、帮助他们在游戏中与同伴友好相处。当观察到同伴之间出现交往行为时,要及时给予鼓励,肯定这种行为,让他们感受到与同伴交往的乐趣,使交往行为得到保持与发展。

例如,"娃娃家"是儿童最喜欢的游戏之一,通过角色扮演、材料操作积累生活经验,他们可以在宽松、自由的环境中主动与老师、同伴交往。教师可以根据2—3岁幼儿的生活经验,在娃娃家中投放两部电话,以此丰富游戏内容,引发角色对话。通过材料投放提高幼儿的语言表达能力,促进同伴间的互动。

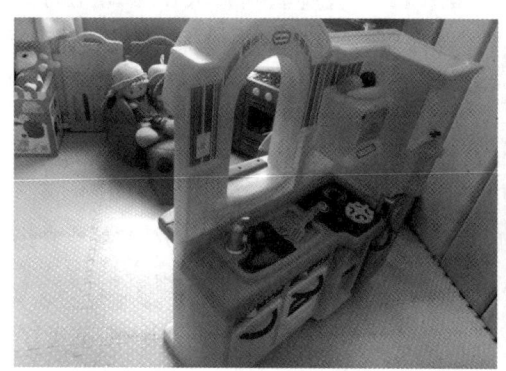 

图 3-22 娃娃家

再如,在体育游戏中,教师可以为婴幼儿创造共同游戏的机会,将运动区地面用贴纸贴出路线,引导大家一起玩"开火车"的游戏,一个跟着一个走,使婴幼儿感受到与同伴共同游戏带来的快乐。

3. 营造和谐自主的游戏氛围

轻松愉快的游戏氛围可以让婴幼儿体验积极的情绪,激活婴幼儿的潜能,有助于他们在玩的过程中表现出最佳状态,促进游戏水平的不断提高。教师及照护人员应为婴幼儿创造一个和谐、自主的游戏氛围,促进他们与环境、材料、同伴间的不断互动。教师及照护人员应注意在游戏中关注婴幼儿个人的游戏意愿,鼓励他们选择自己感兴趣的事,为他们创设能体验快乐、满足和成功的游戏环境,在理解与尊重的前提下帮助他们建立良好的游戏常规,促使他们身心和谐健康发展。

二、家庭游戏环境的创设

家庭是婴幼儿出生后接触到的第一个环境,家庭成员关系融洽、相互尊重会形成一个良好的家庭氛围,给予孩子安全感与归属感。怎样建立有助于婴幼儿健康成长的游戏环境呢?作为父母,要摒弃专制,允许孩子按照自己的意愿,执行自己的计划,不以爱的名义控制、强迫、灌输。在安全的前提下,鼓励婴幼儿探索与操作,保护他们做事的主动性。

(一)创设游戏化的生活环境

良好的早期家庭教育,需要父母遵循教育的规律,尊重生命成长的规律。此外,家庭作为一个系统,家庭成员之间相互关联,相互依存。夫妻关系先于亲子关系出现,是亲子关系成长的客观环境,因此良好精神环境的创设,首先需要夫妻经营好彼此的关系,让家庭生活温馨美好,和谐快乐。

随着社会的发展,父母越来越重视为孩子创设一个具有教育意义的游戏化家庭环境,让孩子拥有快乐的童年生活,健康茁壮地成长。

1. 充分利用影像资源

随着数码技术的高度发展,生活中美好和特殊的瞬间都能容易地被记录下来。大多数父母从孩子"出现"就开始记录,从准妈妈的第一张B超"四维影像"到婴儿初临人世的那一刻,到他成长中的点点滴滴,都在全程记录着。大多数父母都会把这些瞬间保存在手机、电脑、硬盘里,却鲜有人把这些记录真正融入孩子的生活。家庭游戏环境的创设,可以合理利用照片背后的美丽故事、美好回忆。例如,在孩子的视线范围内创设"成长树",随着孩子的身高、视线与"小树"共同成长,让孩子看到自己的变化,回忆生活中的"精彩"故事。虽然有可能并不"完美",如第一次摔得鼻青脸肿、第一次离开熟悉环境的彷徨失措,但都是成长的珍贵足迹。与此同时,与孩子整理照片的过程也是一次很好的亲子游戏,重温"精彩瞬间",是一段美好的亲子时光。

2. 充分利用空间优势

巧妙布局,为婴幼儿营造一个舒适的游戏空间。可以利用阳台、客厅、卧室的一角为孩子搭建一个专属的"小世界",创设一个相对独立的空间,根据孩子的兴趣爱好,开创一个安全、卫生、整洁、美观、明亮的游戏空间。还应考虑到孩子的年龄特点,注意周边协调的视觉刺激和悦耳的声音刺激。例如,清脆的风铃、静谧的流水声,可以让孩子得到全方位的立体感知。这些在成人

图 3-23 成长树

眼中微乎其微的小事,却能在孩子眼里、心中,埋下美的种子。值得注意的是,如果家中受居住面积的局限,可以将环境设置成可拆卸、拼搭的结构,既增加了趣味性,又锻炼了孩子的动脑动手能力,父母可以和孩子一起在搭建的过程中获得成功的喜悦。与相对固定、静止、一味强调安全的结构相比,这种形式反而更具有灵活性,有助于提升孩子思维的活跃性。

（二）提供生活化的游戏材料

与花费较多金钱购买的成品玩具相比,生活中的材料不仅物美价廉、种类繁多、质地多样,还能给婴幼儿带来快乐,促进他们各方面的发展。婴幼儿生活经验不足,身边的一些自然材料、废旧物品,甚至是生活用品,都是他们最初的玩具,是他们认识生活的教科书,是游戏材料的最佳来源与选择。

1. 卧室和客厅里的游戏材料

床单:床单的颜色鲜艳,孩子在妈妈的辅助下做连环翻身的动作,有助于前庭功能的发育,促进身体的平衡与协调。8个月的婴儿可以在床单上练习爬行,1岁以后的幼儿可以在家长的提示下找到床单图案的不同颜色。作为认物认色的辅助练习材料,婴幼儿在练习爬行的同时,柔软的床单也为爬行过程增加了一层缓冲,避免他们的膝盖直接与地面接触造成损伤。2—3岁的幼儿可以将床单当作彩虹伞的替代品和父母进行互动游戏。

毛绒玩具和靠垫:可以用来当作障碍物,增加爬行的难度。

丝巾:丝巾也可以作为一种游戏材料。0—1岁的婴儿可以利用妈妈的丝巾和妈妈一起玩躲猫猫的游戏,2—3岁的幼儿可以和妈妈一起玩捉尾巴的小游戏,练习躲闪,训练身体的敏捷和快速反应能力。

纸巾:6个月以上的婴儿可以尝试抽拉纸巾,1—2岁的幼儿可以尝试将纸巾撕开,2—3岁的幼儿则可以尝试用团、捏的方法将纸巾变成纸球,锻炼手部精细动作,同时培养探索力和专注力。

2. 厨房里的游戏材料

可以让婴幼儿敲打餐具、锅碗瓢盆,感受不同的声音。可以将瓶瓶罐罐装上不同材质的物品,通过摇晃感受不同的声音变化。2岁的幼儿就可以利用这些能发出不同声音的瓶瓶罐罐,伴随着音乐进行节奏律动游戏,在感受旋律的同时,也锻炼腿部肌肉和协调能力。

食物是最为安全的选择。可以将面团掺入食用色素变成五颜六色的彩泥,通过揉、团、搓、捏等动作将彩泥变成各种形状,锻炼婴幼儿对色彩和形状的认知能力及想象力与创造力;利用调味料,如食醋、小苏打等开展各种有趣的小实验;还可以利用各种蔬菜、水果的截面进行印章画的创作。

妈妈也可以带着1岁以后的幼儿去厨房一起动手做各种形状的饼干。妈妈负责和面,孩子可以尝试将面团压平,然后和妈妈一起用圆形、方形、三角形等不同形状的模具压出不同形状的"饼干"。每压一个,妈妈要重复说出形状的名称,也可以问孩子下一个想压什么形状的饼干,以不同方式加深孩子对形状的认识。最后和孩子一起把亲手制作的饼干放进烤箱,等饼干出炉后,可以请孩子指认妈妈说出的某种形状的饼干。

3. 卫生间里的游戏材料

婴幼儿的洗护用品可以用来吹泡泡，五颜六色的泡泡永远最受孩子们喜爱。1岁以内的婴儿可以选择坐姿，在泡泡出现后尝试拍泡泡，2—3岁的幼儿可以选择追逐泡泡的游戏，还可以用小鸭子尝试简单的沉浮游戏，在游戏过程中发现生活中的新鲜事，主动探索。

（三）不同类型游戏的材料选择

1. 认知类游戏材料

家里的各类物品都可以引导婴幼儿进行认知。如常见的水果（苹果、香蕉、橘子等），可以请他们分类，说一说水果的名称，数一数分别有几个。洗澡的玩具可以用其他物品代替，如乒乓球、空瓶子等可以浮在水面的物品，婴幼儿会尝试抓住这些小玩具，还可以感受浮沉。扑克牌是一种益智游戏，常规玩法并不适合0—3岁婴幼儿的年龄特点，家长可以改变其玩法：0—1岁的婴儿可以和成人一起按照牌面花色归类，2—3岁的幼儿可以尝试看牌面比大小、排序。

2. 大运动游戏材料

茶几、纸箱、床垫等连起来，再加入预设情境，可以玩钻山洞、过小河，别有一番乐趣；绘本书和卷纸也可以利用起来，玩"小白兔送萝卜"的游戏。小白兔站在卷纸和绘本书做成的小桥上，把萝卜送给兔妈妈。游戏中，婴幼儿可以通过自主选择路线，来体会不同材质的不同特点：绘本书宽度大，材质硬，不容易掉下"河"；卷纸比较窄，质地软，容易损坏，要小心一些。

矿泉水瓶能一物多玩。例如，可以将多个矿泉水瓶摆好，让幼儿用球将瓶子击倒，玩保龄球的游戏，锻炼手部控制能力。可以将装满水的矿泉水瓶躺下依次摆好，让幼儿玩大象爬的游戏，从中锻炼四肢力量和身体的协调性。可以让幼儿和妈妈面对面坐，将手中的瓶子滚来滚去，锻炼视觉追踪能力和反应能力。可以将空的矿泉水瓶放在桌子上，让幼儿吹倒，锻炼肺活量。可以让幼儿将塑料吸管插入瓶口，锻炼精细动作和专注力。

奶粉罐作为家中的必备材料，也可以利用起来。用绳子绑住奶粉桶的两侧，就变成了可以拉动的"小车"。将奶粉桶竖直固定在地上，就变成了可以走的小木桩。可以用奶粉桶搭建楼房，培养创造力和想象力。

3. 精细动作类游戏材料

利用家中随处可取又可替换的材料开展精细动作小游戏。如各种小夹子，0—1岁的婴儿可以用木质、塑料的小夹子练习小手的力量。2—3岁的幼儿可以通过小夹子发展手部控制能力，提高手指小肌肉的灵活性：夹在圆形上变成太阳的光芒，夹在半圆形上变成小刺猬，还可以夹在鳄鱼嘴里当牙齿。这类游戏可以激发创想，快乐无限。

4. 探究类游戏材料

小豆子、小石子，装进不同的瓶子里轻轻地摇一摇，就会发出不同的声响；奶粉罐、牙签罐、油壶、锅盖……敲敲打打会发出各种美妙的音乐。和家长一起举办一场别具一格的家庭演奏会也一定很有意思，在互动和实践中体会到探索科学的乐趣。

生活中的许多物品虽然有其特定的属性与用途，但是只要家长合理利用，也可以创造出丰富多彩的游戏。生活材料低结构、多样性的特点，给予了婴幼儿自由摆弄操作的空间，促进了他们想象力和创造力的发展。

本 章 小 结

婴幼儿游戏环境创设既要满足婴幼儿的生理与心理需要，又要满足宽敞、安全、温馨等物质要求。可以设置不同功能的区域，将环境、材料与教育目标相结合，整体环境与区域活动相结合，促进婴幼儿与游戏环境有效互动。教师要树立正确的游戏观，从婴幼儿的年龄特点和实际出发，利用环境的隐性教育功能，促进婴幼儿在一个富于变化、乐于体验的游戏环境中，身心得到全面发展。

延 伸 学 习

 拓展阅读

游戏的物质环境

教师在物质环境中的安排会对儿童选择游戏及与他人互动的能力产生影响。当教师用明确的路径和界线创设游戏场地时，儿童能够快捷地选择游戏和材料，创设游戏的情节。室内家具和材料的安置、移动及使用的灵活性，能够增强游戏，支持创造性表达。场地很重要，场地的缩小会增加攻击性，降低游戏行为的社会性。为共同游戏提供足够大的场地，为个人幻想游戏提供大小合适的场地，能够帮助儿童进行各个阶段的游戏。更多的社会戏剧游戏在分隔的空间而非开阔的大空间中进行。一位教师就创设了这种物理环境：她既为单独玩小汽车的游戏建立了一个区域，又为3个人一起玩的烘焙游戏准备了一张桌子。

提供的大量材料会从发展和文化两个方面影响游戏。对真实生活中的物体进行逼真的复制，能够帮助还没有充分发展符号表征能力的儿童及那些能分辨出他们家庭和文化背景中不熟悉的物体的儿童。小汽车就是一种逼真的复制品。同样的、提供充足的可拆卸零件——能够以任何方式使用和组合的开放性材料——能使儿童在游戏中开创自己的想法。游戏需要足够的道具。营造一个让儿童感觉自由的、能够自己进行创造的氛围，提供能够推动游戏和鼓励更多儿童加入的小道具。

时间是物理环境中的另一个变量。当教师给儿童大量的时间进行不被打扰的积木游戏时，儿童就更可能对游戏进行拓展。一项研究表明，儿童完全融入一个高质量的游戏至少需要30分钟（Cristie & Wardle 1992）。产生想法、选择角色、寻找装扮游戏的道具、协商和沟通都需要时间。正如每个儿童拥有不同的游戏阶段、性情和风格一样，有些儿童融入游戏需要更多时间。一个旁观者需要对游戏进行足够长时间的观察才能找到一个加入游戏的合适的

位置和方法。而一个一直进行平行游戏的儿童需要慢慢融入小组互动游戏中。足够的时间使儿童能够扩充和发展游戏情节,太少的时间会使他们只能进行重复的或非常简单的游戏主题。支持游戏的教师会为游戏提供完整的时间段,无论在室内还是室外。

(资料来源:格斯特维奇.发展适宜性实践:早期教育课程与发展[M].霍力岩,译.北京:教育科学出版社,2011.)

  学习活动

  1. 调查早教机构的游戏环境创设情况,分析是否符合游戏环境创设的原则。

  2. 在早教机构创设游戏环境应注意哪些问题?

  3. 分小组对0—3岁婴幼儿家庭游戏环境创设应注意的问题进行讨论,给出合理化建议,并在班内交流与分享。

复习与思考

  1. 婴幼儿游戏环境创设的方法有哪些?

  2. 根据本章内容,分组做个专题研讨,可以选择空间布局、环境颜色选择、游戏环境与材料的支持等方面。

  3. 精神环境是一种隐性环境,怎样建立一个宽松和谐的精神环境?

第四章　婴幼儿游戏观察与支持

学习目标

1. 了解婴幼儿游戏中观察与支持的重要性。
2. 理解婴幼儿游戏观察的目的、原则等。
3. 学习掌握婴幼儿游戏观察记录的内容、方法等。
4. 在观察记录婴幼儿游戏行为的基础上进行分析与评价,并提供有效的支持策略。

婴幼儿游戏是婴幼儿学习、生活的重要组成部分。陪伴婴幼儿成长的家长和教师都是婴幼儿游戏过程中的重要他人,既是他们的玩伴,又是他们的支持者、鼓励者。但是,家长和教师对婴幼儿游戏的陪伴与支持应基于对0—3岁婴幼儿身心发展规律的认识与理解,在此基础上展开有目的的观察与分析,进而提供有针对性的支持与帮助。

第一节　婴幼儿游戏观察

观察是人类认识周围世界的一个最基本的方法,也是从事科学研究的一个重要手段。观察不仅是人的感觉器官直接感知事物的过程,也是人的大脑积极思维的过程。观察的过程包括注意、焦点和背景、主观介入、判断结论等要素。因而,观察不仅是通过感官进行感知的过程,而且是需要对信息进行思考和判断的过程。

英国的《早期奠基阶段教育指导纲要》作为世界上最权威的早期教育标准之一,提出早期教育工作者和家长应该对支持和促进儿童学习和发展达成共识,并承担相应的义务。该文件强调教育应始于观察,并对观察进行分析和评价,进而制定教育计划。科学的观察记录是教师、家长等照护人员必须具备的专业技能,是了解婴幼儿原有经验和发展水平、提供适宜教育与引导的基本途径。

我国政府充分认识到儿童观察与记录对学前教育的价值,并在重要政策文本中倡导观察儿童、了解儿童、评价儿童。《幼儿园教师专业标准(试行)》中明确要求教师"在教育活动

中观察幼儿,根据幼儿的表现和需要,调整活动,给予适宜的指导","有效运用观察、谈话、家园联系、作品分析等多种方法,客观地、全面地了解和评价幼儿","有效运用评价结果,指导下一步教育活动的开展"。因而,作为学前教育的专业人员,需要担负专业责任,关注学前儿童的反应,把它看作重要的评价信息和改进工作的重要依据。

那么,婴幼儿游戏中的观察与一般意义的观察有什么不同呢?在日常生活中,我们经常会观察周围环境中的人、事、物,这些观察往往是由我们的好奇心或兴趣引发的。它是"事实获取—价值判断"的单向过程,不追求判断的正确与否。但是,专业观察是为了科学研究或职业要求而进行的,必须以正确了解为目的,做出专业客观的判断。为了达到专业观察的目的,需要尽量减少误差,正确的观察是专业人员的工作达到专业水平的必备能力。专业观察需要通过专业的方法去收集、记录、分析事实资料,并尽可能准确地做出解释。需要在"接收信息"和"主观判断"之间不断循环往复。学前教育工作者在婴幼儿游戏中进行的是专业观察,应掌握观察方法,科学客观地观察、解读幼儿,为更好地实施适宜教育提供科学依据。对婴幼儿游戏进行观察的困难在于观察者不易分辨婴幼儿何时是在游戏,因此,更加需要专业人员细致观察、努力甄别,发现婴幼儿游戏中的学习和教育的契机。

一、婴幼儿游戏观察的目的

婴幼儿是在游戏中认识周围环境中的人、事、物的,在操作和互动中不断探索未知,获得新知,主动建构自己的知识经验。更重要的是,婴幼儿在游戏过程中能够获得心理上的满足和游戏性体验。

游戏性体验是指游戏者在游戏活动中产生的对游戏活动本身的主观感受或心理体验。游戏性体验可以分解为兴趣性体验、自主性体验、胜任感或成就感、幽默感和因身体活动的需要而获得的生理快感。婴幼儿正是因为这种体验才会喜欢游戏。

教师及家长等照护人员可以在游戏的过程中展开有目的的观察。通过观察理解婴幼儿的游戏行为,解读其行为背后的原因,在此基础上分析婴幼儿当前的能力水平,反思其最近发展区,进而创设适宜的游戏环境,帮助婴幼儿获得游戏性体验,有针对性地支持其主动学习与发展。

(一)理解婴幼儿的游戏行为

婴幼儿的游戏行为蕴藏着发展的需要和教育的契机,照护人员可以通过观察婴幼儿的游戏行为发现他们的喜好,理解他们的行为。例如:婴儿3个月大就会玩拨浪鼓之类的玩具了,并对自己能让其发出声音感到喜悦;3—6个月的婴儿喜欢玩布质类玩具;6—9个月的婴幼儿开始学爬,喜欢听声音,爬着找玩具;9—12个月的婴儿喜欢重复动作,如把玩具扔到地上,再捡起来,不断重复;1岁后的幼儿喜欢模仿周围的人和事,看到其他幼儿的玩具,自己也想要,还会出现与小伙伴争抢玩具的现象;2—3岁的幼儿更加好奇、好动,对什么都感兴趣,喜欢装扮成生活中熟悉的人物,并模仿人物的语言和行为。教师及家长等照护人员可以对不同年龄段的婴幼儿展开观察,观察他们能够做些什么,观察他们如何发现问题并解决问题,了解他们的发展水平,从而理解他们的行为。

(二)解读婴幼儿的行为及原因

所谓解读,是指透过婴幼儿的游戏行为分析、判断婴幼儿的发展及其缘由。教师及家长等照护人员可以借助一些观察、评价工具和游戏理论对婴幼儿的游戏行为展开解读。我国目前正处于评价取向的转型时期,由以往的筛选与鉴别儿童转变为诊断基础上的改进,以此推动学前教育机构与儿童的适宜发展。因而,对婴幼儿游戏行为的解读旨在在观察的基础上,分析婴幼儿游戏行为背后的原因,据此展开多角度的全面评价,帮助教育者发现当前的支持是否能满足婴幼儿普遍的发展需求和个性化发展需要。

(三)分析婴幼儿的能力水平

教师在解读婴幼儿游戏行为的基础上,还要进一步深入分析其行为的意义。婴幼儿在游戏中的行为表现说明了其在语言、动作、认知、情感等多方面的能力水平及优势领域。教师应正确分析,发现每个婴幼儿的闪光点,有针对性地给予支持和引领,以强项带动弱项,促进每一个婴幼儿获得最大限度的发展和进步。

(四)诊断婴幼儿的最近发展区

最近发展区是由维果茨基提出的,他认为儿童独立解决问题的现有发展水平,与在成人引导下解决问题的潜在发展水平之间存在差距,即最近发展区。维果茨基认为,游戏是帮助儿童发展的工具,创造了儿童的最近发展区。在游戏中,儿童的表现总是超越他的实际年龄,高于他日常的行为表现。游戏凝聚和包含了儿童所有的发展倾向,同时,游戏本身就是发展的主要源泉。

因而,教师或家长等照护人员需要在游戏中不断反思婴幼儿当前的游戏水平及潜在的发展需要,尽可能创设机会与条件、提供支持与帮助,使其在原有水平上获得最大限度的发展。

案例1

图书角里的摇篮曲

观察记录:2岁11个月的贝贝选择了图书角游戏,他选取了一本书坐在地毯上认真地看了起来。这本书看完后,他将书送回书架上,又拿起了另外一本书。不过这次,他在书架上直接打开书来看,还搬来了小凳子,把手和脚都放到书架上。教师观察到他的游戏行为,走过去想要提醒他看书的正确方法,却听见一阵"哼唱"声,原来贝贝看着书在"边弹边唱",唱的是哄娃娃睡觉的《摇篮曲》,手和脚也做出弹琴与踩踏板的样子,按照他哼唱的节奏相互配合着。教师看到贝贝翻看的那一页,正是宁静的晚上,宝宝在屋里睡觉的画面。

观察分析:在平日的音乐活动中,贝贝很少主动唱歌。但是在图书角这种完全放松的游戏环境下,他却自主"弹唱"起来,能用自然、好听的声音唱歌,音调准确,还能手脚配合为歌曲打节奏。

（案例来源：天津市幼儿师范学校附属幼儿园　周蕾）

贝贝音乐方面的能力水平在阅读游戏中显现出来,而且高于日常音乐活动中的表现。从贝贝的游戏行为可以看出他对唱歌的兴趣和这方面的能力,由此,教师判断贝贝的最近发展区是在成人和同伴的帮助下大胆表演。贝贝模仿老师弹琴、踩踏板的样子说明他对成人行为的观察很仔细,而且能理解图书画面的内容,按自己的想法进行游戏。在这些分析的基础上,教师可以进一步思考:如果邀请他和小朋友们一起用纸箱制作一架小钢琴投放到表演游戏区,支持他和同伴在共同游戏中表演,是否能进一步促进他的发展呢?

（五）创设适宜婴幼儿的游戏环境

如果婴幼儿处于适宜的游戏环境中,他们就能以自己的方式来学习。婴幼儿需要游戏与学习的自由,教育者应努力为他们提供一个受保护的游戏环境,让他们自由地学习。婴幼儿游戏的环境是否适宜直接影响着他们游戏的质量。观察者可以通过观察来分析游戏环境的适宜性,如游戏环境中提供的玩具、材料的种类和数量,放置的位置是否有利于婴幼儿取放和使用？还可以通过观察师幼关系,以及婴幼儿游戏中的自主程度来审视环境的适宜性,提出调整建议。

二、婴幼儿游戏观察的原则

（一）目的性原则

观察的目的大致可分为两种：一种是由于不了解婴幼儿游戏状况而要观察；另一种是观察者看到了婴幼儿的某些游戏行为,预测可能还会有其他方面的情况而进行观察。在具体的观察过程中,观察者在观察前明确自己想要了解的信息是什么,可依据观察目的制定观察计划。针对婴幼儿游戏行为中不易分辨的情况,观察者要考虑可能要在更长的观察时段、不同的观察背景下或通过连续几次观察才能完成观察任务。

以对婴幼儿的玩沙游戏的观察为例。观察者首先要清楚玩沙游戏可以帮助婴幼儿感知沙的特性,辅助婴幼儿产生快乐的情绪情感体验。在玩沙的过程中,婴幼儿学习使用玩沙工具进行挖山洞、堆沙堡等塑形活动,锻炼了手部小肌肉,提升了想象力、创造力等。

图 4-1　玩沙游戏

在此基础上,观察者可以依据对婴幼儿原有水平的了解,明确本次观察的目的,是婴幼儿玩沙过程中的情绪情感变化,还是玩沙的工具使用、技能水平发展。如果观察者确定以情绪情感的变化为观察目的,那么,整个观察过程就要从婴幼儿的表情、语言、与伙伴的互动等方面捕捉观察信息。如果以婴幼儿玩沙的技能水平发展为观察目的,观察者就要细致观察婴幼儿玩沙的动作及作品的形成过程。

所以,明确观察目的,可以使观察者在一次观察中有针对性地收集信息,提升观察效率。但不是所有的观察事先都有准备,遇到突发的游戏状况时,也可在游戏过程中生成观察目的。

(二)客观性原则

教师、家长等照护人员每天和婴幼儿生活在一起,对观察对象会有不同的印象,观察中会凭借主观意识对婴幼儿的游戏行为做出判断,易使观察失去客观性。所以,观察者应本着客观的态度,对婴幼儿游戏中的某一行为或某一事件进行完整观察,就像录像机一样,真实客观地记录下婴幼儿实际发生的游戏行为。在撰写观察记录时,多采用白描的记录方法,观察到什么就记录什么,不加入个人的解释或判断。尽量不受自我价值观或固有偏见的影响,使用客观中性的语言文字记录下所观察到的游戏情况。

如"小朋友在选择材料时花费了很长时间",这种关于时间长短的表述是基于观察者本身的感受,可以调整为"小朋友用了5分钟的时间选择材料"。这种中性、客观的记录在后期分析婴幼儿对材料的选择偏好时更能说明问题。观察者在进行观察记录时应避免使用"似乎""看上去""我认为""我觉得"等词汇,应更多地使用"他持续地……""他每次……""他经常选择……"等描述性短语,使观察呈现出基于事实的客观状态。同时,观察者要克服主观偏见,特别是当观察的事件与自身原有经验呈现出一致性时,避免因个人好恶对分析结果进行放大或缩小。客观记录,了解婴幼儿游戏行为的真实意图,为科学判断打好基础。

(三)真实性原则

对婴幼儿游戏行为的观察应在真实自然的游戏情境中进行,可由婴幼儿日常熟悉的照护人员担任观察者或陪伴婴幼儿游戏,但应注意尽量不要对婴幼儿的游戏进行干预和限制,而应让婴幼儿保持自然真实的游戏状态。婴幼儿在自由、自主的游戏情境中才会自然轻松地进行游戏,这样的游戏过程才能让观察者真实地观察到婴幼儿的游戏兴趣和特点。

图4-2 爬坡游戏

例如,1岁3个月的朋朋在大型坡道的游戏器械上爬上爬下,虽然有时会跌倒,有时会很费力地抓住坡道中的横梁,但他乐此不疲。在朋朋自主游戏的过程中,观察者更能看到他的动作发展水平,以及遇到困难时的态度和应对方式。如果成人在游戏过程中过早给予其帮助,可能就不容易发现朋朋在游戏中的真实表现了。

（四）全面性原则

婴幼儿的社交行为、语言、感知觉及大小肌肉的发展，都能反映出婴幼儿的游戏水平。因此，观察者需要更加细致地观察记录婴幼儿在游戏过程中的语言和行为，以便全面地了解婴幼儿身心发展的情况。

观察者可从多角度、多方面确立每次观察的目的，有计划地展开全面观察，透过婴幼儿的游戏行为分析其发展水平。

> **案例2**
>
> ### 蔬菜印画
>
> 观察记录：今天，壮壮第一次选择了蔬菜印画游戏。他用小手抓住大大的辣椒蘸了一下绿色颜料，在白白的衬纸上按了下去，一个像云朵一样的图案出现在纸上，他开心地笑了。就这样，他重复印了好几个这样的图案。接下来，壮壮进一步选择了萝卜、藕等蔬菜进行印画游戏。他尝试用红、黄、蓝等多种颜色印出了多种图样，一直坚持印了十分钟，始终不愿离去。
>
> 观察分析：首次接触蔬菜印画游戏的壮壮对蔬菜、图形、颜色兴趣浓厚，他会选择自己喜欢的颜色进行游戏，感知蔬菜横切面和图案之间的关系，体现了壮壮一定的认知发展状况。他可以灵活地抓握辣椒、萝卜、藕等块状蔬菜，体现了其动作发展的水平。活动中，壮壮认真专注，有一定的坚持性，情绪愉快。为了更加全面地了解壮壮多方面的发展状况，教师可进一步增加游戏材料，鼓励壮壮和同伴一起游戏，以了解壮壮和同伴一起游戏的情况。通过对其运用色彩、工具、材料的进一步观察，了解其创造力、想象力等方面的发展情况。教师可在引导壮壮与同伴的交流中了解其语言及社会性方面的发展水平。
>
> （案例来源：天津市幼儿师范学校附属幼儿园　尹萌）

由此可见，观察者可从婴幼儿的认知发展、学习品质、动作发展等方面获取信息，更加立体地展现婴幼儿的发展水平。在此基础上，观察者可进一步分析其坚持游戏或频繁更换游戏背后的原因，通过有针对性的支持和帮助，实施适宜的教育促进其身心全面发展。

三、婴幼儿游戏观察的内容

婴幼儿游戏中的观察是一种有目的、有计划、有方向且比较持久的知觉活动。观察的内容是以游戏中的婴幼儿为主体，通过观察发现其在游戏过程中的行为表现。

（一）婴幼儿的游戏兴趣

1. 对材料的选择和运用

对游戏材料的选择和使用直接反映了婴幼儿的游戏兴趣。游戏过程中，观察者可通过观察婴幼儿喜欢选择和使用哪些材料，以及使用材料的方法来判断他们的兴趣和需求。同时，观察婴幼儿在使用材料时是否表现出一定的创造性，了解婴幼儿的游戏水平。

例如，1岁5个月的美美在娃娃家抱起娃娃轻轻地拍打，不一会儿，她找了一个小围巾当被子把娃娃包裹起来抱在胸前摇晃着。

观察者透过美美的游戏行为可以知道她对照顾娃娃感兴趣，她会模仿成人轻拍娃娃，并且出现了以物代物的假想性游戏行为，用小围巾代替被子包裹娃娃，能灵活地处理材料不足的问题。

2. 游戏持续时间与转移

婴幼儿游戏时间持续的长短如何？持续多久后开始转移的？游戏过程中表现出的投入程度如何？通过对这些方面的观察与分析可以判断婴幼儿对当下游戏的兴趣。游戏持续时间越久，说明婴幼儿对游戏越感兴趣。

案例3

小蜗牛VS小汽车

观察记录：

2岁6个月的悠悠在自然角观察爬行的小蜗牛。他伸出手指触碰蜗牛的触角，发现触角缩回去了，他开心地笑了。接下来，他又反复触碰了3次，并仔细观察着小蜗牛的变化，持续了大约5分钟。

正在玩汽车的然然走过来和悠悠一起看小蜗牛，悠悠再次触碰蜗牛的触角并告诉然然："它没了。"然然也伸手试着触碰了一下蜗牛的触角，看到触角缩进去了，两人对视着笑了。

这时，悠悠发现了然然放在桌旁的红色小汽车，拿起来摆弄了一会儿，两人一起玩起了开汽车游戏。

观察分析：

悠悠对小蜗牛持续了5分钟的观察，说明他对小蜗牛感兴趣，喜欢小动物，愿意调动自己的感官去观察和探究，并能把自己的发现与同伴分享。当看到伙伴的小汽车时，游戏兴趣开始转移，对汽车游戏产生了兴趣。

（案例来源：天津市幼儿师范学校附属幼儿园　沈文瑛）

3. 游戏中的语言和交往

在游戏过程中，观察婴幼儿语言表达和交流的具体情况，可以了解婴幼儿的兴趣、解决问题的能力,以及和同伴的关系。上述案例中的悠悠愿意把自己发现蜗牛触角可以伸缩的现象告诉小伙伴,能与伙伴愉快地游戏,表现出积极主动的游戏交往态度。当然,观察者还可以从婴幼儿的语言和交往中了解他们是否能采用协商、轮流、适当妥协等方式解决矛盾。

4. 游戏情节的发展与变化

随着婴幼儿年龄的增长,他们的游戏出现了情节,并随着游戏过程的发展发生变化。观察婴幼儿在游戏中的具体游戏内容,可以了解其游戏的丰富程度,了解其游戏情节的出现、变化及其原因。例如,幼儿在娃娃家游戏中出现了给娃娃"过生日"的情节,说明他们能将自己的生活经验迁移到游戏中来。观察者可在这一游戏情节中深入观察幼儿真正感兴趣的是生日蛋糕还是过生日的其他某些环节,分析其游戏情节发展与变化的方向及原因,并在此基础上提供有针对性的帮助。观察者可以通过引导幼儿交流生活经验、调整游戏材料等促进婴幼儿游戏的深化。

(二)婴幼儿游戏环境

游戏观察可以为创设适宜的婴幼儿游戏环境提供依据。观察者通过观察发现环境中需要改进的地方,通过不断调整使环境更好地支持婴幼儿的游戏。良好的游戏环境应从物质环境和精神环境两方面来考虑。

1. 物质环境

物质环境方面,观察者需要考虑空间密度、空间安排或结构、材料与器械的数量等因素。观察者不妨蹲下身来,从婴幼儿的视角审视环境的创设:环境中是否有能激发自己好奇心的内容?是否有能让自己想去触摸和探究的内容?这些东西是否在自己触手可及的范围内?是否有足够的空间供自己和同伴一起游戏?是否有物品可以当作游戏的小道具?观察者可以运用下面的"环境创设评价表"来评价环境的适宜性,从而为调整游戏环境提供依据。

表4-1 环境创设评价表

1. 材料能被婴幼儿看到,能用得上,摆放整洁,有吸引力。
2. 有来自大自然的多种材质、形状和元素的材料,吸引婴幼儿去探索和发现。
3. 空间布置灵活,当很多人在同一区域游戏时,空间可自由延展。
4. 除了食物模型、木质积木、乐高积塑等玩具外,还有许多可拆装的零部件,如布、软木、管子、塑料环。
5. 环境布置体现婴幼儿的生活经验和兴趣,陈列婴幼儿的相关作品,如照片、草图、在家中制作的图书及带有故事性的物品。
6. 各种体现不同角色及文化特色的图片,帮助婴幼儿感受它们的异同。

2. 精神环境

精神环境方面,观察者可以从以下问题出发来考量:游戏中是否为婴幼儿营造了一个像家一样安全、宽松和谐的心理环境?照护人员能否通过拥抱、轻抚等动作使婴幼儿情绪安定?照护者是否创设了能激发婴幼儿好奇心的游戏氛围,在保证婴幼儿安全的前提下,使婴幼儿在愉快的气氛中主动、大胆地自主游戏?

（三）婴幼儿的游戏行为

1. 婴幼儿游戏的外部行为特征

（1）表情，常作为判断游戏状态的一项外部指标。教师可以从观察婴幼儿游戏中的表情入手，判断他们的游戏状态。不管是专注认真的表情，还是微笑、嬉笑等，都可以说明婴幼儿在游戏中处于一种积极主动的活动状态。

（2）动作，是婴幼儿游戏中最引人注目的部分。在游戏活动中，婴幼儿对物体或游戏材料的使用往往不同于日常生活中对物体的使用方式，具有非常规性、重复性和个人随意性等特点。观察者可以通过观察婴幼儿游戏中的动作判断其游戏状况。

（3）角色扮演，是一种特殊的游戏动作。角色扮演是婴幼儿以自身或他物为媒介对人或物的动作、行为、态度的模仿，是一种象征性动作。婴幼儿通过角色扮演、模仿和想象，再现自己的生活经验。观察者可以从中了解婴幼儿是否产生了角色意识，能否在游戏中有假想和象征性的替代行为等。

（4）言语。婴幼儿的游戏过程往往伴随着语言的运用。注意倾听婴幼儿的言语可以帮助我们判断他们是否在游戏及游戏的水平。

（5）材料。婴幼儿的游戏往往依赖于具体的游戏材料或玩具。年龄越小对游戏材料的逼真程度要求越高。我们可以通过观察婴幼儿使用游戏材料的情况，分析和判断其游戏所处的水平。

在具体的游戏活动中，观察者可能无法同时观察到上述五个方面的外部行为特征，这与游戏的种类及游戏的具体条件（如有无伙伴、游戏材料的性质与种类等）有关，也与婴幼儿的个性特点有一定的关系。

2. 婴幼儿的游戏性体验

游戏性体验是个体在游戏过程中所产生的关于游戏活动的主观感受或心理体验，它的产生既与主体有关，也与外部环境有关，是主客体相互作用的产物。具体来说，游戏性体验的产生与以下几方面的条件有关。

（1）婴幼儿有自由选择的权利

自由选择体现了婴幼儿根据自己的兴趣和愿望来决定游戏的内容，这是自主性体验产生的必要条件，直接影响着婴幼儿游戏行为积极主动的程度。

（2）活动的方式方法由婴幼儿自行决定

婴幼儿的游戏进程由其自主控制，自主选择游戏对象、游戏方法、游戏时间，不受他人干扰。

（3）活动的难度与婴幼儿的能力相匹配

婴幼儿自主选择的游戏难度往往和他们的能力相匹配，既有一定的挑战性，又是可以通过其努力达成的。

（4）婴幼儿不担心游戏以外的奖惩

"玩即目的"，游戏性体验产生于游戏活动之内。游戏过程本身就能使婴幼儿感到满足，而不是为了得到成人的奖赏才游戏。研究表明，外部强化（奖赏）会抑制婴幼儿对游戏本身的兴趣,造成其心理紧张。

（四）婴幼儿游戏的过程

观察者需要在婴幼儿的游戏过程中持续观察,从游戏开始时婴幼儿对游戏材料及游戏场地的选择,到游戏展开后他们与材料及伙伴的互动情况,再到游戏深入过程中发现、解决问题的方式方法,以及游戏后期对自己游戏体验的表达表现等。只有观察婴幼儿游戏的全过程,才能深入理解婴幼儿游戏行为背后的真正原因,发现其学习和发展的内在连续性,为实施适宜的教育提供重要依据。

例如,一个幼儿在游戏过程中频繁更换游戏材料和游戏场地,他先是在沙坑里挖洞,然后跑到别处用黏土做了一个杯子,接着又跑到户外的柳树下玩捉迷藏,之后他又在一张大纸上画了两个椭圆,每一个椭圆中心都做了个标记,他说那是关在笼子里的老鼠……他玩的这几个游戏看似没有明显的关联,但如果从他思维活动的连续性来看,就会发现其中蕴含着明显的封闭和包围图式,一个洞、一个容器、一个封闭的躲藏空间、两只被关在笼子里的老鼠,这正是他当前的认知兴趣所在。如果观察者没有完整地观察这个幼儿游戏的全过程,就很难发现他游戏的内在联系或线索。

四、婴幼儿游戏的观察步骤

观察婴幼儿的游戏可以帮助教师和家长等照护人员更好地了解他们的个体需求,更好地支持他们的学习和发展。观察是一项长期的工作,仅凭一次观察不足以对婴幼儿的发展做出判断,因此,需要观察者有计划地连续展开观察。有效观察婴幼儿的游戏包含以下几个步骤。

（一）集中观察焦点

确定观察目的和目标很重要,这样可以保证观察到的信息有贯穿始终的主题或线索。目的是对将要观察什么和完成什么的表述,是观察的全部意图。目标是观察者对要观察或评价的具体技能或能力的陈述。例如,教师需要了解某个幼儿与工具、材料互动的情况,观察目的就可以表述为"幼儿是如何使用工具或材料支持游戏的",观察目标就可以表述为"幼儿能否掌握某一工具或材料的使用方法"。

展开观察前,教师应明确自己的观察目的和目标,围绕目标审视环境中是否有充足的工具和材料。例如,要观察幼儿玩彩泥游戏,成人就要仔细检查除了彩泥、泥工板以外,辅助工具（如模具、小玩具刀、儿童剪刀、牙签、小棒、珠子等）是否多样。游戏材料的准备应满足幼儿的游戏需要,有助于幼儿展现压、搓、切、捏、剪等动作技能,同时方便观察者了解幼儿是如何使用工具或材料支持游戏的。观察者在观察过程中可以聚焦某个幼儿,观察其能否掌握某些工具或材料的使用方法,如能否用玩具小刀分割彩泥。

虽然目的和目标可能会让观察内容有所侧重,但后期的分析解读及评价却可以考虑全部的观察内容,这样更有利于让观察者形成对婴幼儿的整体认识。例如,虽然目标是观察某个幼儿与工具、材料互动的情况,但观察者可以分析评价其认真专注、不怕困难等学习品质方面的发展情况。

对于经验不足的观察者,可以采用线索提示的方法,即事先明确几个观察的要点,在观察时根据提示来进行,以增强观察的目的性。

表4-2 观察线索

观察线索提示	行 为 实 景
1. 婴幼儿在游戏中热衷于什么? 2. 激发婴幼儿兴趣的因素是什么? 3. 婴幼儿如何使用材料? 4. 教师提供的空间是否足够让婴幼儿活动? 5. 婴幼儿之间是如何互动的?是否有利于其自身经验的发展或能力的提高? 6. 婴幼儿在游戏过程中出现的新经验是否有再利用的价值?	甲在地垫上玩雪花片,乙在一旁玩小汽车。乙看了一会儿甲,走到甲旁边坐下来看散落在地垫上的各色雪花片。乙开始用右手一个一个地捡起红色的雪花片放到左手上,一会儿左手就放不下了,雪花片掉下来,乙又重新捡起来。甲发现没有红色的雪花片了,就从乙的手里拿,乙躲开不给。甲说:"一起玩。"乙坐下来学着甲的样子一起插雪花片,乙尝试了几次,失败后,拿起甲插好的雪花片造型一片片拆下来。

线索提示的方法能使观察者主动、有目的、有针对性地进行观察,收集有价值的相关信息。表4-2中的观察线索提示可以让观察者在观察时有所对照。

(二)制定观察计划

教师可以依据婴幼儿的游戏发展水平、婴幼儿的年龄差异、游戏的准备及实施情况等制定观察计划。同时,还要考虑观察时间、观察者所处的位置等方面。

表4-3 教师游戏观察的基本思路

教师行为	观察目的	关键词
全面观察	全体婴幼儿都在做什么?做得怎么样了?	扫描
重点观察	有哪些或哪个婴幼儿在游戏中有不一样的游戏行为表现? 是发生了什么事情,还是遇到了困难?	聚焦
情况分析	婴幼儿为什么会有这样的游戏行为?运用了哪些经验?处于什么样的发展水平?有什么经验没运用?为什么?	分析
选择指导方式	教师该如何做才能真正促进婴幼儿的发展?	判断
进行指导	以适宜的方式指导或帮助婴幼儿,适时促进他们的发展。	行动

(三)做好观察准备

一位具备观察意识的观察者应将笔、便条或告示贴等物品放在随手可得的位置上。有条件的情况下可以准备照相机、录音笔、录像机等设备,或一部智能手机,以便及时收集信息。另外,还可以运用一种通用格式展开观察,以保证所有重要和必要的信息都包括在内。

1. 观察日期:时间是一个关键变量,知道前一次观察是在什么时间进行的,对后期的评价工作非常重要。

2. 观察者的名字：要说明是谁实施的观察。

3. 观察对象的名字：为了尊重婴幼儿的隐私权，可用化名或字母符号代替婴幼儿的名字。

4. 婴幼儿的年龄和性别：必须记录下婴幼儿的准确年龄，无论是用年月的形式，还是用月和周的形式，这样就能将其发展状况与发展常模或发展里程碑进行比较和评价。

5. 观察的起止时间：这将有助于了解婴幼儿游戏的持续时间。

6. 观察方法：将来可以用来判断这种方法的适宜性。

7. 涉及的成人和婴幼儿数：人数是观察应包括的另一个重要信息，它能够提供观察的总体背景，有助于对观察数据进行分析与评价。

8. 对场景的简单描述：将观察置于背景之中，观察者最好也记录下成人的角色和作用，因为成人的角色也会影响婴幼儿的行为和反应。

9. 观察证明人：用来确认观察记录是真实的，增强观察的可信度。

把需要的所有信息制成清单或表格，既方便使用，又可节省时间。

表4-4　观察表格范例

```
观察者姓名：×××          儿童姓名：J
观察日期：    年    月    日
儿童的准确年龄：2岁5个月
开始时间：上午10:00
结束时间：上午10:20
使用的方法：描述（或叙述）
儿童人数：3
成人人数：1
观察目的：观察一名2岁5个月的儿童在水盘中游戏的情况，观察其操作游戏材料的情况。
观察目标：评价J的手眼协调能力以及她是否已形成优势手。
观察背景：J正和两个伙伴在水盘中玩，水盘位于沙水游戏区内，一名成人和他们在一起。
观察证明人：××
```

（四）选择观察方法

1. 扫描观察法

扫描观察法，即时段定人法。观察者对班里的全体婴幼儿平均分配时间，在相等的时段里对每个婴幼儿轮流进行扫描观察。此种方法适用于了解全体婴幼儿的游戏情况，如需要了解游戏开展了哪些主题、每个婴幼儿选择了哪些游戏区域、使用了哪些材料等。观察者可预先设计观察表格，确定观察对象和顺序，在实施观察活动后进行分析。

扫描观察法一般在游戏开始和结束的时候选用较多，观察者在观察中处于主动地位，可参考以下观察流程：

（1）根据所要观察的内容预先设计好表格或图示。

（2）确立观察对象和顺序。

（3）确定观察的时间单位（如2分钟），观察时直接在表格或图示里做记号即可。

如果观察者想要了解游戏环境中各游戏区域婴幼儿的选择分布情况,可运用综合图示的方法,在游戏开始之前,先把游戏的布局图画在纸上,标上各区域的名称,并按序编号。游戏开始后,在已画好的图上分别标明每个区域的人数与性别。运用扫描观察法对全班婴幼儿选择游戏的情况有个大致了解,既能发现婴幼儿喜欢的游戏区域,又能帮助观察者直观而及时地发现游戏中的问题。

2. 定点观察法

定点观察法,即定点不定人。观察者可固定在游戏中的某一地点进行观察,见什么观察什么,只要来此区域游戏的婴幼儿都可以作为观察对象。该方法适用于了解一个主题或一个区域婴幼儿游戏的情况。

定点观察法一般多在游戏过程中使用,观察者在观察中处于被动地位,可参考以下游戏观察流程:

(1)在游戏开始后,教师固定在需观察的游戏区域,即使该区域的婴幼儿离开,教师也仍在该点观察,只要来此游戏区域的婴幼儿都可以作为观察对象。

(2)观察婴幼儿在游戏中的行为,包括语言、事件、动作、表情、对活动的兴趣及专注程度、是否与同伴有互动等。

(3)如果观察者为教师,可以边做现场观察边指导游戏。

(4)使用定点观察法进行观察时,可配合使用实况描述或事件抽样的记录方法。观察者可将摄像机固定在某个游戏区域,依据观察目的拍摄下该点位的婴幼儿游戏行为,事后再进行详细描述,将观察到的情况进行追记。

案例4

望　远　镜

观察区域:操作游戏区

观察记录:健健今天选择了玩插管玩具,他先选了几个直管,拼出了一个长长的管道,后来,他发现了一个三通管,插上之后就能让管道拐弯。接着,他利用十字管和小喇叭拼成一个整体,说:"这是一个望远镜,一只手要扶着它,这样眯着眼睛能看见东西了。"他边说边给老师展示如何操作。整个游戏过程约持续了10分钟。

(案例来源:天津市幼儿师范学校附属幼儿园　周蕾)

图4-3　插管游戏

观察者固定在操作游戏区,详细记录了2岁3个月的健健玩插管玩具过程中的具体动作、语言及假想游戏行为。该记录展现了这名幼儿动作、语言及想象力等方面的发展水平。

3. 追踪观察法

追踪观察法,即定人观察法。观察者可根据需要确定1—2名婴幼儿作为观察对象,观察他们在游戏活动中的各种情况,固定人而不固定地点。该方法适合观察了解个别婴幼儿在不同游戏中的发展水平。

观察者可以在某一时段追随婴幼儿的脚步进行观察,可参考以下游戏观察流程:

(1)在婴幼儿自由游戏情境中观察婴幼儿真实的游戏状态。

(2)婴幼儿走到哪,观察者跟到哪。

(3)采用实况记录的方法,用图示将观察路径记录下来,然后用实况描述、照片等方式记录婴幼儿的游戏状态。

图中寻宝游戏的观察案例就是观察者在户外游戏中追随2岁幼儿的脚步,用照片、文字记录下他的游戏内容及活动状态,反映了他在走、钻爬、平衡等方面的游戏兴趣及发展水平。当然,观察者可以更为详细地描述婴幼儿更具体的行为表现,如幼儿是怎样爬过垫子的,怎么钻过山洞的,怎么走过小桥的……具体的行为描述更有利于观察者后续的评价与支持。

图4-4 寻宝游戏

第二节 婴幼儿游戏观察记录与分析

观察者在婴幼儿游戏中展开观察记录与分析,需要掌握科学的记录方法,在记录的基础上依据相关的教育理论分析解读婴幼儿的游戏行为,为进一步实施有针对性的教育提供科学依据。

一、婴幼儿游戏观察记录

在开始记录婴幼儿游戏行为时,观察者需要在做好观察准备的同时,明确自己要记录的内容,掌握一些记录方法。

（一）与观察法相结合的记录方法

观察法在具体记录过程中包括轶事记录、时间抽样、事件抽样、检核表、评量表等。

1. 轶事记录法

轶事记录法是观察者在婴幼儿游戏背景下，将婴幼儿自然表露的游戏行为进行原始、真实的记录，以此来了解婴幼儿的发展状况，进行适宜性教育。

> **案例5**
>
> **我想要球球**
>
> 游戏时间到了，悦悦高兴地来到宝宝浴室，从地上捡起娃娃大声说："呀，太脏啦！"然后，一边抱着娃娃，一边放好小盆给娃娃洗澡。她用毛巾在娃娃脸上擦了几下，又拿起沐浴露的瓶子按压着。这时她抬起头说："我想要球球。"教师问："什么球球呀？""就是洗澡的球球……搓好多泡泡……洗得干净。"教师找来了浴球，悦悦拿着"球球"高兴地给娃娃"洗澡"，游戏时间持续6分钟。
>
> （案例来源：天津市幼儿师范学校附属幼儿园　孙丹）

轶事记录法有很强的灵活性，可长可短，可以是一件小事，也可以是一个时段发生的事。使用这种方法要求观察者保持敏锐的观察力，着重记录观察者认为有价值、有意义的资料和信息，一般是观察对象的典型行为或异常行为，也可以是表现婴幼儿个性或反映身心发展的某个行为事件。轶事记录可当场记录，也可事后及时补记。描述时可呈现时间、地点、主要人物、语言、行为、过程等。特别注意在描述观察对象时，不要忽略相关的影响因素，尽量以详细客观的句子描述，并将描述与说明或解释进行区分，避免客观事实与主观判断相混淆。

2. 时间抽样法

时间抽样法是在规定的时间间隔内观察记录预选行为是否出现，以及出现次数的一种观察方法，主要适用于婴幼儿经常出现的、容易被观察到的外显行为。观察者经过思考、整合，将错综复杂的婴幼儿游戏行为化繁为简，将现场行为在一种被分类、定义清楚的观察过程中，以更正确、客观且有效率的方式记录下来。

在运用时间取样法时，还需要确定观察时间：明确观察的时距、时距间隔，以及时距的数目，即要求每隔一定的时间，按某种选定的时段，进行一段时间的观察。

表4-5　游戏行为观察记录表

9:00			9:05			9:10			9:15			9:20		
T	P	H	T	P	H	T	P	H	T	P	H	T	P	H
√			√				√		√				√	

T：独自游戏　　P：平行游戏　　H：合作游戏

上页表中采用了时间抽样的方法,每隔5分钟记录一次,在此时距内,不管该行为持续多久或出现几次,都只记一次。时距的长短可根据具体情况进行调整。观察者同时要考虑时间、地点、环境等变化因素的影响,以保证能看到具有代表性的行为。观察者要事先准备好观察的表格,在短时间内快速正确地判断幼儿的行为并进行记录。在对幼儿的游戏类型进行观察记录时,观察者应熟练掌握独自游戏、平行游戏、合作游戏的行为特征,才能保证记录的准确性。另外,也可增加一些描述性记录,有助于了解婴幼儿行为的真实情况。

3. 事件抽样法

事件抽样法是观察者事先确定观察目的,选择某种或某类事件作为观察的目标,在观察中等待该事件的发生并仔细观察记录事件全过程的方法。事件抽样是在关注的行为出现时才开始记录,描述行为时能更直接地把握重点,对行为的探究更深入,针对性更强。

表4-6　幼儿游戏中互动行为观察记录

姓名	性别	发生背景或环境	指向对象	动作	语言	出现问题
然然	男	图书角,自由地和小朋友看书	浩浩和辰辰	主动给两个小朋友讲书	浩浩:"奥特曼,我讲。"辰辰:"一块看。"浩浩:"我会讲。"	给别人讲书,自己却不拿书;小朋友不看书时,她也不看;小朋友离开时,她也离开。

观察者关注然然在游戏中与同伴的互动行为,因此静候"互动"的发生。事件抽样法无法控制时间,但可以深入地了解、分析行为的背景、过程和结果。事件抽样法是为观察特殊的行为而设计的,它能记录其他观察法无法深入的行为,也可记录一般常见的行为。

4. 行为检核表

行为检核表是记录行为是否出现的方法,可以用来记录在特定情境中出现的特殊行为。观察者可以依据教育目标罗列一系列具体的行为,用来观察行为是否出现或完成。一般来说,记录的方式是二选一,就是"有"或"无"、"是"或"否",以此来提醒观察者观察预定的行为。

表4-7　4—6个月婴儿认知发展检核表

观察内容		是	否
注意力	较为集中注意人发出的声音。		
	能注视色彩鲜艳的东西。		
	较多注视细小、复杂的物体。		
记忆力	不愿与陌生人接触。		
	对妈妈的开心和不开心的情绪做出不同反应。		
思维力	区分不同性别。		
	当东西被遮挡时将注意力转向别处。		

观察者可以利用现成的工具来检核婴幼儿的行为，也可根据不同情况自行编制检核表。行为检核法需要事先做非常仔细的准备工作，特别是预先要确定哪些行为作为观察的对象，这些行为项目又具体包含哪些内容，所以在观察时目的明确，才能便于观察者收集希望得到的信息。如上页表，为了了解4—6个月婴儿认知发展的情况，可以从注意力、记忆力、思维力三个角度设计所需要观察的内容，根据观察的结果判断婴儿认知发展的状态。

5. 评量表

评量表主要用来判断婴幼儿行为的强度或表现如何，观察者依据自己的印象对婴幼儿行为做出主观判断，不一定是现场直接观察记录，可以以观察为依据做出评量。评量表分为数字等级量表、描写量表和强迫选择量表。

数字等级量表是以定义好的序列数字加到行为类别上，每一个数字均代表某一种行为的程度，评定者根据被观察者的实际情况进行评定，选择与该行为最契合的数字作出记号。数字等级量表可以用符号代表数字的强度。使用数字和字母表示等级时，应附上关于标准的详细说明。

表4-8 2—3岁幼儿精细动作发展评定量表

精细动作	评定等级
叠高积木	1 2 3 4 5
使用筷子	1 2 3 4 5
用笔画出平行线	1 2 3 4 5
玩倾倒游戏	1 2 3 4 5
自己翻书	1 2 3 4 5
粘贴游戏	1 2 3 4 5

注：1代表从未进行尝试；2代表进行尝试从未获得成功；3代表进行尝试偶尔获得成功；4代表进行尝试多次获得成功；5代表熟练掌握。

描写量表以文字描述行为的特质，并按程度顺序呈现，观察者选择最合适的一项。描写量表使用方便、快捷，可以在较短的时间内对全班的婴幼儿进行评量。

强迫选择量表中列举几组形容词或短句，评定者要在各选项间，强迫只选择一种与实际情况最接近的答案。

评量表适用的范围很广，量化的资料分析方便，能快速判定行为的程度，可以使观察者发现婴幼儿间的差异。使用评量表应以多次观察为基础，对观察对象了解越多，评定越准确。

（二）其他记录方法

1. 作品记录法

绘画、手工等作品作为婴幼儿自我表达的手段，可以反映其内在的发展状况。作品记录法就是持续收集婴幼儿的原创作品,对其认知、动作技能等方面的发展进行分析与解读。因此,教师、家长及照护者可以有目的、有计划地收集婴幼儿不同时期、不同方面的作品,呈现能代表婴幼儿发展里程碑的典型作品。

观察者应客观记录作品完成的时间、背景、特殊事件、婴幼儿表述等,通过分析记录了解作品完成过程中的细节情况,发现婴幼儿的点滴进步。

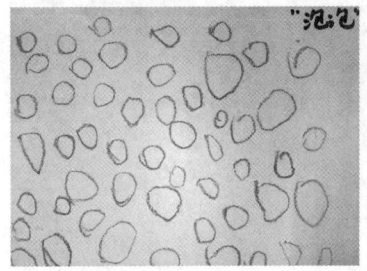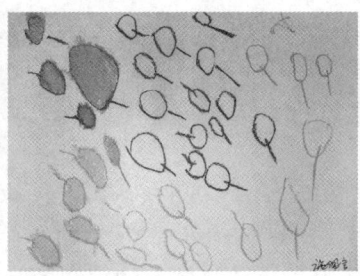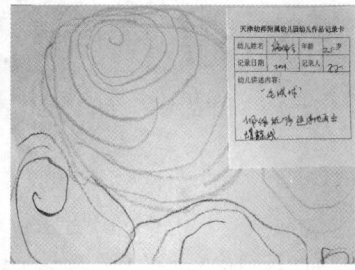

图 4-5　2—2.5 岁幼儿作品

上面3幅图为一名幼儿在2—2.5岁期间被教师收集的作品,反映了其对泡泡的认知从开始可以用单色笔画封闭的圆形到运用四种颜色表现多彩的气球,作品中呈现了封闭的圆和短线的表现方式,还出现了小范围的涂色。后期该幼儿能用长长的螺旋线表现对毛线球的感知。这些作品展现了该幼儿小肌肉动作的发展脉络及绘画能力的提升过程。接下来,教师继续收集了该幼儿在2.5—3岁期间的同类绘画作品(见下图)。

作品1是第一次用单线条表现人物,具有里程碑意义。该幼儿用大圆及小圆表现了眼睛,用线条表示胳膊和腿,充分反映了他对人的面部及四肢的认知。作品2中的小鱼外轮廓线是教师画的,幼儿进行了涂色。作品反映了幼儿当前已能够运用多种色彩均匀涂色,其手

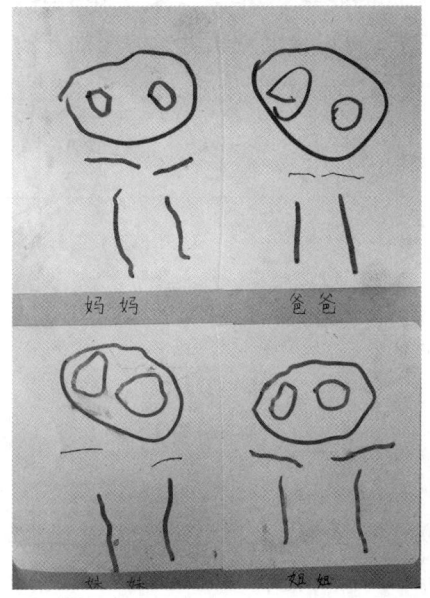

作品 1

作品 2

作品3　　　　　　　　　　　　　　作品4

图4-6　2.5—3岁幼儿作品

部肌肉对彩笔的控制能力有所提升。小鱼身体上的短线条及表现水中物体的螺旋式线条则体现了婴幼儿的想象和创造。作品3中的小花从外轮廓到涂色等完全是由该幼儿独立完成的，作品展现了他可以自由表达对花的感知，绘画能力进一步提高。作品4中的绘画更加丰富，对细节进行了表现，说明其观察力有了进一步的提升。

（案例来源：天津市幼儿师范学校附属幼儿园　孙丹）

2. 运用谈话的记录方法

谈话法是通过与婴幼儿面对面的交谈收集评价信息的方法。观察者可利用录音或图文等方式记录谈话过程，并加以分析。在记录的过程中，观察者可采用自然谈话的方法收集信息，通过图片、实物或作品等引发谈话内容。

谈话时，观察者应有明确的目的，围绕主题进行，将问题逐步引向深入。观察者应选择适合的时间和地点，努力做到不催促、不暗示、不褒贬，准确细致地记录与婴幼儿谈话的内容并保持原意。研究发现，记录婴幼儿间的自由谈话内容，可以帮助观察者了解婴幼儿的真实想法及发展状态。下表记录了2—3岁幼儿阅读游戏中与教师的对话。

表4-9　2—3岁幼儿阅读游戏中的对话记录

观察对象：韬（2岁10个月）、瑄（2岁9个月）
观察背景：自选游戏时段、图书区
观察教师：支娜
观察日期：×年×月×日上午
10：07：09
韬进入图书区，躺在小乌龟靠垫上看书。
师："不能躺着看书哦！"韬坐了起来。
10：07：22
韬爬到瑄对面，倒着看她手里的《小猫》。
瑄（指图）："这是什么？"
韬："小猫！"

(续表)

> 10:07:55
> 韬去拿瑄的靠垫,瑄不给并试图将自己手里的书给韬来制止她,但韬不要。
> 10:08:18
> 韬拿了一本关于小熊的书,并对瑄说:"你那个是小兔子的书,我这本是小熊的书!"
> 10:08:30
> 韬看着封面指着标题:"小熊——小熊——老师,这是小熊什么?"
> 师:"散步!"
> 韬:"散步!"
> 10:08:40—10:10:42
> 韬开始逐页看书,每看一页,她都边用手指图,边根据自己的理解讲出大致的意思。
> 10:11:00
> 韬将书放回书架上,开始玩瑄的海豚靠垫。瑄争抢,韬:"我们别吵它了,我唱歌哄她睡觉!"说完,边唱歌边抱着靠垫拍着。

（案例来源：天津市幼儿师范学校附属幼儿园　支娜）

3. 照片记录法

照片是保存和呈现幼儿发展情况的有效方法之一,它可以清楚而真实地记录婴幼儿的游戏场景,并能持续记录婴幼儿在一段时间里的发展状态。观察者在拍摄照片时要注意捕捉游戏过程中的典型情景,全面反映游戏的时间、地点及一些细节,从而为分析研究婴幼儿的游戏行为提供较为丰富和立体的资料。照片虽然是静止的图像,也能记录下婴幼儿在一段时间里的发展情况。教师持续将婴幼儿进行中的活动拍摄下来,用图像记录的方式,呈现整个活动的过程,从而发现婴幼儿的成长。

4. 调查记录法

调查记录法是一种常用的间接收集资料的方法,观察者根据观察目的,向被调查对象发起调查,广泛收集幼儿发展信息。

该方法收集资料速度快、效率高、手段多样。由于婴幼儿缺少文字语言组织能力,调查对象多为对婴幼儿较为了解的成人。家长根据婴幼儿的具体行为表现或较大幼儿的作答情况代为填写,可采用自由记述法、多项选择问卷法等。

二、婴幼儿游戏观察分析

观察者应在观察的基础上对自己所做的观察记录进行整理和分析。分析既可以在观察过程中自然而然地进行,也可以在计划好的、安静的时间,边整理观察记录边分析。对游戏观察资料及时进行整理和分析,不仅可以对收集到的资料有一个比较系统的把握,而且可以为下一步资料的收集提供方向和聚焦的依据。因此,整理和分析资料的时机应该越早越好,不要拖到积累了很多资料以后才进行。

（一）观察分析中思考的重点问题

在对观察记录进行分析反思时，需要考虑的重点问题应基于对婴幼儿游戏过程的具体了解，例如：这名婴幼儿游戏中的兴趣是什么？真正让他兴奋的游戏内容或材料是什么？游戏中他不同于其他人的游戏行为是什么？他是怎样发现并解决问题的？游戏水平如何？他从游戏中获得了哪些游戏性体验？他在哪方面取得了明显的进步？观察者可依据观察记录，对照重点问题展开分析与反思，并思考下一步教育策略。

案例6

好听的声音

图4-7 好听的声音

观察记录：1岁的安安不停地摆弄着可以发出声音的音阶玩具，他用手轻轻地拍打其中的一个，玩具发出了悦耳的声音。他用手拧动玩具上的响铃按钮，发现没有发出声音，接着又尝试用手指拨弄响铃，还是没有声音。他再次用手连续拍，玩具连续发出了悦耳的声音。他又用小手拍其他几个玩具，玩具发出了不同音高的声音。他反复拍打着不同的玩具，感受着声音的变化。过了一会儿，他左手拿起其中一个玩具，右手继续拍着，并尝试用小脚拍打不同的玩具，持续探究着。

观察分析：安安对发出声音的音阶玩具很感兴趣，真正让他兴奋的是"怎样让玩具发出好听的声音"。他先后尝试了用手拍、用手指拨弄、用脚拍等动作。安安持续探究的游戏过程说明他从游戏中获得了兴趣性体验、自主性体验。接下来，教师可以调整音阶玩具的摆放位置，支持婴幼儿进一步发现玩具声音依次升高的规律，也可以提供其他打击乐器满足其探究兴趣。

（案例来源：天津市幼儿师范学校附属幼儿园 杨珺）

（二）观察分析中应保持正向视角

每个人都有自己看待事物及问题的独特视角，每名观察者在分析婴幼儿时也会有自己的独特视角。针对同一婴幼儿的行为，不同观察者的分析有时会呈现截然不同的视角：一种是负向视角，另一种是正向视角。如倾向于从负向视角分析的观察者认为，婴幼儿缺乏自控力，会表现出较多不当行为。倾向于从正向视角分析的观察者认为，婴幼儿正在努力学习如何控制自己的行为以适应周围的环境。由此可以看出，两种截然不同的观点会影响不同观察者的观察与分析。下表呈现的是从两种不同视角出发去描述同一幼儿的同一行为。

表4-10 负向视角和正向视角

负向视角	正向视角
他对什么是安全感毫无概念	他是充满活力的探险家
他缺乏耐心	他渴望探究,喜欢在动手操作与互动中学习
他总是摸这摸那	他喜欢探究,正在尝试控制自己的行为
他爱发脾气	他正在学习表达情绪

由此可见,在观察分析婴幼儿游戏行为时,观察者应保持正向视角,积极看待婴幼儿的学习与发展。

(三)观察分析中使用客观的表述

在对婴幼儿基于真实游戏状态的记录进行分析的时候,观察者要尽量将自己有关的前设和价值判断暂时悬置起来,使用客观的语言文字去分析资料。

案例7

钓鱼游戏

观察记录:乐乐今天直接到玩具柜选择了钓鱼玩具。她把小鱼池放在腿上,左手持小鱼竿一次次尝试把小鱼钓上来。5分钟左右,她已经钓到了7条小鱼。她把钓到的小鱼放到旁边的小筐里,继续刚才的动作。整个游戏过程持续了10分钟左右,她把所有的小鱼都钓了上来。

观察分析:"直接选了钓鱼玩具",说明乐乐很喜欢玩钓鱼游戏。"5分钟就钓到了7条小鱼",说明乐乐的小手动作技能很熟练!不仅如此,"游戏过程持续了10分钟左右",说明了乐乐能较专注地完成一件事。

(案例来源:天津市幼儿师范学校附属幼儿园 张舒)

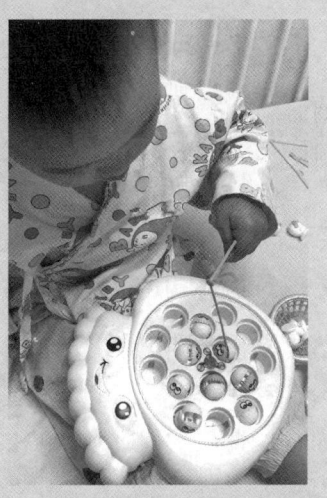

图4-8 钓鱼游戏

观察者可借助观察记录的文字对观察记录进行客观的分析。例如,分析婴幼儿选择材料的过程,抓住乐乐直接选了钓鱼玩具的行为分析她对游戏材料的喜爱程度。观察者也可以通过分析婴幼儿游戏时间的长短,来反映其对材料的熟悉程度。观察记录中对具体动作的描述能真实地反映婴幼儿的发展情况,例如,乐乐用左手钓鱼的动作呈现了她的左手有可能是优势手,左手动作更为娴熟,小肌肉发展更灵活,对小鱼竿的把持力更强。观察者可以针对此观察现象进一步分析解读,引起照护人员的共同关注,促进婴幼儿的均衡发展。

（四）质性分析与量化分析相结合

在进行质性观察分析时,观察者首先需要回顾自己的观察目的,根据最初确定的观察意图对观察资料展开深入分析,从记录中寻找与观察目的密切相关的线索或脉络,进而发现婴幼儿游戏行为的主要特征或多次出现的主要行为,再将其回归到整个观察背景及事件中去分析,从中发现婴幼儿游戏行为的意义。

量化的分析方便快捷,由于观察时已既定了具体的行为指标,所以常用简单的符号对观察到的婴幼儿游戏行为进行判断。在进行量化分析时,可以首先对记录的符号做一个分类统计,再根据符号代表的程度或频次展开分析。需要注意的是,运用一种评量法进行分析容易存在偏差,因为每一次的评量只是当时基于观察的行为取样,不能以偏概全。有时,需要观察者多次评量才能发现婴幼儿游戏行为的主要特征,或是根据婴幼儿游戏的时间及背景采用多种评量方法。

由于量化分析更多呈现的是表面可以观察到的婴幼儿游戏行为的外部特征,对婴幼儿游戏的内部动因不易反映,所以,观察者可考虑采用质性分析与量化分析相结合的方式,立体地展现婴幼儿游戏中的学习与发展。

（五）依据观察评价工具进行对比分析

量表可以成为婴幼儿游戏行为观察的有力抓手,下面推荐几个与婴幼儿游戏相关的观察量表及观察要点。

1. 游戏观察要点及发展提示

游戏观察要点及发展提示可以帮助观察者理清观察思路,从婴幼儿的游戏行为和情感态度中学习分析其需要、经验背景及动作、语言、情感、认知和社会性等方面的现有发展水平。

磁力棒游戏,观察者发现婴幼儿在玩磁力棒游戏,就可以从"构造行为"中选取一些观察要点展开观察。例如：运用磁力棒拼接的准确性和牢固性；是先做后想,还是边做边想,或想好再做；构造了哪些作品。

案例8

磁力棒游戏

观察记录：9个月的丽丽首先挑大块的磁力棒连接,她用小手牢牢握住磁力棒,将两头对接起来。在连接的过程中,她发现有的磁力棒两头很容易就吸到一起,有的则吸不上。她反复尝试着,尝试的过程中,她有意识地将不同颜色的磁力棒对接,连接不上时,她就调换磁力棒方向不断探索。整个过程持续了大约8分钟。

观察分析：丽丽的手部肌肉获得了一定的发展，她能熟练地将磁力棒不断连接，实现自己的想法，说明有较好的手眼协调能力。游戏中她已对磁力现象有所感知，在原有经验的基础上反复尝试调换磁力棒的连接头，以达到磁力棒正负极相吸连接的目的。她能用不同颜色、形状的磁力棒搭配构造，乐于探索和发现其特性并尝试解决构造中问题，有一定的坚持性。

（案例来源：天津市幼儿师范学校附属幼儿园　原帅）

表4-11　游戏观察要点及发展提示

	观察要点	发展提示
表征行为	能否清楚地分辨自我和角色、真假的区别	自我意识
	出现哪些主题和情节	社会经验范围
	动机出自物的诱惑、模仿、意愿	行为的主动性
	行为仅仅指向物还是指向其他角色	社会交往、语言交流
	行为指向哪些相对应的角色	社会关系认知
	行为与角色原型的行为、职责的一致性程度	社会角色认知
	同一主题情节的复杂性和持久性	行为的目的性
	行为是以物品为主还是以角色关系为主	认知风格
	是否使用替代物进行表征	表征思维的出现
	同一情节中是否使用多物替代	想象力
	替代物与原型之间的相似程度	思维的抽象性
	用同一物品进行多种替代	思维的变通和灵活
	用不同物品进行同一替代	思维的变通和灵活
	对物品进行简单改变后再用以替代	创造性想象
构造行为	对结构材料拼搭接插的准确性和牢固性	精细动作、手眼协调
	对造型是先做后想，还是边做边想，或想好再做	行为的有意性
	构造哪些作品	生活经验
	是否按一定规则对材料的形状、颜色有选择地进行构造	逻辑经验
	注重构造还是不同程度地追求构造结果	行为的目的性
	是否会用多种不同材料搭配构造	创造性想象力
	构造作品外形的相似性	表现力
	构造作品的复杂性	想象的丰富性
	是否能探索和发现材料特性并解决构造中难题	新经验与思维变通

(续表)

观察要点		发展提示
合作行为	独自游戏、平行游戏、合作游戏	群体意识
	更多主动与人沟通还是被动沟通	交往的主动性
	更多指使别人还是跟从别人	独立性
	是否会采用协商的办法处理玩伴关系	交往机智
	是否会同情、关心别人和取得别人的同情和关心	情感能力
	交往合作中的沟通语言	语言与情感的表达与理解
	是否善于调整自己的行为以适应他人	自我意识

游戏观察要点及发展提示在使用过程中可以根据观察对象的年龄阶段及游戏内容或行为选择相适宜的条目进行重组，使用时切忌生搬硬套，应灵活使用。

2. 学前儿童观察与评价系统

高瞻课程模式推荐的《学前儿童观察评价系统》是一种观察工具，其中包括学习品质、社会性和情感发展、身体发展和健康、语言、读写和交流、数学、创造性艺术、科学和技术、社会学习、英语语言学习（针对母语非英语的儿童）10个领域的内容。每一领域均包含早期学习关键概念，形成34个条目和2个附加条目。在一段时间内，观察者可以基于客观观察做轶事记录。该系统提出了8个连续发展的水平，在水平0（最低）到水平7（最高）这8个水平上记分。例如，婴儿和学步儿可能在最低水平上记分，略大一些后可能在较低水平上记分，年龄更大后可能在较高水平上记分。

基于婴幼儿游戏的观察解读，我们可以参看不同领域条目下较低水平的内容。下面将举例说明观察者如何借助该工具对婴幼儿游戏进行观察和分析。

（1）观察分析婴幼儿角色、表演类游戏行为。

表4-12 创造性艺术领域下的"假装游戏"条目（婴幼儿阶段）

水平阶段	解释	具体行为表现
水平0	观察并聆听他人说话	婴儿观察并聆听周围环境中的成人及其他同伴说话，观察他们说话时候的胳膊、腿、脸和声音等是什么样的
水平1	模仿一个动物、物体或人的动作	幼儿模仿熟悉的人或事物的动作或面部表情，如他可能会学狗爬、学狗叫，哄娃娃入睡或伸展胳膊表示开飞机
水平2	用一个物体代表另一个物体	在这一水平，幼儿对物体有足够的经验，可以发现不相关的物体之间的相似性，如一块积木大致像一部手机，因此，当幼儿把积木放在耳朵旁，他可能在假装打电话
水平3	用语言和动作来扮演某个角色或人物	在游戏过程中，幼儿假扮一个角色或表演某个物体，如假装给娃娃换尿布，学妈妈给宝宝喂饭等

(续表)

水平阶段	解　释	具体行为表现
水平4	参与重复的假装游戏剧情	在这个水平,幼儿在假装游戏中感到很舒服,并一遍一遍地重复假装游戏的情节。如在娃娃家举办了一场生日聚会,用橡皮泥做蛋糕,用报纸包裹玩具,邀请别的幼儿来参加聚会,一起唱生日歌等

观察者如在婴幼儿游戏过程中观察到与表中具体行为表现相类似的婴幼儿游戏行为时,可利用对应的解释栏分析,进而解读婴幼儿在此类游戏中的发展水平。

(2) 观察分析婴幼儿游戏中的学习品质。

《学前儿童观察评价系统》中使用轶事评分或评级来反映儿童当前的水平。但是,这种评分或评级不是要给儿童贴标签,而是要分析其当前的能力和水平。该系统将"学习品质"作为一个领域,可见对儿童"学会学习"过程的重视。

例如:在"学习品质"领域"反思"评价条目中,针对婴幼儿阶段列举如下发展水平:

水平0　幼儿将注意力转移到某物体或某件感兴趣的事。

水平1　幼儿表示希望某些事再次发生。

水平2　幼儿回到他想要或曾经玩耍的地方。

从水平0至水平2我们不难看出婴幼儿在"反思"方面的一个发展方向。反思不仅仅是回忆,随着婴幼儿的成长,他们的反思会越来越丰富,越来越细致。如在水平2中,幼儿会记得他喜欢的玩具所在的地方,或是玩游戏的地方,并自主回到这个地方。在具体的游戏行为中,幼儿通过直接去目的地表明他记得曾经的游戏。

教师观察1:游戏时间到了,明明直接走到玩具柜放小汽车的位置,发现没有小汽车,他问老师:"哪儿去了?"

分析解读1:明明喜欢玩具汽车,能够记得玩具所放的位置,发现不见时能反思去向并发问。

教师观察2:游戏评价环节,教师问:"丽丽今天玩的什么游戏呀?"她走到美工区拿出了橡皮泥。

分析解读2:丽丽听到教师的问题后,能反思自己游戏的地方及游戏的材料,并用行动加以表示。

(3) 观察分析婴幼儿游戏中使用工具和技术的行为。

婴幼儿可以用工具来满足自己的需要和想法,如咀嚼磨牙环减轻牙龈的不适,抓拿物体满足探索的需要。渐渐地,他们会把生活中的一些材料当作游戏中的简单工具,以实现自己的想法。随着年龄的增长,幼儿逐渐学习运用交互式信息技术玩游戏等。

水平0　幼儿对一个物体做出回应。

水平1　幼儿在游戏中探索某种工具。

水平2　幼儿探索技术设备。

水平3　幼儿使用工具来支持游戏。

水平4　幼儿简单解释工具是如何使用的。

从水平0婴幼儿可能会把物体放在嘴里，尝试去够物体、转向或触摸物体开始，观察者可以为他们提供更多的工具、材料满足他们探索的需要，如勺子、瓶子、面泥、搅拌工具等。观察者也可以考虑为他们提供简单、安全、与其年龄相适应的电子设备进行游戏，如可以发出咔嚓声的儿童照相机、可以按键的旧手机等，支持他们探索技术设备。如果观察到婴幼儿已经出现有目的地使用工具实现自己的游戏想法时，就可以进一步分析其游戏水平。

案例9

电子配对游戏

图4-9　电子配对游戏

观察记录：22个月的强强选择了电子游戏，强强为大象和小青蛙穿衣装扮。屏幕依次出现了大小不一的眼镜、大小不一的鞋子等物品。每次物体出现时，强强都伸出左手食指灵活地操作着。他先为大象戴上了大眼镜，再为小青蛙戴上小眼镜。之后，他先为小青蛙穿上小鞋子，再为大象穿上大鞋子。接下来他的操作顺序是大T恤、小T恤、小腰带、大腰带、大书包、小书包、大裤子、小裤子、大围巾、小围巾、大帽子、小帽子等物品。在拖拽腰带时，他遇到困难，一次拖拽不成功，他先后尝试了三次，用手使劲按住腰带并拖拽到相应位置才完成了任务。

观察分析：强强已经可以运用交互式信息技术玩游戏了，他用手指熟练地滑动屏幕中出现的物体，有目的地使用工具实现自己的游戏想法。它可以正确区分物体的大小，一一配对。同时，可以不受物体大小的影响，正确配对。既可以先大后小，也可以先小后大。在遇到困难时，强强不气馁，反复尝试操作，找到拖拽方法，直至游戏成功。

（案例来源：天津市幼儿师范学校附属幼儿园　张舒）

观察者还可以提供一些便于操作的儿童安全剪刀、胶带、手电筒、水桶、小货车等工具材料支持其游戏，进而观察分析婴幼儿使用工具的具体情况。

第三节 婴幼儿游戏支持策略

游戏是婴幼儿重要的学习方式,能有效促进婴幼儿的智力、想象力和情绪情感等方面的发展。婴幼儿在游戏过程中离不开教师、家长及照护人员的支持和帮助。受年龄及身心发展水平的局限,他们还不能完全表达自己的所思所想,需要教育者透过婴幼儿的游戏行为反思并满足他们的想法和需求。教师、家长等照护人员首先需要清楚地了解婴幼儿是如何学习和发展的,要基于观察分析,采取有针对性的支持策略以鼓励婴幼儿游戏向纵深发展。

一、教师的游戏支持策略

幼儿在自主游戏中根据自己的意愿自由选择游戏,自由决定游戏的目的,选择游戏材料与伙伴,关注游戏的过程并伴以积极的情绪。维果斯基认为教育应通过交互作用的形式来引导儿童的发展,并允许儿童通过积极的活动来建构新的认知能力。那么,教师在婴幼儿游戏中如何有效支持呢?教师应根据幼儿目前的游戏水平,给予幼儿"支架",从而不断提高幼儿的游戏水平,促进幼儿的发展。当教师通过观察发现婴幼儿游戏存在的问题,并且他们也有教师参与指导游戏的需要时,教师必须选择恰当的指导方式。如平行介入、交叉介入,或垂直干预。无论采用何种介入方式,教师都要在观察的基础上,以不干扰和打断幼儿的游戏为前提。

(一)树立儿童是主动学习者的理念

婴幼儿从出生起就是主动学习者,他们在生活和游戏中通过积极探索周围的环境主动学习,通过持续地与周围环境产生联系,对各种物品进行探索。他们学习如何随意活动,怎样抓取、处置物品,怎样与他人沟通、互动。他们选择自己想要玩耍、探索的物和人,主动对感兴趣的事采取行动、做出反应。因而,教育者应将婴幼儿视为主动学习者,从他们的角度看待事物,才能在游戏中基于观察解读支持其学习和发展。

(二)创设自主游戏的机会与条件

婴幼儿调动整个身体和所有感官来学习,他们通过自己的每一次行动来收集信息,如注视感兴趣的人或物、用双手玩耍、敲击物体、啃咬玩具、弄碎饼干,或是拿着玩具四处走动等。婴幼儿通过整合味觉、触觉、嗅觉、视觉、听觉,不断学习和发展。因此,自主游戏是赋予幼儿自由选择、自主决定权利,能充分满足幼儿兴趣和探索欲望的一种活动类型。创设自主游戏的机会与条件能够帮助婴幼儿在游戏中获得游戏性体验,使其主体性在活动中得以实现,更好地支持婴幼儿的学习与发展。

1. 提供多种低结构材料

低结构材料指的是有多种不固定玩法的材料,如沙、泥、土、纸盒、瓶盖等。给婴幼儿提供大量适宜的低结构材料,可以满足他们自主选择材料、自由探索材料的需求。低结构游戏材料因为结构松散、可变性强、玩法多样,使婴幼儿的自主选择、自主操作成为可能,满足婴幼儿不断变化的兴趣和需求。

2. 支持自主尝试和探究

在游戏中,鼓励婴幼儿自主探究和发现,支持他们在游戏中调动所有感官操作、组合、改造所选择的游戏材料,自由选择感兴趣的游戏内容,自主决定游戏的方向和进程,体验游戏的快乐。

婴幼儿在游戏中会通过动作、表情、声音来交流他们的需求、发现和想法。成人要鼓励婴幼儿以自己的方式与同伴、与成人大胆地表达与交流,耐心倾听并理解他们的想法。

(三)积极回应婴幼儿的游戏需求

1. 允许婴幼儿用自己的方式学习

每名婴幼儿都有自己独特的行为方式和互动方式,教育者要认可和接纳他们的个体差异。例如:一名婴幼儿主动和照护者用围巾玩躲猫猫的游戏,另一名婴幼儿注视着他们的游戏,表现出明显的兴趣。照护者邀请其一起加入,并给了他一条围巾,但他并没有参与,只是站在旁边观看。可见,安静的观察也是学习,我们既要看到婴幼儿主动操作材料的重要性,也要考虑婴幼儿有时需要通过"观察"来学习。

2. 支持婴幼儿在游戏中解决问题

婴幼儿在游戏过程中常会遇到各种富有挑战的问题,教师、家长等照护者需要把握介入的时机。既要避免婴幼儿经受过度的挫折,也要为其提供足够的时间,让他们尝试自己解决问题。过度保护或干预,不利于婴幼儿的学习和发展。但当婴幼儿遇到难以解决的问题时,教育者需要在观察反思的基础上提供支持,帮助婴幼儿在游戏中体验成功和快乐。

(四)把握游戏干预的时机与方法

游戏干预是指成人通过直接介入婴幼儿的游戏从而对游戏施加影响的行为,是游戏指导过程当中具体直接的指导行为。在婴幼儿游戏的过程中,教师的支持是必要的,但也要把握好干预的时机和方式方法。

1. 确定干预的必要性

教师在进行干预之前,要仔细观察了解婴幼儿对当前游戏的兴趣、已有经验或问题。这种观察可以在注视和倾听婴幼儿交谈的基础上,也可以在与他们共同游戏的过程中,以确定干预的必要性。如果婴幼儿表现出愉快游戏、认真探究等行为,就没有必要去干预;如果婴幼儿表现出消极情绪、游戏遇到阻碍或与同伴发生争执,教师就可以进行干预。

2. 把握游戏介入时机

教师在决定干预以后还要注意把握时机介入婴幼儿的游戏,实施干预。良好的干预效果依赖于恰当的干预时机。干预的时机正确,可以扩展和提高幼儿的游戏内容和层次。反之,可能会抑制他们的游戏,教师干预的时机取决于两个因素:一是成人的期待,主要是成人所希望幼儿在游戏中表现出不断发展着的游戏层次、专注投入的游戏态度和积极的情绪体验;二是儿童的需要,主要指幼儿的游戏行为是否自然顺畅,有没有得到帮助的需求。教师可以思考:婴幼儿需要怎样的帮助才能克服当前的困难?他们更容易接受哪种帮助?我怎样介入才不会影响婴幼儿的游戏兴趣?我采用的干预方法可能会引起他们的哪些反应?我提供帮助之后他们还有没有独立思考的空间?我撤出干预之后婴幼儿能不能继续独立地完成操作任务?这是最合适的干预时机吗?……这些问题可以帮助教师进行干预时机的决策。

3. 选择适宜的互动方式

教师通过不断地与婴幼儿互动,促进他们在游戏中的学习与发展。教师与婴幼儿的互动,既可以是直接介入,也可以是间接介入。但在介入的过程中要注意婴幼儿年龄适宜性和个体适宜性,方法要随着婴幼儿游戏的发展而变化。

直接介入,也称外在干预,指教师在指导游戏时,并不直接参与游戏,而是以一个外在的角色,引导、说明、建议、鼓励游戏中婴幼儿的行为,包括游戏情节、角色扮演、想象转换等,其方法主要是语言和材料的提供。由于这种干预形态直接控制游戏过程,所以又称直接指导。

间接介入,也称内在干预,是指教师以游戏中的角色身份参与婴幼儿的游戏,以推动游戏情节需要的角色动作和语言来引导婴幼儿的游戏行为;教师也可根据游戏的发展提供材料支持或引发同伴间的相互学习以促进游戏的深化。

在介入的过程中,教师除了以自身为媒介采用平行游戏、共同游戏等方式来支持婴幼儿的游戏之外,还可以材料为媒介,通过提供婴幼儿所需要的游戏材料来支持他们的游戏。另外,以伙伴为媒介的指导方法也是很有效的。游戏是婴幼儿学习与伙伴交流、互动的良好机会,教师要充分利用同伴资源,支持和引导婴幼儿相互学习、共同游戏。

(五)分享游戏体验促进经验建构

在支持婴幼儿游戏的过程中,教师可以根据他们的发展阶段,通过多种方式引导幼儿分享游戏体验,不断建构新经验。分享既可以在游戏中个别或小组进行,也可引导幼儿围坐在一起,针对自己的游戏情况分享、交流、回顾与反思。当然,交流的形式和频次、时间的长短可依据幼儿的年龄特点、发展需要,以及当时的客观情况来具体确定。

1. 分享游戏性体验

幼儿作为游戏的主体,在游戏过程中会产生兴趣性体验、自主性体验、胜任感或成就感等游戏性体验。教师可以提出一些问题,引发幼儿的交流,例如:今天你玩了什么?最开心的事是什么?幼儿非常期待与他人分享自己的成功,乐于充分表达自己在游戏中的快乐。教师可与婴幼儿共同分享游戏中的喜悦。

2. 回顾与反思游戏问题

对于较大的幼儿,教师在与幼儿分享快乐的同时,还要帮助其回顾游戏中遇到的问题,挑起认知冲突,引导他们通过反思寻找解决问题的办法。教师提出的问题要考虑幼儿的年龄特点和实际水平,这样才能引发他们更多的思考和表达。在引导幼儿思考的过程中,教师还要注意方法的合理性和可操作性。

二、家长的游戏支持策略

家长等照护人员是儿童发展过程中的重要他人，因而，在家庭中同样可以通过创设良好的游戏环境、观察陪伴婴幼儿游戏、与婴幼儿共同游戏、帮助婴幼儿寻找游戏伙伴等多种方式促进他们在游戏中的学习与发展。

（一）注视与倾听

当婴幼儿在游戏环境中专注探索或自得其乐时，成人面带微笑的注视与倾听更能表达对他们游戏的关注，使婴幼儿感受到照护人员对他们的爱与尊重。通过注视与倾听，成人能够了解到婴幼儿游戏的意图，以确定是否需要给予行动上的支持。

成人的面部表情对婴幼儿的游戏具有导向和强化作用，成人要多运用积极的面部表情来为婴幼儿创设安全、愉悦的心理氛围，尽量避免消极的反馈如愤怒、嘲笑等。

婴幼儿从牙牙学语到使用完整的语句表达自己的想法需要一个循序渐进的过程。家长等照护人员在婴幼儿游戏中需要耐心地倾听婴幼儿的语言，理解他们在游戏过程中的思考及需求。

（二）模仿与回应

婴幼儿是在与周围环境中的人和物不断互动中学习的，模仿是其学习新的行为的重要方式。成人可以采用模仿的方式与婴幼儿平行游戏，通过示范来影响他们的游戏行为，为婴幼儿学习树立榜样。成人也可以在与婴幼儿共同游戏的过程中，对其游戏行为给予积极的回应，不断拓展游戏，促进婴幼儿的学习和发展。

1. 与婴幼儿平行游戏

平行游戏是指成人与婴幼儿玩相同或相近的游戏材料，通过引导他们模仿来对游戏施加影响，但不参与婴幼儿的游戏，呈现你玩我也玩的状态。平行游戏能够使成人的行为本身成为婴幼儿可以参考的范例或榜样，有利于其掌握游戏技能。例如，婴幼儿正在玩积木，但总是倒塌，家长可以坐在婴幼儿身旁垒积木，示范大块积木放在下面、小块积木放在上面的叠高搭建技能。成人在幼儿身旁以自己的方法搭建，虽不做具体互动与指导，但会对婴幼儿的游戏行为有所启发，丰富其经验和方法，但又不限制他们的思维和创造。

2. 与婴幼儿共同游戏

共同游戏是指成人成为婴幼儿游戏的积极参与者，以游戏伙伴的身份直接参与游戏。例如，当成人发现婴幼儿在游戏中遇到困难时，可以加入游戏，在共同游戏的过程中，给予积极的回应，帮助婴幼儿解决游戏中的困难。

（三）分享与促进

可以参照教师策略中的做法，家长采用语言、动作等多种方法与婴幼儿分享游戏收获，也可以帮助婴幼儿向小伙伴介绍自己的玩具及玩法等，促进其与他人的分享交流。

案例10

玩 滑 板 车

观察记录：

在公园玩的时候，一个小姐姐主动和你打招呼："小妹妹，我们一起玩吧！"没得到你的回应，小姐姐又看向我："阿姨，我能和她一起玩吗？""可以啊，不知道你想和她玩什么？"小姐姐拿来一根魔法棒："妹妹，按这里它就响音乐了！"你拿着摆弄了几下，就还给了姐姐。小姐姐见你没什么兴趣，又去推来了滑板车："站在上面像我这样滑。"这一次，你跺着小脚想要踏上滑板车。你双脚站在上面，双手使劲儿晃动。"你的脚下来一只，在地上滑。"在小姐姐的指导下，你单脚站立在滑板车上，身体可以保持平衡了，但滑行的那只脚不会向后蹬地，一直在用脚尖点地。第一次接触滑板车，你表现出浓厚的兴趣，回去的路上总在说："滑板车，滑板车。"

第二天，爸爸买来一辆滑板车，可以站着滑，也可以坐着滑。再一次来到公园，你先是坐在滑板车上面，两腿交替向前滑，但不会控制方向，碰到障碍物你才停下。你四下看看，看到了另一个玩滑板车的女孩，就学着她的样子，站到滑板车上滑。今天你可以做出向后蹬地的动作，然后抬起脚让车向前滑行一小段，身体晃动时，你会把脚放下以保持平衡，站立一会儿才会继续滑，如果连续出现晃动，你就会用脚尖点地。在成人的引导下，你逐渐能够蹬地滑行，但动作不连贯，依然不会转弯，看到障碍会减速。

图 4-10　滑板车游戏

第三天，你掌握了玩滑板车的动作要领，能够连续蹬地向前滑行，有意识地控制方向，遇到障碍时，手能向反方向用力。但是，你还不能掌握平衡，会摔倒。经过几次后，在快摔倒的时候，你会从车上下来，有初步的自我保护意识。

（资料来源：天津市幼儿师范学校附属幼儿园　张舒）

该幼儿从对滑板车的兴趣开始,通过模仿、学习与交流,一步步学习滑板车的玩法。如果没有妈妈的帮助,"妹妹"有可能得不到"姐姐"的分享与交流,可见,家长的支持与指导对婴幼儿的发展具有促进作用。

总之,教师、家长或其他照护人员应特别注意在婴幼儿需要支持的时候进行干预,如果他们的游戏进行得很顺畅,成人只需做一个观察者,提供的支持应在不打断婴幼儿游戏的前提下展开,保护游戏的持续进行,并尊重婴幼儿的游戏意愿。

第四节　婴幼儿游戏评价

游戏是儿童的天性,是儿童最喜爱的活动。游戏的水平和特点是以儿童生理、心理的发展水平为基础的,它集中地反映了儿童身心发展水平和特点,反映了儿童动作水平、认知水平、情感的成熟程度、语言与社会交往能力的发展水平等。因此,通过观察儿童游戏来评价儿童的发展状况,是有其深厚的理论依据的。

一、基于游戏的婴幼儿发展评价

婴幼儿游戏评价是教师、家长等照护人员在游戏背景下,以支持婴幼儿学习与发展为目的,依据一定的发展指标,在婴幼儿自主游戏过程中运用科学的观察,对游戏活动的效果及游戏的质量和发展水平进行价值判断。通过评价获得的关于婴幼儿发展状态的反馈信息,可以帮助教育者更好地了解个体现阶段的发展水平,并据此提供有针对性的教育策略,体现了"以人为本"的教育思想。因而,婴幼儿游戏评价可以理解为基于游戏的婴幼儿发展评价。

（一）在游戏中评价婴幼儿的发展

在适宜的游戏环境中,教师、家长等照护人员准备充足的玩具材料和游戏场地,婴幼儿在自然真实的游戏情境中,获得充分的感官刺激,形成在游戏中学习的最佳方式。成人在游戏观察中所获得的具有典型意义的婴幼儿游戏行为表现,以及游戏过程中所积累的各种婴幼儿游戏作品等都可以成为评价的重要依据。

（二）游戏评价中需要注意的问题

1. 关注婴幼儿个体差异

教师应考虑婴幼儿的个体差异进行评价,避免用统一的标准评价不同的婴幼儿,在婴幼儿面前慎用横向的比较。在同一游戏活动中,婴幼儿投入游戏的热情、游戏水平等并不是在同一层次,其合作能力、坚持性等品质也存在个体差异,评价时不必统一要求,要有针对性,要体现每个人的闪光点,要对不同的婴幼儿从不同的角度评价。

2. 关注婴幼儿已有经验

教育机构可以我国下发的《0—6岁儿童发育行为评估量表》为依据，参照国外关于婴幼儿评价方面的指标，结合本地、本机构婴幼儿的实际情况制定具体、可操作的评估指标。在进行评价的过程中，成人应考虑婴幼儿已有的经验和环境的影响。

3. 反思游戏评价终极目标

婴幼儿发展评价的终极目标并不是让教师、家长等照护人员知道婴幼儿发展水平和发展进程，而是在了解他们发展状况的基础上提供有针对性的指导促进婴幼儿个体更好地发展。游戏评价是为改进游戏中的学习提供信息，而非证明婴幼儿发展层次或进行某种筛选评定。成人需要在游戏中收集婴幼儿发展的信息并进行整理分析，在此基础上采取相应的措施进行调整，不断改善实践行动，提高游戏活动的质量，从而达到通过评价促进婴幼儿发展的目的。

4. 与婴幼儿家长形成合力

在游戏评价中，机构中的教育者可以更加清晰地发现每个婴幼儿的强项和弱项。教师对每个婴幼儿在游戏中的学习与发展进行评价，并把信息反馈给家长，可以为家长了解自己的孩子提供重要的参考。家长在了解孩子的进步和不足的基础上，能更好地与教育机构相互配合，形成教育合力，促进婴幼儿的健康和谐发展。

二、婴幼儿游戏评价方法与策略

（一）内差异评价方法

1. 什么是内差异评价

所谓内差异评价是指把评价对象内部的各因素进行自身间的比较，从而得出评价结论的方法。该评价方法是把被评价集合中的各个元素的过去和现在相比较，或者把一个元素的若干侧面相比较而进行的价值判断。内差异评价的基准不是来自外部，不是来自"常模"，也不是来自某个群体，而是出自评价对象自身原有的发展状态、自身诸方面的发展状态，呈现出游戏中"将某婴幼儿现在的发展水平与其过去的发展水平"对比进行价值判断的评价活动。

2. 应用内差异评价的两种情况

（1）婴幼儿个体某方面发展的纵向比较

纵向比较是把某婴幼儿在某方面现在的发展状况与其自身该方面原有的发展状况进行差异比较，评判其发展速度。这种评价的前提在于教育者了解掌握个体的原有发展水平，通过对该婴幼儿现在与过去自身发展的纵向比较来进行价值判断。例如，在娃娃家游戏中，教师观察君君的游戏行为，以前游戏时她是乱放材料的，会把娃娃扔在地上。现在，教师发现她不仅能操作游戏材料，还能在游戏结束时将使用过的材料收放回去，有了明显的收整行为，进步很大。

（2）婴幼儿个体多方面发展的横向比较

横向比较是把婴幼儿的几个侧面的发展状况进行差异比较，评判其发展的潜力和特点。

这种评价前提是掌握个体若干侧面的发展状况,通过自身的横向比较进行价值判断。例如,教师对某婴幼儿观察力、注意力、思维力、动手操作能力等方面的发展状况进行了解,在此基础上通过游戏观察,对该婴幼儿不同方面的发展状况相互比较,判断其存在观察力较强、注意力不足、动作操作能力较强、思维力不足等发展状况。运用内差异评价对婴幼儿不同方面的发展进行评价,可以发现其强项,以强项带动弱项的发展。

总的来说,采用内差异评价的方法进行婴幼儿游戏评价,有助于教育者用发展的眼光去看待婴幼儿的成长。在游戏中全面审视婴幼儿个体多方面发展情况,清晰地看到他们的优势,发现每个孩子的潜力和特点,帮助他们实现富有个性特色的发展。每个婴幼儿的发展速度、发展水平都是不同的,因此,对其每一阶段发展水平的评价应多与个体前阶段的发展水平作纵向比较,以突出个体的发展变化状况。在确定婴幼儿已有发展水平的基础上,应注意一段时间内婴幼儿在游戏中各种行为的变化,并作为下一步调整教育策略的重要参考。

(二)以游戏为基础的跨学科儿童评价法

以游戏为基础的跨学科儿童评价法(以下简称TPBA),是为0—6岁儿童设计的,将儿童置身于真实的结构性或非结构性游戏情境中,由教育者、照护人员、游戏伙伴共同参与。它以观察法为基本方法,从儿童的认知发展、社会情感发展、人际交往和语言发展及身体动作发展四个领域来评估儿童并提供针对性的干预方案。

1. TPBA模式的含义

TPBA模式是发展的、跨学科的、综合的和动态的,其结构具备灵活性,游戏评价中可根据需要灵活调整评价内容、参与者和游戏的顺序。这个模式不仅能够检测婴幼儿发展技能的变化,也可以揭示其在游戏中学习与发展的内在过程、学习风格及与人交流的模式等。

2. TPBA的突出特点

该方法是在自然游戏情境中观察和评价儿童发展的方法,与传统方法相比灵活性更大,更能让儿童充分表现出自己现有的全部能力和发展潜力,因而对教育的指导意义更大。这套方法强调了家庭和父母的参与,所有个案都是由专业人员共同评估和干预的,给相关人员较大的发挥主动性和创造性的空间,可以因地制宜地制定方案。

3. TPBA的具体实施

TPBA既是评估方法又是干预过程,适合教育者或照护人员在游戏中边观察边干预。评价者最初要从家长方面获得一些关于婴幼儿不同方面发展状况的信息,这些信息又被用来对游戏的过程进行设计。评估者可根据观察的目的安排适合婴幼儿发展水平的游戏环境及游戏材料,支持婴幼儿在游戏中使用不同的方法和技能,表现出最佳的能力。

TPBA分为几个阶段,但可以根据婴幼儿的具体情况及观察评价需要进行调整。

第一阶段:非结构性游戏,以婴幼儿自主游戏为主,而观察评价或引导者只是模仿示范或扩展游戏。例如,婴幼儿选择搭积木,那么游戏就从这里开始,观察评价也从这里开始,只是偶尔提问。尽量减少对游戏过程的干预,可以跟随婴幼儿的脚步展开观察评价,只有当婴幼儿请求帮助时才能使用指示性的方法。

第二阶段：结构性游戏，可以创设游戏情境引导婴幼儿选择任务、做出行动、提出问题等，尽可能使婴幼儿成为游戏的主导。时间的长短取决于婴幼儿的年龄段或注意力的情况。

第三阶段：婴幼儿相互作用阶段

这一个阶段的重要目的是比较被评价的婴幼儿与小伙伴的相互作用情况。婴幼儿共处阶段，不仅可以观察到游戏过程中婴幼儿的相互作用及社会发展类型，还可以评价其在认知、语言、运动发育等多方面的发展情况。如婴幼儿的游戏行为与第一、第二阶段明显不同时，要予以重视，这正是婴幼儿相互作用的结果，要继续跟随被评价婴幼儿，最大限度地让婴幼儿主导游戏过程。如果两个婴幼儿之间不出现相互作用时，要努力促进和加强他们之间的相互作用，可通过增添玩具刺激其相互作用。观察评价某婴幼儿是如何接受小伙伴一起游戏的。

第四阶段：父母与婴幼儿相互作用阶段

这一阶段要求婴幼儿的父亲或母亲参与游戏，重复他们在家一起游戏的类型。每位父母被观察5分钟，可以观察婴幼儿与家长的相互作用类型及他们更多方面的发展水平，需询问家长的感觉是否与在家时的体验相一致。在此基础上，观察者可以要求父母短暂离开婴幼儿，以观察评价婴幼儿离开父母后的情感反应，以及情感发育水平等。父母再次回来后，要进一步评价婴幼儿的反应，父母与婴幼儿相互作用的类型会更加清晰。

第五阶段：运动游戏阶段

本阶段可进行10—20分钟的运动性游戏，从非结构性的运动游戏开始，可在各种器械上发动游戏。之后，可指导婴幼儿做一些以前未观察过的运动游戏，以便评价婴幼儿的肌肉张力及运动能力。

第六阶段：吃点心阶段

这一阶段重点观察评价婴幼儿是否能和小伙伴一起吃点心，进一步观察幼儿的社会性交往及幼儿的生活习惯、适应性行为及口腔运动方面的能力。

总之，教育者或照护人员可以在评价中参考借鉴以上几个阶段，根据个人观察目的设计游戏情境，灵活评价婴幼儿在游戏中多方面的发展状况。

（三）多彩光谱项目学前评价方法

多彩光谱项目以加德纳的多元智能理论和费尔德曼的非普遍性发展理论为基础，其基本理念是：每个儿童都有不同的智能组合，材料和活动丰富的教育机会与环境能加强而不是决定儿童的这些智能。多彩光谱项目旨在对儿童进行合理评价的基础上为儿童提供有利的环境和机会以促进其不同智能的开发和应用。多彩光谱项目倡导让教育去发掘每一个儿童的潜能，使他们得到最大限度的发展，这是儿童早期教育的一种重新定位，它强调每一个儿童独特的、与众不同的能力。它重视以系统的方式，在自然的环境里观察、了解、评价儿童的学习和发展，并提倡把这种方式融入幼儿园的每日活动中。每个儿童都拥有相对于他人的智力强项，教育旨在帮助儿童发现、培育自己的优势智能，并以强项带动弱项，构建自己的优势智力组合，实现自身的全面和谐发展。

虽然多彩光谱项目初期的目的主要是了解七种智能的早期标志，但研究者很快就发现许多别的能力也值得研究,确切地说,在每一项智能中识别出几种基本能力。学年结束时,研究小组将收集到的每个儿童的资料汇集成册,制作成系列报告。报告中描述了儿童个人智能的长处和弱点,并向家庭、学校甚至社区提出建议,以使儿童进一步发展强项,改进弱项。项目的评估范围既有相对结构化高、目标明确的活动,也有结构不明显的、观察大自然的活动,评估过程在全年里持续进行。教室的一个角落里备有种种有趣的材料、游艺、谜语等评估用具和学习区。记录文件采取不同的形式,包括成绩册、观察记录一览表、文件夹(作品集)和录音带等。

总之,多彩光谱项目学前评价方法就是让儿童在真实、自然的活动情境中,利用自己的经验充分展示自己的智力或智力组合,比较真实地、完全地体现出认知水平。评价者对此进行记录和评价,旨在发现每个儿童的智力潜能和特点。

（四）为婴幼儿建立游戏档案

婴幼儿游戏档案充分尊重婴幼儿的个性特点,反映其在游戏中学习与个性化发展的历程。教育者或照护人员有计划、有目的、系统地去收集婴幼儿在各类游戏中的游戏兴趣、学习状况、发展变化等方面的原始资料,并将这些资料制作成册,用作进一步了解婴幼儿、改进支持策略的依据。

1. 借助游戏档案连续动态地展开观察评价

婴幼儿游戏档案的建立是动态评价的体现,档案中的内容能让不同的教育者或照护人员迅速了解婴幼儿在游戏中的情况。动态评价可以更好地关注婴幼儿在游戏中自己能做到的,以及借助同伴或成人之间的互动所能实现的各方面潜能的成长。和单独个案观察相比,动态评价更加关注婴幼儿持续的发展和变化。它对婴幼儿发展的分析评价既包含了对婴幼儿过去原有经验的了解,还包含了对婴幼儿当下各方面发展状况的评价,并涵盖了对未来教育策略的调整。因而,教育者、家长或照护人员可以借助婴幼儿游戏档案共同展开过程性评价,通过改变游戏环境、调整支持策略等方式,促进婴幼儿在游戏中的深入学习与发展。

2. 注重评价角度的多元性和评价途径的多样性

婴幼儿游戏中的行为表现可以反映其在各个领域的发展水平,因而,应注意考虑评价角度的多元性。评价可涉及社会、语言、认知、运动等多个领域,或学习的情感和倾向、学习品质等多个方面,并注重对个体发展独特性的认可。

评价的途径也应该是多样的,既可以选择某一类型的游戏展开连续观察,也可以选择不同类型的游戏,在游戏中对婴幼儿的活动风格或学习方式进行评价。评价途径的多样性,为教师在与婴幼儿互动的过程中持续观察和评估幼儿的潜能、调整教学策略、调整环境和材料、给予适宜的支持与引导提供了保障。

另外,婴幼儿的游戏档案可以由教师、家长或照护人员共同完成。在游戏档案建立和应用的过程中,任何一方都不能只是信息的接受者和反馈者。教师可以通过定期的档案移交,使家长随时能了解到孩子的发展进程,还可以通过"家长约谈"的方式引导家长共同观察、分析解读、探讨相应的指导策略,保证评价结果的真实性,清晰地展现出婴幼儿在教育机构和家庭中的成长轨迹。

| 延伸资料 |

豆豆游戏档案：镶嵌配对游戏

游戏一：帮动物宝宝找妈妈

观察日期：2020年10月20日

观察线索：动作发展、数学认知

观察对象：豆豆（17个月）

观察记录：

今天，豆豆玩起了"动物小火车"的玩具。看着里面不同颜色的小动物，他表现得异常兴奋，拿着小动物手舞足蹈。接着，他试着将动物宝宝放进妈妈的肚子里，"怎么放不进去呢？"豆豆有些着急，"哼哼"着向照护者求助。照护者把相同颜色的袋鼠宝宝和袋鼠妈妈放到了一起，豆豆随即将袋鼠宝宝放到袋鼠妈妈的肚子里，图案的形状完全匹配，他高兴地笑了起来。反复尝试后，他发现动物宝宝和动物妈妈的颜色相同时，才能匹配成功。根据自己发现的规律，他很快帮所有的动物宝宝都找到了妈妈，高兴得拍起了小手。接下来，他重新把动物宝宝和妈妈分开，乐此不疲地重复玩着"找妈妈"的游戏。

图4-11 帮动物宝宝找妈妈

分析解读：

1. 豆豆对颜色鲜艳的小动物感兴趣，对颜色较为敏感，正在学习按颜色配对。
2. 小手指较为灵活，能将动物宝宝镶嵌到动物妈妈肚子上的轮廓中。
3. 遇到困难会向照护者求助，愿意反复尝试游戏。

教育策略：

1. 进一步引导豆豆玩配对游戏，如颜色配对、形状配对等。

2. 训练小手肌肉动作的灵活性。

游戏二：小火车开起来

观察时间：2020年10月27日

观察对象：豆豆（17个月）

观察记录：

今天，豆豆进行了新的挑战，拿起一直被他忽略的小火车车厢卡片玩。每个卡片的右侧都有一个拼插头，豆豆在照护者的引导下，将每一个拼插头都镶嵌进另一个卡片的凹槽当中。这样，一个个车厢就被豆豆连接起来啦！拿着最后一片火车头卡片时，豆豆着急起来，这个卡片上没有凹槽，不知该如何连接。他不停地想把火车头卡片插进前面的卡片里，但是插不进去，随即大哭起来。这时，照护者拿来一本画着小火车的绘本，和他一起观察小火车。通过故事阅读，豆豆了解了火车的结构，知道了有烟囱并且冒着烟的是火车头，要放在最前面。他重新拿起火车头的卡片，试着把它放到小火车的最前面，火车头卡片果然嵌到了下一节车厢的凹槽里，豆豆笑着用手把火车向前推着"开"了起来。

分析解读：

1. 豆豆能够按照插头与凹槽的形状进行拼插游戏，对形状及按形状配对有了进一步的认知。

2. 面对困难，豆豆会产生急躁情绪。

3. 愿意跟随照护者的引导观察和倾听。

教育策略：

引导其学习认真观察，增加对小火车的认识。进一步体验配对游戏带来的乐趣。

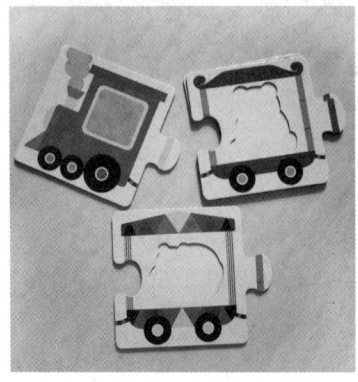 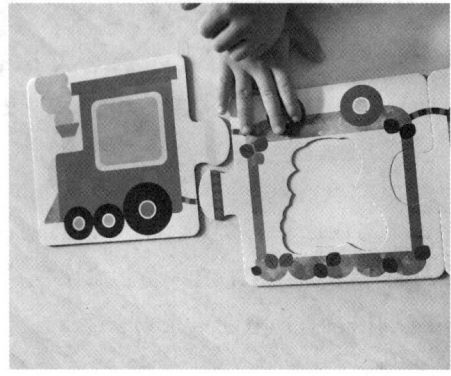

图4-12 动物小火车开起来

游戏三：小动物上火车

观察时间：2020 年 11 月 10 日

观察对象：豆豆（18 个月）

观察记录：

豆豆把小动物们按照外形轮廓镶嵌进了不同的车厢。车厢已经满了，可是没有熊猫的位置（熊猫车厢卡片丢失）。豆豆举起熊猫，摆弄了一会儿，将熊猫妈妈和熊猫宝宝放在了火车头的位置。看着小动物们都坐上了小火车，豆豆"呜呜……"开起火车来。

分析解读：

1. 豆豆掌握了按照颜色给小动物配对和按照形状为小动物和车厢配对的方法，小火车的拼接也愈加快速、顺畅。

2. 遇到问题，他愿意动脑思考，并用自己的方式解决问题。

3. 对小火车的结构、声音有了进一步了解。

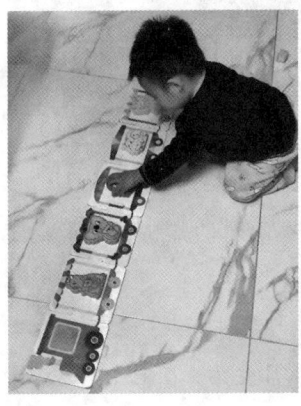

图 4-13　小动物上火车

教育策略：

1. 寻找其他配对游戏内容，帮助豆豆进行经验迁移。

2. 可顺应豆豆的兴趣，延伸有关小火车的相关内容。

3. 对豆豆获得成功的表现及时进行鼓励，帮助其树立自信。

游戏四：车厢换一换

观察时间：2021 年 11 月 25 日

观察对象：豆豆（18 个月）

观察记录：

丢失的熊猫的小车厢被找到啦，豆豆又从玩具柜找出了"动物小火车"玩具继续玩。有了这节车厢的参与,熊猫妈妈和熊猫宝宝顺利"住"了进去。豆豆按照每节小火车车厢柱子的花纹进行对应拼插,并不停地调换着车厢的位置,把相同图案的柱子拼插在一起。经过他的努力,小火车的柱子拼插好了,豆豆高兴得跳了起来。整个游戏过程持续了10分钟左右。

分析解读:

1. 豆豆已经具备迁移配对的经验了。

2. 他做事认真、专注,喜欢挑战,不轻易放弃,喜欢获得成功的满足感。

图 4-14　车厢换一换

教育策略:

为豆豆提供更多的游戏材料,激发他愿意动脑解决问题的热情,增强其自信心。

阶段评价:

豆豆对镶嵌游戏"动物小火车"的探究持续了一个月左右,在他17—18月龄期间的几次游戏中,他都选择了这一材料,并且在游戏时专注、投入。照护者观察到他能按照颜色配对后,给予了积极的鼓励。他在照护者的引导下,不断接受新的挑战,学习按照轮廓形状配对、按照车厢柱子的花纹配对,当多种配对方式组合在一起时,他能不断迁移经验,成功完成游戏。在整个游戏过程中,他努力克服困难,想办法解决遇到的问题,体验了游戏的快乐,获得成功的喜悦和自信。

(案例来源:天津市幼儿师范学校附属幼儿园　赵颖颖)

安安游戏档案:涂鸦游戏

游戏一:有趣的点点

观察时间:2022年3月1日

观察对象：安安（27个月）

观察记录：今天安安独立完成了两幅作品：《美味的蛋糕杯》和《花生豆荚大丰收》。

第一次使用点点棒的你，在创作第一幅作品《美味的蛋糕杯》时，虽然还不能很好地控制自己手腕的力度，大小不一的圆点被你称为"这么多颜色的小樱桃"，但是，你能准确地把点点画到圆框中，作品中呈现了六种颜色。其中，红色的樱桃点点数量最多，看来红色是你的最爱。作品全部由你独立完成，用时12分钟。

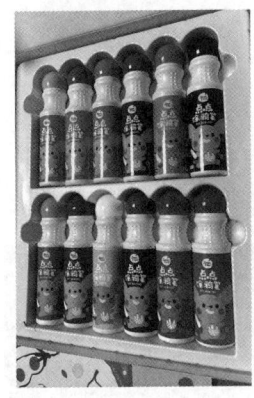
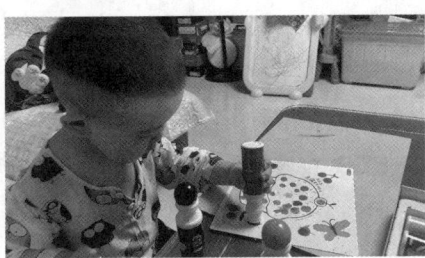

图4-15 美味的蛋糕杯

在创作第二幅《花生豆荚大丰收》的过程中，你逐渐掌握了点点棒的使用方法，一边数数一边点画，每一个花生或豆荚里的豆豆都是一样的颜色。作品创作了一半时，你摆弄了一小会儿点点棒，把盒子里每一个点点棒的正面都朝上摆放，然后继续完成你的作品。画面中最后一个豆豆在画面中只有半个，你就把点点棒侧着点了半个豆豆，你真是个爱动脑筋想办法的小宝贝，作品全部独立完成，用时15分钟。

分析解读：

喜欢玩颜色是孩子的天性，两岁三个月的你也不例外。有了两个月前的手指点画的经验，这一次，你使用点点棒进行美术创作的过程非常顺利。并且，你给每一个用过的点点棒都盖上了盖子，放回到盒子里再拿出下一个。在开关盖子的过程中，你手腕灵活，把盖子拧得紧紧的。在涂鸦游戏中，你有较强的专注力和手眼协调能力，点画的方位准确，手腕有

图4-16 花生豆荚大丰收

一定的控制能力。两幅作品用时27分钟，你一直没有离开小座椅，有一定的坚持性。你对游戏材料充满兴趣，全程独立操作，没有寻求任何帮助。在涂鸦过程中，你能自然地完成1—3的点数、颜色分组、深浅色区分，建立了良好的绘画常规。

教育策略：

我们尝试找一些不同大小的圆点让你进行点画，看看你能不能控制住自己的小手腕，让点点可以按照要求变大或变小，然后跟我们说说你画了些什么，它们都是什么颜色的。

游戏二：火烈鸟

观察时间：2022年3月28日

观察对象：安安（28个月）

观察记录：

经过几次点点棒涂鸦游戏，你的小手腕越来越有力量了。今天《火烈鸟》作品中的点点排队完成得相当不错，点点按照线条的轨迹有序排列。介绍作品时，你说火烈鸟的羽毛是黑色的。不知是不是因为每次妈妈带你去喂天鹅，你都说喜欢黑色的天鹅，所以你觉得为火烈鸟涂上黑色的羽毛才是最漂亮的呢？整幅作品你用时4分钟，明显比之前画点点缩短了很多时间，全程注意力集中，绘画常规也很好，用完点点棒都会主动盖上盖子。

图4-17 火烈鸟

分析解读：

在绘画过程中，你能够按照自己的意愿和想法进行，能将生活经验迁移到涂鸦游戏中，你手臂和手腕的控制能力都有了明显的进步，完全掌握了点点画的方法。你在绘画过程中注意力集中，作品完成有始有终。你有非常好的绘画常规，每次用完画笔都会套上笔套，不会将不同颜色的笔头和笔套混在一起。

教育策略：

如果将所有的点点连在一起会是什么样子？我们一起来试一试，让每个点点都拉起手来，千万不要丢掉任何一个点点。画完后记得告诉我：点点变成了什么？

游戏三：涂线线

观察时间：2022年3月30日

观察对象：安安（28个月）

观察记录：

今天，我为你找来了画线线的画纸，简单教了你画线线的方法。你就大胆画起了水草线线，还把小鱼吐的泡泡涂上了红色。你说，小鱼吐的泡泡是红色的。整幅作品用时5分钟。

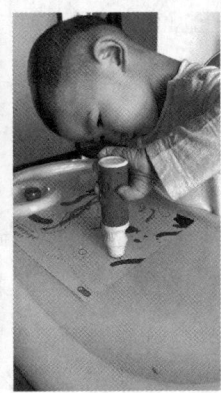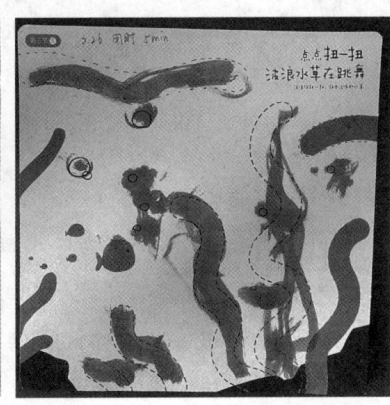

图4-18　涂线线

分析解读：

你画的水草线线像是在水里跳舞一样。你能把画面里的点点和线线组合到一起，画面看起来很丰富，也很好看。在这5分钟里，你找到了所有的线线，又创造出很多的点点，并使用了你最喜欢的红色。

教育策略：

鼓励你使用多种颜色大胆作画，增强持续性。

游戏四：大迷宫

观察时间：2022年4月2日

观察对象：安安（28个月）

观察记录：

今天，你选择了一张大大的迷宫画纸，用了五种颜色涂画点点和线线。在画迷宫的过程中，你找到了所有的宝藏，并为宝藏涂上了你喜欢的颜色，画面看起来五颜六色的，很漂亮。画完之后，你自问自答说："星星都画了吗？"你找了一遍说："星星都画了。"你为自己拍拍手，你又说："宝石都画了吗？宝石都画了！"然后你又拿起笔说："妈妈你看，这有一个小太阳，涂上粉色。"画完小太阳,你拍着手说:"我画完了!"你收拾好了所有的画笔,每一支画笔回到了自己原来的位置,正面朝上,然后,你满意地拍拍手。整幅作品用时14分钟。

图4-19 大迷宫

分析解读:

你的棒棒拿得越来越好了,画纸上的点点和线线的颜色加深了,说明你的小手腕变得更加有力量了。通过绘画,我发现你是个细心并且善于观察的孩子,绘画中有自己的想法,并能够用绘画的方式表达出来。当你发现了点和线组合后能够让画面更丰富,你就将其应用在绘画中,并且独立完成创意涂鸦,还能用简单的语言表达自己的想法。你说:"自己画这么大。"妈妈理解你可能更愿意独立完成自己的作品。因此,在游戏全程,妈妈仅仅作为你的陪伴者和观察者,为你创造独立创作的空间。你的作品画面干净整洁,并且全神贯注地坚持做完自己喜欢的事情。在使用多个颜色时,你能将盖子按照笔的颜色一一配对盖好送回去,做事有头有尾,有良好的绘画常规。你能够在30分钟的时间里,独立完成三幅作品,做事很有效率。

教育策略:

还记得上次你使用点点棒画过半个小豆豆吗?你是怎样画的呢?点点棒可以用来画三角形和正方形吗?除了圆形的点点,我们还可以尝试画什么图形?点点可以有大、有小,那线线是不是也可以有粗、有细呢?下次我们一起来试试看!

阶段评价:

可以看出2岁4个月的安安对涂鸦游戏非常感兴趣,从第一次尝试使用点点棒,到涂画点点和线线,在不断的组合涂鸦中,画面越来越丰富,颜色使用也越来越多样。小肌肉发展得更加灵活。坚持的时间不断延长,已初步具备了认真专注的学习品质,养成了良好的学习习惯。

(案例来源:天津市幼儿师范学校附属幼儿园 杨珺)

本章小结

本章主要围绕婴幼儿游戏观察、记录与分析、支持与评价等方面进行了阐述。分析了观察的目的、原则、内容、方法等,结合具体实例详细介绍了记录的方法及分析中应思考的问题。针对基于游戏的婴幼儿发展评价的方法策略进行了剖析,通过具体的游戏档案展现了以评价促发展的目的。

延伸学习

 拓展阅读

非结构性观察与结构性观察

仔细观察你会发现,各种交流无处不在,如成人之间、成人与儿童之间、儿童之间的谈话经常发生。在这些交往发生的第一时间里,观察者要清楚自己将要聚焦在哪些问题上。

在进入一个不熟悉的观察环境开始观察时,可能开始是无目的的观察,称之为非结构性观察。但观察者应努力获得对观察环境的全貌和总体感觉,粗略记录自己的所见所思。如观察者在观察过程中无法记录下所有事情,观察结束后,观察者应尽快记下并反思自己的所见所想。轶事和笔记提供了很多有价值的背景信息。

随着对游戏环境的了解和熟悉,非结构性观察要逐渐转变为集中于针对某个特定问题的结构性观察,观察者需要围绕自己的研究问题进行反思。例如:观察的目的是什么?为什么?观察应聚焦什么?怎么才能持续观察下去?

使用结构性观察的关键是观察者是否聚焦,明确自己想要观察的问题。学前教育工作者经常借用频次记录、观察清单、事件取样、活动追踪表、连续记录、影像观察及观察图等使自己的观察结构化。

观察清单

使用观察清单进行观察时,观察者要聚焦于一名或一组儿童,一名或一组教师,然后提出一系列具体问题。见下表。

单个儿童观察清单

儿童正在做什么?
儿童在谈论什么?
儿童在看哪里?
儿童在看谁?

（续表）

| 儿童在和谁说话？ |
| 儿童说了什么？ |
| 儿童提了什么问题？ |
| 谁回答了问题？ |

观察记录表

观察者：
观察地点：
被观察者：
儿童年龄：
观察目的：
观察时间：

时 间	对 象	事 件	儿童的关注点	儿童的言行

（资料来源：盖伊·罗伯特·赫尔姆斯. 学前教育研究：方法与应用（第三版）[M]. 孙爱琴，译. 北京：教育科学出版社，2019：107-111.）

学习活动

1. 确定1—2名婴幼儿为观察对象，明确观察目的，制定观察计划，选择观察方法，在游戏中实施观察并做好观察记录。

2. 与同伴结成小组，共同依据观察记录分析解读婴幼儿游戏行为，通过研讨形成支持婴幼儿学习与发展的有效策略。

3. 学习连续观察评价婴幼儿在游戏中的学习与发展，为婴幼儿建立游戏档案，展现以评价促发展的历程。

复习与思考

1. 为什么要观察婴幼儿的游戏？
2. 在婴幼儿游戏中实施观察应注意的原则有哪些？
3. 婴幼儿游戏观察的步骤有哪些？
4. 怎样评价婴幼儿游戏中的学习与发展？

第五章 婴幼儿游戏组织与实施

学习目标

1. 了解不同阶段婴幼儿在不同类型游戏中的发展特点。
2. 学习并掌握游戏选择与支持的基本方法与要点。
3. 熟悉婴幼儿玩具材料的基本功能。

婴幼儿在不同的发展阶段有着不同的发展特点，在不同类型游戏中的表现也有所不同。天津市教育委员会对从出生到3岁前婴幼儿的动作发展、语言发展、社会性发展和认知发展等方面提出了《3岁前婴幼儿身心发展监测指标》。据此，我们把3岁前婴幼儿的游戏相应地划分为动作发展类游戏、语言发展类游戏、社会性发展类游戏和认知发展类游戏，方便观察者使用监测指标展开有目的的观察，并在此基础上提供有针对性的支持与帮助。

第一节 0—3个月婴儿游戏

一、动作发展类游戏

（一）动作发展特点

1. 大肌肉动作

0—2个月的婴儿以无规律、不协调的动作为主。仰卧位时，受视听刺激后有眨眼、皱眉的反应，并会左右转动头寻找声源，眼睛能随鲜艳的物体转动。2个月以后，处于俯卧位时能够抬头，但不能很好地控制头颈部。一般3个月的时候，婴儿可以把头抬得很稳并能坚持一段时间，头颈部力量较强的婴儿在俯卧位时还可以利用胳膊的支撑挺起上身。

2. 小肌肉动作

新生儿手部肌肉的动作依靠原始反射——掌抓握反射（也称达尔文反射）。当用物体轻触新生儿手掌时，新生儿会攥紧拳头握住物体；将手指放在新生儿掌心时，新生儿会立即将其抓紧。随着月龄的增加，婴儿逐渐学会控制自己的手和胳膊。3个月左右时，掌抓握反射消失,以自主抓握取代。

(二)游戏选择与支持

1. 游戏推荐

游戏一:转头和抬头

游戏目标:

(1)能适度俯卧抬头,增强颈部、背部的肌肉力量和颈部灵活度。

(2)扩大视野范围,乐于从不同视角观察外部世界。

游戏过程:

(1)让婴儿平躺在床上或者平整的垫子上。

(2)在婴儿面前20—30厘米的地方摇晃拨浪鼓,然后慢慢转到左边,再转到右边,吸引婴儿转头。

(3)起初,左右移动玩具的幅度可以小一些,玩具应离婴儿近一些;等婴儿稍大一点,适当增加左右移动玩具的幅度和玩具与婴儿的距离。

(4)将婴儿换成趴的姿势,成人手拿拨浪鼓逗引婴儿,使其努力抬头。通常2个月的婴儿可以抬头45°,随月龄增加和婴儿能力增强,幅度可逐渐加大。

(5)给婴儿轻轻按摩颈背部,帮助其放松颈背部肌肉。

游戏指导:

(1)现场指导:转头与抬头的游戏每天可进行3—4次,每次俯卧时间不宜超过2分钟。婴儿在刚开始游戏的时候会比较疲倦,可以几秒钟后就让其休息一下。虽然俯趴的好处很多,但如果婴儿情绪不佳,也不要勉强,可以在其状态良好的时候再进行。

(2)家庭指导:家长在与婴儿日常对话时,可以变换自己的位置,吸引婴儿转头。当家长发现婴儿有意识地想用手支撑起上半身却能力不足时,可以用柔软的抱枕垫起他的胸部,让他体验到更好的视野。

游戏二:蹬腿游戏

游戏目标:

(1)能够踢到脚前方的物体,锻炼腿部肌肉力量。

(2)体验自主运动的快乐。

游戏过程:

(1)婴儿仰面平躺在床上,成人面带笑容俯视婴儿。

(2)将小球放在婴儿的面前,摇动小球,吸引他的注意。

(3)用小球触碰婴儿的脚,引导他用脚去蹬球。

(4)还可以配合儿歌,念到"左—蹬"时轻轻拽下婴儿的左脚,念到"右—踹"时轻轻拽一下他的右脚。

马儿(儿歌)

马儿马儿跑得快

左一蹬,右一踹

干什么？去旅游

带着爷爷和奶奶

游戏指导：

（1）现场指导：有的婴儿不愿伸脚去蹬球，家长可以用手抓住他的脚踝，带他做蹬自行车的动作。需要注意的是，成人不能只抓婴儿的脚丫，而应抓住其脚踝，以免其发力时发生挫伤。

（2）家庭指导：日常生活中，当婴儿无意识地蹬到身边的物体时，家长可以加以强化，用夸张的语言鼓励他，例如："宝宝你蹬到妈妈了，你的小脚真有劲！"

游戏三：抓握游戏

游戏目标：

（1）锻炼手指、手腕的活动能力和肌肉强度。

（2）丰富认知体验，体会亲子活动的乐趣。

游戏过程：

（1）在婴儿面前拿起拨浪鼓或其他塑料捏响玩具，轻轻摇晃或捏一捏让玩具发出声音，吸引婴儿的注意。

（2）用不同玩具去触碰婴儿的手，让他感受不同物体的刺激。

（3）拿起婴儿的小手，帮助其握住拨浪鼓，一边摇晃，一边说儿歌："拨浪鼓，咚咚响，宝宝敲，宝宝笑。"

（4）当婴儿握紧几秒后再慢慢抽出，反复几次。

游戏指导：

（1）现场指导：成人对婴儿成功的抓握行为要给予积极的肯定，这不仅能让他获得成功的体验，而且能够促进其语言和社会性的发展。

（2）家庭指导：家长可以用橡皮筋把玩具挂在婴儿能够抓到的地方，让他们自己练习抓、握、摇等动作。

2. 支持要点

（1）婴儿的动作游戏宜在其清醒、空腹（喂奶前1小时）时进行。开展游戏前成人应营造和谐宽松的氛围。

（2）开展动作类游戏时，婴儿活动的幅度应由小到大、由易到难，循序渐进。

（三）玩具与材料

1. 钢琴健身架

踢踩钢琴发声，在逗引婴儿做踩、蹬、踢、抬头

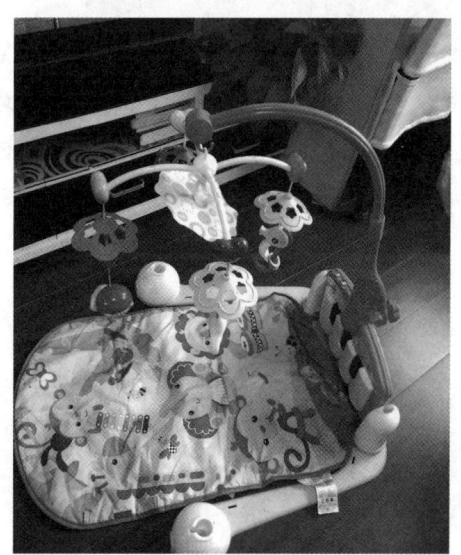

图 5-1　钢琴健身架

等大动作的同时,丰富其听觉体验;萌趣的挂件可以吸引婴儿主动抓取;鲜艳的色彩能够刺激婴儿视觉神经的发育。

2. 手摇铃

利于抓握,摇晃时音量适中,可做婴儿抓握游戏的辅助玩具,在游戏开始前用来吸引婴儿的注意力。

图 5-2 手摇铃

二、语言发展类游戏

（一）语言发展特点

0—3个月的婴儿处于无意识交流的阶段,还不具备言语表达能力,却可以很快学会用非语言的方式与大人进行交流。婴儿2个月时能够发出和谐的喉音,3个月时会发出咿呀的声音。当有人与其说话时,婴儿会用嘴做出说话的动作,发出"咿咿呀呀"的声音,并且听见自己的声音会表现得很兴奋。

（二）游戏选择与支持

1. 游戏推荐

游戏一：咕咕嗒

游戏目标：

（1）感受语音,模仿发出"咕咕"的声音。

（2）乐于与成人交流互动。

游戏过程：

（1）轻唤婴儿的名字,吸引他的注意。

（2）边念儿歌"咕咕嗒,咕咕嗒",边用手有节奏地轻轻挠婴儿的肚皮,逗引宝宝微笑。

（3）边念儿歌"鸡妈妈,要生蛋",边握住婴儿的小手轻轻拍手。

（4）边念儿歌"咕咕嗒,咕咕嗒",边用手有节奏地轻轻挠婴儿的肚皮,并故意放慢速度,张大嘴巴,引起婴儿对"咕咕"字音的注意。

（5）边念儿歌"生了一个大鸡蛋",边握住婴儿的小手轻轻拍手。

游戏指导：

（1）现场指导：成人要按儿歌节奏朗读和做动作,激发婴儿的兴趣。念到"咕咕嗒"时,速度稍慢,强调每一字的发音,强化婴儿对字音的感知。除此之外,教师还可以模仿小动物的叫声,并配以夸张的动作,如"小羊咩咩咩""小蛇嘶嘶嘶"。这些声音对婴儿来说非常新奇,他有时还可能忍不住叫两声。

（2）家庭指导：开展该游戏时,家长应与婴儿面对面,视线相对。生活中,家长要留心婴儿对哪些语音比较敏感,可以有意识地增加这类语音的刺激。

游戏二：说说话

游戏目标：

(1) 喜欢听语音,能在成人的语言中感受语音变化。

(2) 乐于发出声音,愿意与人交流。

游戏过程：

(1) 选择舒适的位置,与婴儿对视。

(2) 家长适当放慢速度,提高音调,用快乐的语气吸引婴儿。

(3) 与婴儿随便聊聊天,或给婴儿讲故事。书上生动有趣的情节能让家长更自然地带着感情和婴儿说话。

游戏指导：

(1) 现场指导：刚开始跟婴儿说话时,婴儿可能没什么反应,不过渐渐地就会对大人的话语做出反应,例如,用愉悦的声调表达喜欢有人和自己说话,用哼哼唧唧表达他不耐烦,抑或是发出"啊""哦""呜"的喃语。成人要用丰富的想象力来解读婴儿的语言。

(2) 家庭指导：家长平时在给婴儿喂奶、换尿布时,都可以轻声跟婴儿说话,例如:"宝贝,早上好!""妈妈要喂你吃饭了。"只要坚持和婴儿说话,他就会逐渐变得快乐而乐于表达。

游戏三：好听的歌

游戏目标：

(1) 丰富听觉刺激,促进语言发展。

(2) 喜欢听各种好听的儿歌,感受音律和节奏的变化。

游戏过程：

(1) 家长两手平抱婴儿,摇一摇,动一动,使婴儿像在摇篮中一样。

(2) 边"摇摇篮",边念儿歌:"摇啊摇,摇到外婆桥;外婆夸我好宝宝;请我吃块大年糕,好宝宝,请我吃块大年糕。"

游戏指导：

(1) 现场指导：舒缓的音乐能让哭闹的婴儿安静下来,动感的音乐会让婴儿跟着手舞足蹈。教师应掌握不同类型的儿歌,分情境唱给婴儿听。

(2) 家庭指导：家长应多给婴儿唱儿歌,不要在乎自己的嗓音是否动听,也不要担心唱歌跑调会影响婴儿的乐感。只要你情真意切,婴儿就会感受到美好并由衷地感到快乐。

2. 支持要点

(1) 倾听和对话是这个月龄婴儿语言游戏的主要内容,所以,为婴儿创设一个丰富的语言环境,对他的语言启蒙来说非常重要。

(2) 成人在与婴儿说话时应尽量夸张,嘴巴张大、吐字清晰。当婴儿偶然发出某个语音或者模仿出咕咕的声音时,家长也要重复他发出的声音作为回应。

(三)玩具与材料

1. 儿歌播放器

家长可以用手机播放儿歌,为婴儿提供丰富的听觉资源。需要注意的是,播放器的声音不能过大,如果是伴有灯光的播放器,还要考虑灯光是否柔和。

2. 故事书

为家长提供沟通素材。有的家长在与婴儿聊天时,会觉得"无话可说",这时家长不妨借助故事书,给他讲讲书上的内容。

三、社会性发展类游戏

(一)社会性发展特点

婴儿在出生后1个月左右,就可以用哭声来表达需求,似乎在告诉照护者"我饿了""我不舒服"或者"我要有人陪着"。

满月后,婴儿开始更容易对人发出微笑。起初,他的笑是由他感受到、听到、闻到或是看到的事物而引发的。慢慢地他发现,如果他对着爸爸妈妈笑,那么爸爸妈妈也会对着他笑,因此,他便又学会了这种回应式的笑。等到婴儿3个月大的时候,看到爸爸妈妈,或是遇到自己喜欢和开心的事情时,就会立刻面带微笑,挥手蹬脚,表现出兴奋的样子。

(二)游戏选择与支持

1. 游戏推荐

游戏一:安抚游戏

游戏目标:

(1)感受爱与尊重,获得安全感。

(2)产生愉快情绪。

游戏过程:

(1)把婴儿放在舒适的摇篮里,缓慢而有节奏地摇晃摇篮。

(2)轻轻抚触婴儿的胳膊、腿、肚皮、后背、小脚和小手,令他感到舒服。

(3)随着慢慢摇晃摇篮的节奏,尝试轻柔地捏捏婴儿的小手指和小脚趾,一边动一边念出"手指歌谣":一个手指点点点,两个手指敲敲敲,三个手指捏捏捏,四个手指挠挠挠,五个手指拍拍拍,五个兄弟爬上山,叽里咕噜滚下来。

游戏指导:

(1)现场指导:在温度较高的室内开展此游戏时,可以给婴儿尽量少穿衣服,这样在游戏时能够充分接触婴儿的皮肤。教师可以将该活动作为一节课的最后一个放松活动,帮助婴儿解除游戏后的疲劳。

(2)家庭指导:当婴儿情绪暴躁、哭闹的时候,家长也可以进行类似的安抚游戏,这对缓解婴儿紧张不安的情绪有非常好的效果。

游戏二：微笑面对面

游戏目标：

(1) 增进与照料者(教师)的熟悉度,增加安全感。

(2) 促进人际交流,体验快乐的情绪。

游戏过程：

(1) 与婴儿面对面,做个"鬼脸"逗逗他,吸引他的注意力。

(2) 向左右两边躲一躲,让婴儿转头找。

(3) 在婴儿面前突然靠近或后退,他会感受到你的脸在他眼前变大或变小。

游戏指导：

(1) 现场指导：两三个月的婴儿对人脸非常感兴趣。游戏前,可以给婴儿介绍脸上的各个器官,拿着他的小手摸一摸他自己的脸和家长的脸。

(2) 家庭指导：出生的头3个月,婴儿会很不安,这源于他对外界环境的陌生感和不确定性。家长在给婴儿喂奶或换尿布时,要经常与他保持目光接触,用充满爱意的眼神看着他,增强彼此间的熟悉程度,这有助于婴儿的良好适应和安全感的建立。

游戏三：摇一摇

游戏目标：

(1) 体验快乐的情绪。

(2) 增进亲子关系。

游戏过程：

(1) 让婴儿躺在摇床上,用手轻轻摇动摇床,边摇边唱儿歌,如《世上只有妈妈好》《摇篮曲》《虫儿飞》。

(2) 微笑注视着婴儿,轻声呼唤他的名字,逗弄他笑出声音。

(3) 当婴儿表现出开心的样子或微笑时,成人立即用夸张的笑容做出回应,表示赞赏与鼓励。

游戏指导：

(1) 现场指导：家长在哼唱儿歌的时候,应注意仔细观察婴儿的反应,声音要轻缓、温柔并且有明显的节拍。

(2) 家庭指导：家长可以在婴儿略有困意时,将他放在床上或者抱在怀中轻轻哼唱。这样不仅能够增进亲子关系,还有哄睡的作用。

2. 支持要点

(1) 家长应为婴儿创设积极应答的环境,及时回应他的哭声,让他感受到你的倾听和陪伴。

(2) 日本育儿专家内藤寿七郎说过："用欢快的笑脸培养婴儿的心灵,母亲安详的笑脸对婴儿是最好的爱抚。"在摇晃婴儿的时候,你的双眼要一直盯着他的眼睛,这样有助于在你们之间建立一条牢固的感情纽带。

（三）玩具和材料

1. 安抚玩偶

暂时替代父母陪伴婴儿，帮助他建立安全感。

2. 摇篮

能够为婴儿营造一种在母体内摇晃的感觉，有助于安抚他的情绪。但需要注意的是，任何时候都不要剧烈摇晃宝宝，避免出现婴儿摇晃综合征。

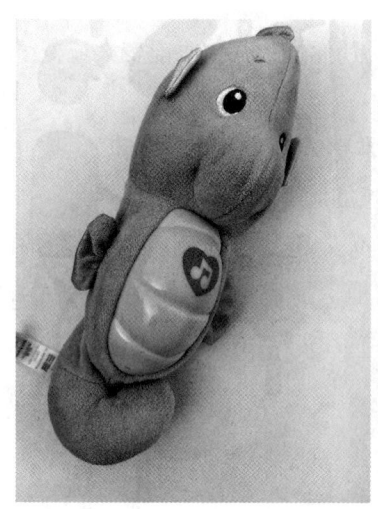 

图 5-3　安抚玩偶　　　　　　　图 5-4　摇篮

四、认知发展类游戏

（一）认知发展特点

出生的头 3 个月里，婴儿的感知能力是飞速发展的。新生儿只能看到脸部正前方 15—30 厘米的地方，2 个月时可以看到 90 度范围内的东西，3 个月就能看到 180 度范围内的东西了，并且能较长时间注视父母的面孔，喜欢注视颜色鲜艳的东西。

婴儿的听力发展也很快。大部分婴儿在出生 24 小时后对听觉的刺激 1—2 次就会做出反应，对大人说话的声音也会很敏感。一周后，听力发育完全成熟。在婴儿身旁说话时，他会将头转向熟悉的声音和语言。2 个月时，婴儿对声音的反应十分敏锐，不论是对熟悉的声音还是陌生的声音，他都会做出不同的反应，向声源处转动头部。3 个月时，他对很多声音都有反应，能区分大人的讲话声，可以分辨妈妈的声音，听到妈妈的声音会很高兴。

（二）游戏选择与支持

1. 游戏推荐

游戏一：声音在哪里

游戏目标：

（1）发展视觉追踪能力和听觉定位能力。

（2）乐于与成人互动。

游戏过程：

（1）成人拿一个大的、彩色的花铃棒，一边摇一边慢慢移动。

（2）成人一边摇铃一边从婴儿左边到婴儿右边，再从右边到左边，让婴儿追踪花铃棒的声音。也许他还不能随声音转动头部，但在成人移动的过程中，他会听出声音的变化。

游戏指导：

（1）现场指导：成人可以选择不同声响的玩具，丰富婴儿的听觉感受。注意游戏时间不要过长，以免婴儿疲劳。

（2）家庭指导：日常生活中，家长要留心观察婴儿对哪种声音感兴趣，做此类游戏时，就可以用这种声音来吸引他追踪。婴儿喜欢的声音还能对他起到很好的安抚作用。

游戏二：有趣的黑白卡

游戏目标：

（1）感知色彩。

（2）发展双眼聚焦能力和视觉追踪能力。

游戏过程：

（1）拿一张黑白卡，放在婴儿眼前20—30厘米的地方。

（2）婴儿注意到卡片后，声情并茂地为他讲述卡片上的图案，并停几秒让他观看。

（3）慢慢向上、向下、向左、向右移动卡片，让婴儿双眼随着黑白卡移动而转动。

（4）每张卡片每次让婴儿看10秒左右，每天练习两次，每次3—5分钟。

游戏指导：

（1）现场指导：游戏应在光线充足的环境下进行。游戏时，如果婴儿转头不看这张卡片，就表示已经熟悉这张卡片，家长可以换下一张卡片。

（2）家庭指导：1—2个月的婴儿喜欢看明暗对比强烈的黑白卡，2—3个月的婴儿喜欢看颜色鲜艳的图片，特别是红色。所以，随着婴儿月龄的增加，可以将黑白卡换成彩色卡或者红色小球来玩此类游戏。

游戏三：身上滚小球

游戏目标：

（1）丰富触觉感知，放松肌肉。

（2）体会亲子游戏的乐趣。

游戏过程：

（1）给婴儿穿一件比较薄的衣服，室温较高时也可以脱掉衣服。

（2）让婴儿躺在柔软的垫子上。

（3）让婴儿抓一抓小球，感受不同小球的触感。

（4）熟悉小球后，用小球在婴儿小肚子上滚一滚，再从肚子滚到腿和胳膊上。也可以让婴儿趴着，在他背上滚一滚。

（5）给婴儿穿上衣服，注意保暖。

游戏指导：

（1）现场指导：游戏中可以换不同纹理的小球，让婴儿感受不同的触感。

（2）家庭指导：当婴儿玩其他游戏有些累时，家长可以用这个游戏帮助他放松肌肉。

2. 支持要点

（1）小月龄的婴儿视觉、听觉发育尚未完善，成人在创设环境时应充分考虑安全性。室内光线要柔和，游戏中不要用反光材质的卡片、故事书等。

（2）如果婴儿对游戏没有兴趣，不想玩，家长要充分发挥智慧，通过更换玩具、使用夸张的语言等吸引他参与到游戏中；如果婴儿因疲惫而不想玩，家长应及时让他休息。

（三）玩具与材料

1. 黑白卡

提供黑白对比强烈的视觉刺激，作为婴儿视觉追视的材料。

2. 触觉球

提供不同质感的触觉体验，放松婴儿的肌肉；供婴儿进行抓握、拿取、敲击练习。

图 5-5　黑白卡

图 5-6　触觉球

第二节　4—6个月婴儿游戏

一、动作发展类游戏

（一）动作发展特点

1. 大肌肉动作

4—6个月的婴儿运动功能发育迅速。4个月的婴儿，俯卧时能用前臂支撑抬起头部和胸部，仰卧时可以看到自己抬起的脚，直立怀抱时能抬头并能左右顺畅移动。4个月左右时，成人拉住婴儿的双手,会感觉到他主动拉成人的手,并且可以挺起头离开床面,说明他想坐起来了。4—5个月的婴儿可以拱背而坐。等到了6个月左右,婴儿就可以直腰坐了,并且可以用肩膀支撑住头部,不过这时还不能独坐,仍然需要在成人胳膊、靠垫等的帮助下才能够完成坐的动作。

2. 小肌肉动作

婴儿开始对自己的小手、小脚感兴趣,他们开始不停地舞动和"研究"它们。像对待很多其他物品一样,他们喜欢把手和脚塞在嘴里吸,有时还盯着自己舞动的小手,像在练醉拳一样。他们手的能力也在逐步提高,会尝试用手指和手掌抓住东西,如能自己双手扶奶瓶吮吸,将玩具从一只手换到另一只手,但仍显得比较笨拙。

（二）游戏选择与支持

1. 游戏推荐

游戏一：我要翻身

游戏目标：

（1）锻炼身体的灵活性,促进大动作的发展。

（2）体会运动的乐趣,获得愉快的情绪体验。

游戏过程：

（1）婴儿仰卧,成人拿玩具在他的一侧引导他侧翻身去抓握玩具。

（2）刚开始练习时,成人可以用手轻轻地推动婴儿的臀部,帮助他翻身去抓玩具。

（3）婴儿翻身后,成人可以帮助他把小手调整到其胸前,并用语言鼓励他,如"宝宝好棒,你会翻身了"。

（4）待婴儿趴一会儿后,成人可以用手轻轻按摩他的背部,帮助他放松颈背部的肌肉。

（5）帮助婴儿回仰卧位置,用玩具在他的另一侧引导他侧翻身去抓。如此重复几次。

游戏指导：

（1）现场指导：游戏时,成人要时刻关注婴儿的安全,当他表现出疲劳时,应及时让其恢复仰卧位适度休息。游戏过程中要多鼓励婴儿,增加他的成就感。

（2）家庭指导：婴儿运动的能力有很大差异,这与婴儿自身性格、家长带宝宝的方式、穿衣服的多少等均有关系。翻身游戏的目的是让婴儿感受到乐趣的基础上,促进发展,运动能力发展较慢的婴儿家长不用过于焦虑,不要频繁地让宝宝练习。

游戏二：拉手坐起来

游戏目标：

（1）锻炼腰背部力量,为独坐打基础。

（2）拓宽视野范围,激发探索欲望。

游戏过程：

（1）让婴儿平躺在床上,双手扶着他的肩膀,并同时护住脖子,带动他慢慢坐起,再轻轻躺下,重复几次,帮助他熟悉坐起来的动作。

(2)家长将拇指放在婴儿手心,其余四指护住他的手腕,给他向上的拉力,引导他自己借助拉力坐起来。

(3)用被子、大枕头等厚软物品垫在婴儿的后背部,让他靠在上面坐着停留一会,再轻轻将他放回仰卧位,如此反复。

(4)起初,将婴儿放回仰卧位时要轻柔缓慢,以防他受伤和害怕;一段时间后,婴儿的体位感和控制能力比较强后,将其放回仰卧位时的速度可加快。

游戏指导:

(1)现场指导:拉坐练习时,注意让婴儿的头、颈、背在一条直线上。如果婴儿出现头部后仰的现象,说明他还没有很好的头部控制力量,平时需加强趴的练习,增强其头颈部的力量。刚开始拉坐时,在坐位停留几秒即可,避免长时间坐对婴儿的颈椎造成不利影响。

(2)家庭指导:家长带婴儿刚开始进行拉坐练习时,婴儿的身体会向前倾,背部弯曲,这是正常的现象,随着他的脊椎、骨盆肌肉、韧带及神经的发育,这一问题会迎刃而解。用不了多久,婴儿握着妈妈的手就可以坐直了。

游戏三:抓彩带

游戏目标:

(1)练习抓握,丰富触觉经验。

(2)感知色彩和空间变化。

游戏过程:

(1)将颜色鲜艳的彩带贴在大大的纸箱上。

(2)让婴儿躺在纸箱口,引导他伸手抓一抓彩带。

(3)婴儿抓住彩带时,成人要鼓励他,如"宝宝抓到了红色和蓝色的彩带,真棒"。

游戏指导:

(1)现场指导:成人要把彩带贴在距离婴儿近一些的位置,让他伸手可以触摸得到。开始游戏的时候,婴儿可能会够不到,而一旦成功了一次之后,他就会努力地反复尝试和练习。

(2)家庭指导:当发现婴儿喜欢抓妈妈的头发时,你就可以带他多玩抓彩带的游戏了。家长平时应多给婴儿提供抓握的机会,例如,在给他换衣服之前,让他抓抓衣服,就像玩拔河的游戏,既能够满足婴儿抓握的需求,也能提高他的抓握能力。

2. 支持要点

(1)随着婴儿运动能力的增强,尤其是在他会翻身以后,成人不要将危险物品,如塑料薄膜和尖锐物品放在他周围,避免对他造成伤害。

(2)家长选择游戏时,要以婴儿的实际能力为参考,不要拔苗助长。随着婴儿主动运动能力的增强,要尽可能多地给他创造独自玩耍的机会,切勿长时间抱着婴儿。

(三)玩具与材料

1. 彩色挂绳

可作为运动游戏的辅助材料供婴儿抓握。

2. 不倒翁

吸引婴儿的注意力,刺激婴儿的视觉发育,训练他的追视能力。

图 5-7 不倒翁

图 5-8 彩色挂绳

二、语言发展类游戏

（一）语言发展特点

和上一个阶段相比,4—6个月的婴儿语言理解和交流能力有了很大进步。这一阶段的婴儿开始对语言感兴趣,学会了运用声音和身体语言去影响成人。婴儿有明显的发音愿望,可以和看护人进行相互模仿的发音游戏。兴奋时发音更多,会出现一些重复、连续的音节,像是咿呀学语,如"baba""dada",但并无所指。这均是为以后正式说出词和理解做准备。婴儿会自言自语咿咿呀呀说个不停,会回应成人的声音,当听到有人叫自己的名字时会转向发声处注视,能和看护人一起"啊啊""呜呜"地聊天。

（二）游戏选择与支持

1. 游戏推荐

游戏一：动物茶话会

游戏目标：

（1）丰富语音感知,有说话的意愿。

（2）喜欢听小动物的声音,愿意和成人交流。

游戏过程：

（1）和婴儿面对面,将准备好的动物玩偶拿给他。

（2）晃动小动物,并模仿动物的声音说："××,你好"。

（3）用不同的小动物身份跟婴儿交流时,变换说话的声音和语调。

（4）还可以配上夸张的动作和小动物的叫声,如"小猪哼哼哼""小猫喵喵喵"。

游戏指导：

（1）现场指导：婴儿非常喜欢听小动物的叫声，成人可以搜索动物叫声的音频放给他听，并配合对应的动物手偶与他互动。

（2）家庭指导：婴儿现在对声音很敏感，当家长和他交流时，他会做出一些回应，这就是想要说话的表现，这时，家长就可以开展此类游戏。家长应有意识地逗引婴儿发音，他会从发一些简单的喉音到发一些元音。

游戏二：旋转的故事书

游戏目标：

（1）接受语言刺激，产生表达和交流的愿望。

（2）感受语气、语调的变化，学会专注倾听。

游戏过程：

（1）准备一个奶粉罐，剪一些鲜艳的图案贴在罐子上。

（2）给婴儿讲讲罐子上的图案。

（3）把图案串成一个故事讲给婴儿听，动起来的图案会让他觉得很有趣。

（4）图案在有弧度的曲面上，会让婴儿的专注力更高，边转动边讲故事形式会更加吸引他。

游戏指导：

（1）现场指导：在给婴儿讲故事时，也许他专注的时间较短，家长可以等他的注意力回来后继续讲，不要认为第一次讲时他不爱听就不再讲了。让婴儿多看、多听、多摸、多做、多感受，是语言启蒙的关键。

（2）家庭指导：家长可以多跟婴儿一起阅读绘本或其他故事书。虽然婴儿还太小，无法理解故事的内容，甚至还不会翻页，但是这个过程可以让他体会阅读的乐趣，从而培养他的阅读兴趣。另外，读书时与父母亲密的身体接触会给婴儿一种亲切感和幸福感，增加亲子感情。

游戏三：谁在叫我呀

游戏目标：

（1）熟悉自己的名字，提高对语言的理解能力。

（2）主动听音，能够转头寻找声音。

游戏过程：

（1）一边和婴儿玩，一边叫着他的名字。

（2）躲到婴儿看不到的地方叫他的名字。

（3）如果婴儿没有看向你，就回到他面前再叫他的名字，同时拍拍他的身体，告诉他："你是××，××在这里。"慢慢地，婴儿就会知道这个熟悉的声音就是自己的名字。

游戏指导：

（1）现场指导：起初，当成人呼唤婴儿的名字时，他还不知道是在叫他，不用着急，经过几次这样的游戏,婴儿很快就会知道他的名字并做出反应。

（2）家庭指导：家长最好给婴儿起个固定的乳名,经常用同一个名字呼唤他,这样他才能把名字和自己联系起来。

2. 支持要点

（1）作为家长,及时回应婴儿的声音非常重要,这样做会让婴儿感受到你很重视他想说的东西,让他获得成就感,从而促进他语言和交流能力的发展。

（2）成人说任何词语的时候,都要指向词语对应的人或物体,这是语言启蒙的关键点。一定要把词语和具体的物体或动作联系起来,而不要撇开语境独立教词语。

（三）玩具与材料

1. 动物玩偶

为婴儿呈现直观的动物形象。

2. 智能学话玩具

能够重复婴儿说的话,捕捉婴儿偶尔发出的语音,强化他的发音。

图 5-9　动物玩偶　　　　图 5-10　智能学话玩具

三、社会性发展类游戏

（一）社会性发展特点

4—6个月的婴儿可以与人玩,能够发起社会性互动,会看大人的表情,会区别严厉和亲切的语调,会对着镜子中的镜像点头、微笑、发音,会伸手去拍自己的镜像,喜欢熟悉的东西和人,会主动表达自己的情绪感受。

这时的婴儿开始知道自己和他人有区别,妈妈和别人有区别,进而开始建立依恋关系。大多数五六个月的婴儿对照护者已经产生了强烈的依恋,如果看护者离开就会哭闹或者喊叫。当婴儿进入第6个月,可能会出现认生现象,开始对陌生人表现出惊奇、不快,会把身体转向亲人,拒绝陌生人的亲近。

(二)游戏选择与支持

1. 游戏推荐

游戏一:藏猫猫

游戏目标:

(1)喜欢玩藏猫猫的游戏。

(2)体验快乐的情绪。

游戏过程:

(1)让婴儿仰卧在婴儿车或婴儿床上,脸朝向成人,然后逗弄婴儿,跟他说话,轻轻地触摸他的小脸,吸引他注视成人。

(2)拿出小毛巾遮住婴儿的视线,或者用小毛巾盖住他的脸,过一会儿再拉开小毛巾,并发出有趣的声音,逗他开心。

(3)成人用小毛巾挡住自己的脸,过一会再拉开,同样发出有趣的声音和婴儿互动。

游戏指导:

(1)现场指导:婴儿非常喜欢藏猫猫的游戏,随着手部精细动作的发展,大一点的婴儿就会自己把脸上的小毛巾拿下来。

(2)家庭指导:当婴儿俯卧时,家长可以借助阳台窗户、门等和他藏猫猫。藏猫猫游戏是家长带宝宝探索物体恒存性这一概念的最好方式,可以让婴儿意识到在看不到妈妈的时候,妈妈其实并没有消失。

游戏二:有趣的陌生人

游戏目标:

(1)能够接受与陌生人接触,减轻陌生人焦虑。

(2)丰富社交体验。

游戏过程:

(1)带婴儿接触陌生人,可以先从女性和小朋友开始。

(2)向婴儿介绍陌生人,让他与陌生人初步熟悉一下。

(3)在稍微有点距离的地方和陌生人打招呼,与陌生人握握手。

游戏指导:

(1)现场指导:游戏过程中应注意观察婴儿的状态,当其表现出不适、哭闹时应及时对其进行安抚。随着与陌生人接触的增多,婴儿对陌生人的焦虑会逐渐缓解。

(2)家庭指导:可以邀请其他小朋友到家中玩,让婴儿感到除家人之外的人也是友好的。

游戏三:照镜子

游戏目标:

(1)对镜子中的自己感兴趣。

(2)愿意跟镜子中的自己互动。

游戏过程：

（1）准备一面大大的镜子。

（2）在地上铺上毯子，把婴儿放在镜子前。

（3）让婴儿与镜中的"新玩伴"自由互动。

游戏指导：

（1）现场指导：端详镜中的自己、跟镜子里的自己互动，可以增强婴儿刚刚萌生的自我意识。虽然婴儿并不知道镜子里的那个人就是他自己，但是并不妨碍他喜欢这个新玩伴。

（2）家庭指导：当婴儿第一次照镜子时，可能会大哭，因为他还不知道镜子里的宝宝是谁，这要等到他15—18个月的时候才会明白。平时，家长可以多抱着婴儿在镜子前站一站，让他看一看、摸一摸镜子里的自己。慢慢地，他会喜欢上镜子里那个有趣的小人儿，感受到镜中的人对自己表现出的热情。

2. 支持要点

（1）家长应给宝宝提供高质量的陪伴，帮助婴儿建立安全的依恋关系，让宝宝能更好地与人互动和独立玩耍。

（2）婴儿的情感世界越来越丰富，家长应该更多地观察和了解他，多与他互动。

（三）玩具与材料

1. 亚克力镜子

可以让婴儿观察镜中的自己。一块镜子可以给他带来很多快乐。

2. 小毛巾

柔软的毛巾可以给婴儿带来一定的安全感，也可以作为藏猫猫的辅助材料。

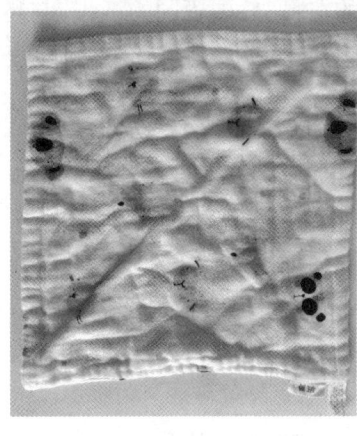
图 5-11 小毛巾

图 5-12 镜子

四、认知发展类游戏

（一）认知发展特点

3—6个月的婴儿能较长时间地用目光追踪移动的物体，直到它停下来；喜欢颜色鲜艳的玩具或图卡,并能较长时间地注视;听到熟悉物品的名称会用眼睛注视;认识妈妈,当妈妈离开时会用眼神寻找;会寻找叫自己名字的声音,能根据不同的声音找相应的家人。视觉和触觉越来越协调,看到什么东西都会有意识地去摸一摸,通过触觉去探索外在世界;能够抓去蒙在脸上的手绢。

（二）游戏选择与支持

1. 游戏推荐

游戏一：虫虫挠手心

游戏目标：

（1）刺激手心脚心,提高触觉感知能力。

（2）感受不同物品的材质,扩大认知范围。

游戏过程：

（1）找一个舒服的姿势和婴儿面对面。

（2）两根手指交替地从婴儿的手臂一直点到手心,同时念儿歌"小虫子,爬呀爬,爬到手心挠呀挠"。

（3）从婴儿的大腿"爬"向脚心,同时念儿歌"小虫子,爬呀爬,爬到脚心挠呀挠"。

（4）用干净的毛笔、海绵等不同材质的物品给婴儿挠挠手心和脚心。

游戏指导：

（1）现场指导：多刺激婴儿的手心和脚心能帮助其以后更好地用触觉探索世界。教师在选择物品材质时,要遵循丰富性和安全性的原则。

（2）家庭指导：6个月左右的婴儿对触觉刺激是很敏感的。家长可利用身边的一些不同材质且安全的生活物品材料,如各色颜料、光滑或粗糙的布料、软硬不同的纸张,与婴儿一起游戏,丰富宝宝的触觉体验。

游戏二：感受彩色

游戏目标：

（1）感知彩色和较复杂的图形,发展视觉感知力。

（2）辨别物体的远近,发展距离知觉。

游戏过程：

（1）婴儿仰卧,在其正上方挂一些色彩亮丽的玩具,轻轻晃一晃,吸引他的注意力。

（2）和婴儿说一说玩具的颜色和名称。

（3）改变玩具和婴儿的距离,让他在感受色彩的同时,感受距离的变化。

游戏指导：

（1）现场指导：3—6个月的婴儿视线不再模糊,能感知很多颜色,也能辨别物体的远近了。教师可以多用色彩鲜艳的物品为他提供视觉刺激,促进他的视觉发育。

（2）家庭指导：在给婴儿视觉刺激时,注意变换玩具的位置,避免他经常注视一个位置而引起斜视或斜颈。

游戏三：会唱歌的脚

游戏目标：

（1）知道蹬脚铃铛会响，初步感知因果关系。

（2）能够倾听铃铛悦耳的声音，体会自主游戏的快乐。

游戏过程：

（1）准备一个小铃铛，在婴儿面前晃动铃铛，吸引他的注意力。

（2）将铃铛系在婴儿的脚上，当他不经意间蹬腿时，铃铛会发出悦耳的声音。

（3）若婴儿跟随铃铛的声音手舞足蹈，成人要及时鼓励和夸赞他，如"宝宝真棒，你的音乐真好听"。

游戏指导：

（1）现场指导：成人可以为婴儿提供不同音调的小铃铛，但铃铛的声音不要太大，音调不要太高，以免损伤他的听力。

（2）家长指导：随着婴儿能动性的增强，他听到自己主动引发的声音会非常兴奋，这时，家长可以在保证婴儿安全的情况下，让他独立玩耍一会儿，提高宝宝游戏的自主性和独立性。

2. 支持要点

（1）多看、多听、多摸、多做会促进婴儿多思、多想、爱表达、乐交往，因此，家长要给婴儿提供具有丰富感官刺激的环境，也可以多带婴儿到户外感受自然。

（2）这一阶段的婴儿对外界事物的探索活动更加积极主动，身体运动技能的成熟为婴儿探索外部世界提供了可能。婴儿开始对"因果关系"感到好奇，能主动做出简单的动作，在反复的体验中开始理解因果关系，发现重复的行为可以得到类似的结果。家长对婴儿发出的声音或动作要及时做出反应，帮助婴儿明白自己的行为是有意义的。

（三）玩具与材料

1. 诗词等音频

为婴儿朗诵节奏感和韵律较强的诗词，播放不同风格的音乐。

2. 多功能玩具

六面体、可拆卸学习桌等多功能玩具，让婴儿在操作中调动听觉、视觉、触觉等多方面的感官协同参与。

图 5-13 多功能玩具

第三节　7—9个月婴儿游戏

一、动作发展类游戏

（一）动作发展特点

1. 大肌肉动作

7—9个月是婴儿大动作发育的关键期。婴儿的肌肉发育是从头颈部开始的，然后是肩膀、手臂，接下来是背部，最后是臀部、大腿和小腿。7—9个月的婴儿上肢可能已经发育得很好了，但双腿的力量还有些欠缺。这一阶段的婴儿能够自己坐得很稳，不用再靠双手的支撑，并且可以自如地左右转身。这时的婴儿还出现了最早的自主位移动作——爬行。一般来说，爬行分为腹地爬和手膝爬，婴儿首次出现的爬行是腹地爬，也叫匍匐爬行，即腹部与支撑面保持接触情况下的爬行动作。大约在8个半月时，婴儿才能够使腹部离开支撑面进行手膝爬。这种爬行需要婴儿能够较好地控制躯干和腿部。

2. 小肌肉动作

婴儿手部的精细动作越来越灵活，逐渐可以用拇指与其余四指对握抓起东西，能拨弄桌上的小东西，能双手接物，双手拿两物对敲。如果成人先给婴儿一个小玩具，等他拿住后再给他另外一个玩具，他会把第一个玩具换到另一只手里，再去接第二个玩具，也就是"倒手"。到了8个月，婴儿手的动作会变得更加灵活，食指的能力有了很好的发展，会抠洞、按开关、拨转盘等，能用拇指和食指捏取桌上的小东西。喜欢把物品扔出去，然后再去寻找。

（二）游戏选择与支持

1. 游戏推荐

游戏一：爬行钻山洞

游戏目标：

(1) 锻炼手臂和腿部的力量，促进平衡感和身体协调性的发展。

(2) 体验前进的乐趣。

游戏过程：

(1) 让婴儿趴在地上，用手臂支撑起上身。

(2) 将玩具放在宝宝前方，吸引婴儿向前爬。

(3) 婴儿扭动身体，想要向前挪动，但现在的动作或许还不太协调，这时，成人可以帮他一下，用手或卷起的毛巾顶着他的双脚。注意不要推婴儿，而是在他每次想要前进时用你的手顶住他的脚。

(4) 每一两分钟,让婴儿休息一下。

游戏指导:

(1) 现场指导:在婴儿爬行过程中,成人要随时注意婴儿的安全保护,避免婴儿从高处掉落,或者将细小物体放入嘴中。

(2) 家庭指导:婴儿爬行能力的发展存在个体差异,家长不要操之过急,尽量为婴儿提供足够的活动空间,让他在游戏中逐渐体验前进的乐趣。

游戏二:小手敲一敲

游戏目标:

(1) 双手能够自如地做敲击动作,有一定的协调性和配合能力。

(2) 愿意做双手配合的游戏,乐于用手进行探索。

游戏过程:

(1) 让婴儿坐在床上或桌前,在他面前放几块积木,他会伸手去抓。

(2) 当婴儿一只手抓到积木后,成人可以拿起另一块积木递到这只手边。

(3) 鼓励婴儿将手里的积木换到另一只手上,再来拿第二块积木。

(4) 当婴儿学会换手后,让他两手各拿一块积木学习对敲。婴儿开始时还不会,成人可以双手拿同样的两块积木对敲示范给他看,也可以扶着他的双手,手把手地教他对敲积木,边敲边说:"宝宝,敲敲。"

游戏指导:

(1) 现场指导:当婴儿熟练掌握抓取积木后,家长可以有意识地引导他放下积木,告诉他"把积木放到盒子里",或者"把积木给妈妈",以训练他有意识地拿起和放下。每当宝宝成功后,要给予其一定的奖励,以激发婴儿自己动手的兴趣和信心。

(2) 家庭指导:婴儿学会敲打后,非常喜欢拿起东西敲敲这、敲敲那,家长在保证其安全的情况下,要鼓励他的这种探索行为,而不是束缚其手脚。婴儿敲打得开心时,家长可以放些有节奏感的音乐,让他伴着节奏敲打、摇晃。

游戏三:扶着跳一跳

游戏目标:

(1) 体验上下"跳跃"的感觉,增强小腿肌肉的力量。

(2) 能够在跳跃的过程中保持平衡,促进感觉的统合。

游戏过程:

(1) 让婴儿坐在成人的腿上,成人扶着他腋下将他举起,慢慢上下晃动,让他的双脚始终触碰到成人的大腿。

(2) 婴儿熟悉这个动作后,在成人的保护下就会不由自主地上下跳跃。

(3) 成人可以拿一个婴儿喜欢的玩具,在他跳一跳就能够得着的地方逗引他。随着蹦跳能力的提高,可以提高玩具的高度。

(4) 给婴儿做肌肉放松的按摩。

游戏指导：

（1）现场指导：成人要全神贯注，扶住婴儿的腋下保证其安全；可以借助跳跳椅等辅助工具，但跳一会儿就要让婴儿休息，不要让他长时间站立和蹦跳。

（2）家庭指导：家长带婴儿做这个游戏时，还可以配合一些儿歌，如"小兔子，白又白，两只耳朵竖起来，爱吃萝卜和青菜，蹦蹦跳跳真可爱"。

2. 支持要点

（1）这一阶段的婴儿活动范围逐渐扩大，家长要为婴儿创设尽可能宽敞的环境，给他充分的空间进行探索。

（2）让婴儿在心情愉悦的情况下游戏，运动之前要确保其30分钟内没有进食。每次练习时间不宜过长，不要超过十分钟。

（三）玩具与材料

1. 跳跳椅

辅助婴儿进行蹦跳练习，锻炼其身体协调能力和平衡力；能让婴儿双脚离地，悬浮空中，锻炼其对四肢的控制力。

2. 爬行隧道

提供有趣的爬行空间，方便存放，易于安装。婴儿在隧道中爬行时能够锻炼手脚协调能力，提高身体的协调性。

图 5-14　跳跳椅

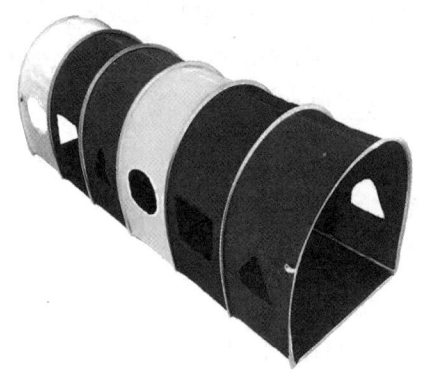

图 5-15　爬行隧道

二、语言发展类游戏

（一）语言发展特点

六七个月是婴儿语言开始逐渐发生的时期，也是其语言模仿能力、发音准确性的关键阶段。这一阶段的婴儿能够发出许多音节，当婴儿发现通过舌头的动作可以发出各种不同的声音时,他会持续不断地发出"咿咿呀呀"的声音,并想要通过改变口形发出不同的声音,如"ba-ba""ma-ma""da-da",发音越来越像真正的语言。有时候,婴儿会故意发出一些响亮的声音,试一试他的声音能够传多远。

婴儿的语言理解能力也迅速发展,能够听懂家庭主要成员的名字和熟悉物品的名称,会用简单的动作表示再见、谢谢、鼓掌等。会用语音吸引成人的注意,会伸出手臂要某个人抱,会使用声音、手势、姿势、表情等与他人交流。

(二)游戏选择与支持

1. 游戏推荐

游戏一:点头、摇头

游戏目标:

(1)能够理解点头与摇头的含义。

(2)愿意参加集体活动,感受人际互动的乐趣。

游戏过程:

(1)教师和家长面对面坐,教师拿一物品问家长:"您喜欢吗?"家长点点头,并伸手接过物品。教师随即说:"噢,宝宝妈妈喜欢!就点点头。"

(2)教师再一手拿食物一手拿玩具,把玩具送到家长面前问:"您喜欢吗?"家长摇摇头并推开玩具,教师就说:"咦,宝宝妈妈不喜欢,就摇摇头。"

(3)教师示范后,家长和婴儿按照教师示范的方法做游戏。当婴儿表示想要时,家长就点点头说:"噢,宝宝喜欢,点点头。"让他模仿点头的动作后,将东西给他。当婴儿表示不想要的时候,家长就摇摇头说:"宝宝不喜欢,摇摇头。"并让他模仿摇头的动作,模仿对了要及时表扬。

游戏指导:

(1)现场指导:创设不同的情境,让婴儿感受不同的动作语言的含义。

(2)家庭指导:在生活中,家长应多将语言、动作与实际情境联系起来。例如:家中来了客人,引导婴儿对客人微笑并表示欢迎;当客人离开时,引导婴儿跟客人挥手表示再见。

游戏二:阅读游戏

游戏目标:

(1)喜欢听绘本故事,有翻看绘本的意愿。

(2)能够用声音回应听到的内容。

游戏过程:

(1)家长拿出色彩鲜艳的绘本吸引婴儿的注意力,用生动的语言帮助他认识绘本封面,可以说:"宝宝,看,图片上有一辆红色的小汽车。"

(2)家长引导婴儿猜一猜绘本内容,可以问:"这个红色的小汽车会发生什么事情呢?"

(3)家长与婴儿一起阅读绘本,家长阅读时要注意语言、表情和动作的表达,同时要和婴儿有积极的互动。

游戏指导：

（1）现场指导：家长的语言要生动，语气、语调丰富多变，富有感染力。当婴儿注意到书籍时，家长应用微笑、拥抱等给予鼓励，可以说"宝宝真厉害，会看书了"。

（2）家庭指导：游戏结束后可以带婴儿去图书馆充分感受浓厚的阅读氛围。日常生活中，婴儿接受的语言信息越多，语言的能力就越强。

游戏三：打哇哇

游戏目标：

（1）愿意发音，体验声音变化的乐趣。

（2）感知声音的长短和节奏。

游戏过程：

（1）成人边说"哇"，边用手掌轻轻拍自己的嘴，发出长短不同的"哇"的音作为示范，引导婴儿模仿发出"哇"的音。

（2）当婴儿发出"哇"的音时，成人拿着婴儿的小手在他的嘴上拍。

（3）听到自己有节奏的"哇哇"声，婴儿会很高兴，也更愿意发音。

（4）除了发出"哇"的音，你还可以发出"咿""哦""额"等其他的音，让婴儿感知不同的发音。

游戏指导：

（1）现场指导：鼓励婴儿发出多种元音和辅音，针对游戏时不愿发声的婴儿，可以让他先观察其他婴儿游戏，激发其参与游戏的兴趣。

（2）家庭指导：婴儿的皮肤都很敏感，成人在帮助婴儿"打哇哇"的时候不要太用力，以免把他打疼了。

2. 支持要点

（1）为婴儿提供篇幅较短、色彩鲜艳的绘本，以及安静、宽敞、明亮的阅读环境。

（2）这一阶段的婴儿理解能力和动作表达能力增强，能够发出更多的声音和语调，并且很爱模仿。家长要充分利用这段时间对婴儿进行语言教育，帮助他建立语言和事物的联系。

（三）玩具与材料

1. 绘本

提供丰富、生动的图像，激发婴儿的阅读兴趣。

2. 有声书

图像和音像的结合，丰富婴儿阅读体验。

三、社会性发展类游戏

（一）社会性发展特点

7—9个月的婴儿能够用声音和表情表达情绪，开始出现依恋、分离焦虑和对陌生人的焦虑。

1. 建立依恋关系。六七个月开始，婴儿对特定人（通常是母亲）的偏爱变得特别强烈。婴儿与依恋对象在一起时会感到最大的舒适、愉快和安全。与妈妈在一起，他们就能安心地玩耍，即使在陌生的环境中也能最大程度地克服焦虑和恐惧，去探索周围的新鲜事物。这一时期，妈妈的陪伴和无条件的爱，会增加婴儿的安全感。

2. 分离焦虑。这一阶段的婴儿与依恋者分离时会明显地表现出反抗，会表现得很痛苦并哭喊不止。

3. 陌生人焦虑。陌生人焦虑是指婴儿见到陌生人时产生的某种程度上的恐惧、紧张或不安的情绪，表现为把头埋在妈妈的肩膀上，使劲抱住妈妈，试图把自己藏起来，或者大哭，等等。面对不生活在一起的爷爷奶奶，婴儿也可能会表现出不安和害羞。当宝宝处在陌生的环境中时，这种情绪可能更加强烈。

（二）游戏选择与支持

游戏一：交朋友

游戏目标：

(1) 学会用点头和挥手与人打招呼。

(2) 缓解陌生人焦虑。

游戏过程：

(1) 教师手拿一个布娃娃以吸引婴儿的注意。

(2) 向婴儿介绍布娃娃："小朋友好！我叫丁丁，以后我和大家一起做游戏，让我们做好朋友吧！"

(3) 教师抱着布娃娃到婴儿面前，与他招招手，说："你好！我叫丁丁，请问你叫什么名字？"这时，家长扶着婴儿的手招一招，帮他回答："丁丁你好！我叫×××。"对表现较好的婴儿，教师带着大家一起拍手说："×××，你真棒。"

(4) 教师抱着布娃娃与每个婴儿交朋友，过程同上。

游戏指导：

(1) 现场指导：教师可指导家长带着婴儿积极与其他家庭互动。

(2) 家庭指导：家长可以利用走亲访友或者去户外的机会，鼓励婴儿用动作与人打招呼。

游戏二：过会儿再回来

游戏目标：

(1) 知道家长离开后很快会回来。

(2) 缓解分离焦虑。

游戏过程：

(1) 在有家长陪伴的情况下，教师带领婴儿听有节奏的音乐，鼓励他跟随节奏挥舞小手。

(2) 请家长依次告诉婴儿"妈妈（或爸爸）需要出去一下"，然后离开一会儿。

(3) 家长离开5秒就回来，告诉婴儿"妈妈（或爸爸）在这里"。

（4）逐渐延长离开的时间，让婴儿适应家人短暂的离开。

游戏指导：

（1）现场指导：这个月龄段的婴儿表现得非常黏人，这是因为他正在和你建立依恋关系，当和你分开的时候会产生分离焦虑。这个游戏中，家长消失后又马上出现，婴儿会觉得很好玩，也会逐渐明白，妈妈（或爸爸）离开后还会回来。

（2）家庭指导：延长离开的时间会让婴儿表现得很着急，这时，家长可以适当等一等，让婴儿逐渐适应与你的分离。

游戏三：袜子变魔术

游戏目标：增进亲子关系，建立安全的依恋。

游戏过程：

（1）家长双手套上不同颜色的袜子，并用袜子跟婴儿打招呼，如"你好，我是红袜子""你好，我是蓝袜子"。

（2）家长一边唱儿歌"红袜子、蓝袜子，一眨眼不见了"，一边像变魔术一样把袜子藏起来。

（3）先不要将袜子完全藏起来，露出袜子的一部分，然后问婴儿："袜子去哪儿了？"一开始，婴儿可能需要你来帮他找到袜子，但相信很快，他就会自己将袜子找出来。

（4）现在，你可以让袜子完全"消失"，只要婴儿看到你藏起袜子，相信他就可以重新"变出"袜子了。

（5）如果婴儿喜欢这个游戏，家长可以继续和他玩一玩藏猫猫的游戏。藏猫猫游戏永远是婴儿的最爱。

游戏指导：

（1）现场指导：婴儿对突然出现和突然消失的东西很感兴趣，颜色鲜艳的袜子很容易吸引他的注意力。当然袜子也可以用有趣的手偶代替。

（2）家庭指导：让婴儿明白即使他看不到的物体也仍然存在，可以帮助他理解物体的恒存性，这也正是婴儿能够接受与家长暂时分开的关键所在。

2. 支持要点

（1）家长应多带婴儿接触外面的环境，帮助他适应陌生环境，缓解陌生人焦虑。

（2）当婴儿还不能接受陌生人和陌生环境的时候，家长应该有耐心，给他一定的关爱，尊重他，安慰他，保护他，让他慢慢熟悉环境。婴儿都会经历分离焦虑、陌生焦虑的不同阶段，如果家长能给予他充分的安慰、爱和鼓励，大部分婴儿都能变得独立。

（三）玩具与材料

1. 安抚沙漏

彩色的小珠子在沙漏中流淌，同时伴有"雨声"，可以安抚婴儿的情绪。

2. 安抚巾

可爱的造型和柔软的质感，为婴儿提供安全感。

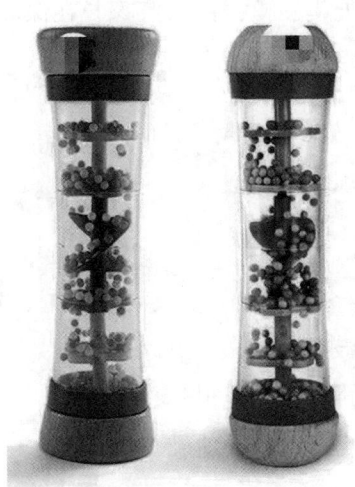
图 5-16　安抚沙漏

图 5-17　安抚巾

四、认知发展类游戏

（一）认知发展特点

7—9个月的婴儿视觉功能发育迅速，能够利用视觉来判断物体离自己的远近，从而调节手臂的动作去抓摸物体；更加关注那些出现在视野中的小东西，并试图用手捡起来；开始注意观察成人的动作，并且喜欢模仿。听觉进一步发展，7个月时就能比较迅速地追踪声音，听到声音后能立刻转头寻找声源。这一阶段的婴儿还喜欢"手口并用"地探索物体，经常抓到东西就往嘴里塞。

（二）游戏选择与支持

1. 游戏推荐

游戏一：蔬果音乐会

游戏目标：

（1）丰富触觉和听觉体验，增强触觉敏感性。

（2）激发好奇心，有探索新物体的意愿。

游戏过程：

（1）准备一些蔬菜和水果，先带婴儿摸一摸、拍一拍这些食物，认识一下这些蔬果。

（2）柚子摸起来滑滑的，敲起来"哒哒哒"地响；哈密瓜摸起来很粗糙，拍起来"咚咚咚"地响；南瓜摸起来硬硬的，敲起来"咚咚咚"地响……

（3）拿着婴儿的小手敲几次，他就会自己兴致勃勃地敲起来。

游戏指导：

（1）现场指导：当婴儿熟悉几种蔬果之后，家长可以和他一起敲击这些蔬果，就像即兴音乐会，让婴儿在敲敲打打中丰富触觉和听觉体验。

（2）家庭指导：当婴儿会爬后，可能想要到处爬一爬、翻一翻，家长在保证其安全的情况下，可以让他到处摸一摸、拍一拍生活中的物品，丰富他的认知体验。

游戏二：敲小鼓

游戏目标：

（1）锻炼手眼协调能力。

（2）感知声音的节奏，体验敲打的乐趣。

游戏过程：

（1）给婴儿一面小鼓，妈妈和他各拿一根小鼓槌。

（2）让婴儿先随意地敲打小鼓，让小鼓发出声音会让他很开心。

（3）家长给婴儿示范有节奏地敲鼓，鼓励他自己有节奏地敲一敲。

游戏指导：

（1）现场指导：对抓握能力较弱的婴儿，一开始可能拿不住小鼓槌，或者想要把鼓槌往嘴里放，而不是用来敲击。这时，可以让他直接用小拳头试着敲一敲，当他听到悦耳的声音后，再逐步让他使用鼓槌敲击。

（2）家庭指导：家长可以多给婴儿播放不同乐器演奏的音乐，这对他的听觉发展和音乐启蒙都有很大的好处。

游戏三：水果多多多

游戏目标：

（1）感知色彩和形状。

（2）能较专注地看图卡，能够再认图卡。

游戏过程：

（1）在婴儿面前放几张形状简单的水果图卡，如香蕉、苹果、西瓜。

（2）给婴儿依次介绍水果的名称、颜色、形状，停住让他看几秒，直到他不感兴趣就换下一张。

（3）上述游戏进行一段时间后，提问婴儿"哪一张是××"，如果答对，要及时表扬和鼓励。

游戏指导：

（1）现场指导：婴儿能否再认图卡，可能跟家长是否给他讲过水果特点有关，对不能指认的婴儿，老师要多鼓励和关注。

（2）家庭指导：家长不仅可以给婴儿看彩色卡片，生活中的物品都可以给他讲一讲，丰富他的经验。

2. 支持要点

（1）家长要多给婴儿提供听、看、摸、尝、感受的机会和环境。

（2）这一阶段的婴儿有非常强烈的认知需求，活动范围越来越大，接触的事物也越来越丰富。家长应关注、了解婴儿的兴趣点，从他感兴趣的事物出发，引导他认识身边的物品、人物、景象等。

（三）玩具与材料

1. 认知卡

提供内容丰富、色彩鲜艳，极具认知性和观赏性的图像，提高婴儿的认知能力。

2. 触摸书

丰富婴儿的触觉体验。

图 5-18　认知卡

图 5-19　触摸书

第四节　10—12个月婴儿游戏

一、动作发展类游戏

（一）动作发展特点

1. 大肌肉动作

10—12月龄的婴儿大动作发展主要表现在爬、独坐和扶物挪步。这个月龄的婴儿能自己从卧位转换到坐位，独坐已经很稳，并且可以左右自如转动。这一阶段大部分婴儿都已熟练掌握爬行的技能，能够手膝灵活地爬行。11个月以后，婴儿能够较稳地扶物站立，还经常扶着矮柜子或墙面挪步。到12个月时，婴儿可以独立站片刻，能扶物下蹲取物，在大人扶一手的情况下可以走几步。不过，当婴儿急于去某个地方拿某个东西的时候，他会从站立位立刻趴下爬行，对这个月龄的婴儿来说，爬行还是最好用的行动方式。这一阶段的婴儿动作转换自如，坐卧转换、坐立转换、蹲站转换都很熟练。

2. 小肌肉动作

10—12月龄的婴儿主要发展的是拇指和食指的精细动作。这个月龄段的婴儿能够伸出食指抠东西，拇指与食指指端能准确地捏起小丸，12个月左右的婴幼儿可以把小丸投入小瓶;能够把一块积木放在另一块更大的积木上,或者把玩具一个一个放进箱子里,再一个一个拿出来;可以做两个食指指尖相对然后分开的动作;可以整个手掌握笔画出笔道。

(二)游戏选择与支持

1. 游戏推荐

游戏一:蹲站游戏

游戏目标:

(1)锻炼站立及平衡能力。

(2)练习蹲站转换,增强腿部肌肉力量,为行走做准备。

游戏过程:

(1)成人和婴儿面对面站好,或站在婴儿的身后,用手扶住他的腋下帮助他站稳。

(2)成人缓慢而有节奏地念儿歌,指导婴儿做相应的动作。

(3)成人边念儿歌"宝宝,长高高,长高高变小鸟"边扶婴儿站好,并帮助他做出小鸟扇动翅膀的动作。

(4)成人把小鱼玩具放在蓝色地垫上,边念儿歌"宝宝,宝宝蹲下来,蹲下来捞小鱼",边扶婴儿蹲下来,引导他抓小鱼玩具。

(5)准备一个塑料箱子。成人拿玩具在箱子上方一边晃动玩具,一边唱:"玩具在哪里?玩具在哪里?玩具在这里。"引导婴儿站起来抓玩具。

(6)成人把玩具放在箱子里,一边晃动玩具,一边唱:"玩具在哪里?玩具在哪里?玩具在这里。"引导婴儿扶着箱子蹲下来抓玩具。

游戏指导:

(1)现场指导:在游戏之前,成人要把游戏需要的材料准备好。如果没有合适的小鱼玩具,可以用乒乓球做成小鱼的样子。乒乓球轻,大小也适合婴儿抓握。游戏过程中,成人是辅助婴儿站立或蹲下,切忌对他生拉硬拽,否则容易把婴儿的胳膊拉脱臼。成人念儿歌时应音量适中,语速缓慢,吐字清晰。婴儿蹲站动作的转换不像成人那样熟练,所以,成人一定要耐心等待婴儿一步一步来,不要着急。

(2)家庭指导:在家中,成人可以把塑料箱子换成小矮桌,成人站在桌子的对面,拿着玩具娃娃说:"宝宝,娃娃在这里。"然后,成人趴在桌子下面,拿着娃娃说:"宝宝,娃娃在这里。"引导婴儿蹲下来拿玩具。成人也可以跟婴儿玩捉迷藏,成人藏在桌子下面,引导婴儿找。游戏过程中应注意婴幼儿的安全,避免磕碰。

游戏二:爬高山,钻山洞

游戏目标:

(1)锻炼手膝爬行能力。

(2)发展空间意识和身体感知能力。

游戏过程:

(1)用枕头、沙发靠垫、被子等柔软的物品堆积出适当的高度作为高山,鼓励婴儿爬过

"高山"。

（2）放置一个游戏隧道作为山洞，把婴儿放在隧道一头，家长在另一头吸引他从隧道中爬过来。如果没有隧道玩具，可以用纸板做一个。

（3）婴儿在前面爬，成人在后面追，追上了可以亲一下婴儿，为游戏增加一些小小的刺激感。

（4）可以在婴儿爬行的时候放一些合适的音乐，如在追逐爬行的时候可以放节奏稍微快一点的音乐。

游戏指导：

（1）现场指导：攀爬的地面应尽量铺上柔软的厚地垫，攀爬的物体不能太高、稳固性要好，不能有尖锐的突起。在玩追逐爬行的游戏时，成人要注意避免让婴儿因过于兴奋而呛到口水。注意游戏难度应循序渐进。当婴儿有畏难情绪的时候，可以适当降低游戏的难度，如降低"山"的高度、缩短隧道的长度、放慢追逐的速度等。

（2）家庭指导：在家庭中玩游戏的时候，同样应将安全放在第一位。玩追逐爬行的时候，婴儿容易兴奋，家长应注意控制游戏时长，避免婴儿玩得太累。追逐爬行游戏也可以换成让婴儿追逐拉绳玩具爬。物品堆积成的高山可以直接用成人的身体代替，让婴儿爬过成人的腿或后背。成人身体拱起就可以做山洞，引导婴儿爬过去。

游戏三：扶物挪步

游戏目标：

（1）练习扶物走路，提高运动协调能力。

（2）体验和父母游戏的快乐，增进亲子关系。

游戏过程：

（1）准备一张小桌子，婴儿站在小桌子的一边，一名成人站在小桌子的另一边摇动铃铛或玩具，吸引婴儿扶着桌子走过去。另一名成人在这个过程中保护婴儿的安全。

（2）一名成人站在床的一头，婴儿站在另一头，成人用语言或者歌声吸引他走过来。另一名成人在这个过程中保护婴儿的安全。

（3）一名成人在墙面上粘上颜色鲜艳的气球，将婴儿放在一米远的地方，逗引他扶着墙走过来拿气球。另一名成人在这个过程中保护婴儿的安全。

（4）一名成人拿着婴儿感兴趣的玩具，在距离一米远的地方鼓励他走向自己。另一名成人一边提供保护，一边用手扶着婴儿向前走。

（5）用毛球、毛根条、羽毛、防撞条、洗碗布、气泡膜、毛巾、丝绸布等不同材料做一条触感小路。一名成人扶着婴儿走过这条小路。不同材质的触感不仅会丰富婴儿的触觉体验，还可以提高他走路的兴趣。

游戏指导：

（1）现场指导：游戏前要清除一切可能给婴儿带来危险的物品，保证场地的安全。如果婴儿不愿意尝试走路，成人可以暂时停止这个游戏，带他先去玩练习下肢肌肉力量的游戏,等其下肢肌肉力量和动作协调性有了一定进步再来继续。游戏过程中,当婴儿不慎摔倒时,成人不要大声惊叫,避免婴儿产生畏惧心理。如果婴儿能够自己站立,那么成人可以鼓励他自己站起来;如果婴儿不能自己站起来,那么成人要赶紧把他扶起来,并鼓励他再次尝试。

(2)家庭指导:在进行这个游戏之前,成人可以先带婴儿玩一个预备游戏:家长保持站立的姿势,把婴儿的小脚放在成人的脚背上,双手扶着他的双手,让其保持站立的姿势,然后成人往前迈步,让婴儿体验迈步的感觉。在扶物挪步的游戏中,成人通过控制所扶物体和行走的距离来控制游戏的难度,如扶小矮桌走比扶墙面走要容易。最开始的行走距离可以设定为30—50厘米,在这个基础上慢慢增加距离。如果婴儿扶物挪步已经比较熟练,成人可以为其提供能够移动的物品,如箱子、小推车,让他扶着走。触感小路的材料要保证安全,一次不要投放过多种类,每种材料的长度不能太短。在婴儿挪步的过程中,家长要耐心鼓励,不要急躁。

游戏四:虫虫飞

游戏目标:

(1)发展食指的灵活性和手眼协调能力。

(2)提高观察模仿能力和语言倾听能力。

游戏过程:

(1)成人把婴儿抱在怀中,让他的背部靠在成人怀里,防止他摔倒。

(2)成人温和地跟婴儿介绍今天的游戏:"宝宝,我们来玩虫虫飞。"

(3)成人一边缓慢地念儿歌,一边跟着儿歌内容做动作:虫虫飞(成人掌心相对,两手握拳,两拳相距约30厘米,伸出两根食指,念"虫"字的时候两根食指向中间移动,让食指指尖相对碰在一起,念到"飞"字的时候两手左右分开,做飞翔的动作),虫虫飞(重复上面的动作),飞到南山喝露水(两手在左右两边做飞翔的动作,念到"山"字的时候,两食指相对碰在一起,念到"喝露水"的时候,两食指分开放进嘴里,做喝露水的动作),露水喝饱了(一手握空拳做一个喝水的动作,再两手一起拍肚子,做喝饱的动作),虫虫飞跑了(两食指指尖相对碰,然后分开,两手分开到身体两侧做飞翔的动作)。

(4)成人演示一遍后,就握着婴儿的手,一边念儿歌,一边帮着他做动作。

游戏指导:

(1)现场指导:在游戏过程中,成人应该让婴儿坐下来,背靠在成人怀里,以防止他摔倒。游戏开始前,可以由两个成人面对面盘腿坐好,一个成人怀抱婴儿,另一成人一边念儿歌一边给婴儿展示动作。成人展示动作的时候,有的婴儿可能会模仿,这时,成人要鼓励和帮助他完成动作。展示结束后,抱着婴儿的成人握住他的手,共同完成儿歌和动作。

(2)家庭指导:成人在示范动作时,食指的指尖相对时要缓慢,指尖分离时动作要明显,分离的范围要大。经过多次重复,慢慢地,婴儿听到"虫虫飞"就会做食指指尖相对和分开的动作。如果婴儿做这个动作有困难，成人可以先带婴幼儿玩"豆豆飞"的游戏。成人伸出一个手掌并展开，让婴儿用一个食指指尖点在成人的手掌上，念到"豆豆"的时候点手掌，念到"飞"的时候，指尖和手掌分离。开始的时候，成人可以帮助婴儿做动作。等婴儿两个食指都熟练了"点"和"分离"的动作，就可以玩"虫虫飞"的游戏。

游戏五：戳面团

游戏目标：

（1）锻炼手指灵活性和手眼协调能力。

（2）愿意用手指探索物体，感受面团的物理特性。

（3）学习使用工具。

游戏过程：

（1）把揉好的面团放在婴儿面前，说："宝宝看，这是面团。"

（2）成人示范用手指在面团上戳几个洞："看，宝宝也来戳洞洞吧。"

（3）鼓励婴儿用手探索面团，轻拍、抓或戳都可以，感受面团的物理特性。

（4）成人示范用食指戳面团的动作，鼓励婴儿尝试。

（5）成人把面团擀成面皮的形状给婴儿看，并告诉他："宝宝看，这是面皮。"

（6）成人示范用手轻拍、抓、戳面皮的动作，并鼓励婴儿尝试。

（7）成人给婴儿一些玩具，鼓励他用工具去探索面团或面皮。

（8）成人可以帮助婴儿将面团揉成正方体、长方体等几何体，或者揉成正方形、长方形等几何图形。

（9）成人可以在面团中加些带颜色的蔬菜汁，彩色面团会让婴儿非常感兴趣。

游戏指导：

（1）现场指导：成人要提醒婴儿"这是面团，不能吃"，防止他把面团放进嘴里、鼻孔、耳朵孔等地方，保证婴儿的安全。成人在指导婴儿时，语言要简练，句式要简单，语速要缓慢，帮助婴儿掌握"戳戳""点点"等词语。在婴儿探索面团时，只要没有危险，成人应尽量少干预，要以鼓励为主，必要时，成人可以用动作示范。

（2）家庭指导：在家里，成人可以为婴儿提供套杯、勺子等工具让他探索面团，也可以根据季节提供花朵、树叶、树枝、贝壳等自然物。不论玩具还是自然物都要保证清洁卫生、安全无毒。一次只提供一个工具。

游戏六：搭积木

游戏目标：

（1）锻炼手部灵活性和手眼协调能力。

（2）喜欢搭积木，能够搭两层积木。

游戏过程：

（1）为婴儿提供大一点的积木，最好是那种软胶积木，即使倒下来砸到也没关系。

（2）成人示范如何在一块积木上叠加另一块积木。

(3) 成人引导婴儿模仿搭积木:"宝宝,看,我搭一块积木在上面。"
(4) 鼓励婴儿大胆搭积木。

游戏指导:

(1) 现场指导:如果婴儿不会搭积木也不必勉强,让他保持愉快的情绪最重要。成人可以选择颜色鲜艳的积木增加婴儿的兴趣,如果他还是不感兴趣,成人可以让他先玩推倒积木的游戏,等推倒积木熟练了,再玩搭积木的游戏。注意,搭积木这个月龄只要求搭两层积木,年龄大了可以拓展三层四层甚至更多。

(2) 家庭指导:一次只为婴儿提供三五块积木即可,不要提供太多。积木的体积不能太小,边长最好在5 cm以上。搭积木之前,先让婴儿自己去探索。积木应是无毒无害的,允许婴儿用嘴去探索。探索一定时间后,就可以跟婴儿玩推倒积木的游戏,最后过渡到搭积木的游戏。日常生活中,可以给婴儿一些鞋盒、奶粉罐、塑料杯子、塑料桶等供他搭建。

2. 支持要点

(1) 婴儿处于从爬到走的过渡阶段,这个阶段最主要的还是爬行能力、体位转换、站立、扶物挪步等能力的锻炼。成人要准备相应的玩具材料,如逗引婴儿爬行的拉绳玩具、回力车、下蛋鸭、滚动镜子等。逗引婴儿转换的认知卡片、摇铃、丝巾等。带把杆的镜子是很好的扶物挪步材料,不仅锻炼大动作,还能发展婴儿的自我意识。精细动作主要有抓、抽、敲、拍、拿、晃、推、撕、捏、盖、抠、按、拔、戳、搭高、对碰、对敲、握笔、翻书等。成人要给婴儿准备相应的材料,如对碰的玩具套圈、可以水洗的短小粗大适合婴儿小手抓握的笔、可以搭高的软体积木等。

(2) 成人要给婴儿创设爬行、站立和挪步的机会,不要因为怕麻烦就把婴儿放在安全围栏里,限制他的行动。

(3) 这个阶段的婴儿对日常生活用品很感兴趣,家长要给他探索日常生活用品的机会。例如,很多婴儿在这个阶段表现出很喜欢纸巾,喜欢一张一张地把纸抽出来,还喜欢撕纸。这并不是婴儿在搞破坏,而是说明他的手部精细动作正处于一个发育的敏感期,他正通过撕纸的动作来帮助自己锻炼手部的精细动作。有的家长怕浪费纸巾或者把家里弄乱就不给婴儿玩纸巾,这样就会错失婴儿精细动作发展的机会。与其阻止,不如抓住机会,帮助他更好地锻炼与提升。

(三) 玩具与材料

1. 软体积木

锻炼婴儿的抓握、敲击、垒高、摇晃、投掷等动作和手眼协调能力,提高专注力。鲜艳的颜色有助于提升婴儿的色彩认知能力。

2. 手部操作面盘

锻炼婴儿捏、拔、转动、按、敲击等动作和手眼协调能力,促进手部精细动作的发展,尤其是拇指和食指动作的协调发展,提升手部力量。

图 5-20 软体积木

图 5-21 手部操作面盘

二、语言发展类游戏

（一）语言发展特点

10个月大的婴儿能主动用动作伴随"咿咿呀呀"的声音来表达自己的一些需求。例如，要吃奶的时候，会用手指妈妈的胸，还会发出"吧唧吧唧"的声音。这一阶段的婴儿能有区别地叫"爸爸""妈妈"，能模仿一些简单的字，如"要""不"，能对简单的指令做出相应的动作，如"过来"。11个月的婴儿，对简单的问题能用眼睛看、用手指或者摆手的动作做出回应，能发出"ba-ba-ba""ma-ma-ma"的连续音节，开始模仿成人说话。12个月时，婴儿所发出的音节开始和一定的具体意义相联系，但是发音不准确，需要靠成人猜。

（二）游戏选择与支持

1. 游戏推荐

游戏一：玩具躲猫猫

游戏目标：

（1）能发现藏起来的玩具，理解客体永久性。

（2）学说"ma""ba""bao""qiu""mao""dai"的音节。

游戏过程：

（1）准备几块漂亮的大手绢，成人用手绢挡住自己的脸。

（2）成人一边说"猫逮——"，一边扯下挡住脸的手绢，微笑着跟婴儿说"妈妈"或"爸爸"。

（3）成人一边说"猫逮——"，一边鼓励婴儿自己扯下成人面前的手绢。当婴儿扯下手绢，成人要说"妈妈"或"爸爸"，同时亲亲抱抱他。

（4）成人和婴幼儿交换角色，成人把手绢挡在婴幼儿前面，一边说"猫逮——"，一边扯下手绢说"宝宝"。

（5）成人把玩具（如一个球）藏在手绢下，一边说"猫逮——"，一边掀开手绢说"球球"。

（6）成人把玩具藏在手绢下，鼓励婴儿自己去寻找。婴儿找到后，成人要给予鼓励。

游戏指导：

（1）现场指导：成人的语言要简单，发音要清晰、准确，方便婴儿模仿。当婴儿熟悉这个游戏后，成人可以在扯下花布的时候做些有趣的鬼脸或表情，增加婴儿玩游戏的兴趣。

（2）家庭指导：在家中，成人可以把手绢换成纯色的布，让婴儿认识红色、黄色、蓝色等颜色。成人也可以给婴儿提供动物真实图片翻翻书或蔬菜水果真实图片翻翻书，和他玩图片捉迷藏的游戏。且应是实物图片，这样书里的蔬菜、水果、动物尽量选择婴儿熟悉的，且应是实物图片，这样更符合婴儿的认知规律。书的边角要圆润，以免划伤婴儿，书页要有一定的厚度，方便婴幼儿翻页。

游戏二：指认照片

游戏目标：

（1）会说"爸爸""妈妈"，并且知道这两个词对应的人分别是谁。

（2）能用音节或动作回答简单的问题。

游戏过程：

（1）找几张家庭成员的近期单人照和家庭成员合影。单人照放在前面，合影放在后面；合影人数少的放在前面，人数多的放在后面；合影中最好有婴儿。

（2）先让婴儿看照片，成人可以指着照片里的人问他："这是谁呀？"然后拿着婴儿的手指着照片说："这是妈妈。"

（3）用以上方法给婴儿看照片上的其他人。

（4）及时鼓励婴儿自己用手指认照片上的人。

游戏指导：

（1）现场指导：照片的呈现顺序不一定完全按照游戏中的顺序，可以让婴儿按照自己的喜好自主选择照片，不必勉强，最重要的是让婴儿情绪愉快地游戏。

（2）家庭指导：当婴儿熟悉这个游戏之后，成人可以把家人的照片制作成翻翻书让他指认。更进一步的玩法是，把家人不同情绪的照片做成翻翻书，帮助婴儿认识情绪。

游戏三：录音机

游戏目标：

（1）激发婴儿语言表达的积极性。

（2）学习一些简单的生活词汇。

游戏过程：

（1）成人跟婴儿交流，问他一些简单的问题，例如："宝宝，积木在哪里？""宝宝，鞋子在哪里？""宝宝，鼻子在哪里？"当婴儿回答时，成人要表现出非常高兴的样子。

（2）成人要尽量弄清楚婴儿的意思，并用语言回应他。

（3）把对话用录音机录下来，然后放给婴儿听。

游戏指导：

（1）现场指导：婴儿如果不愿意说话也不必勉强，成人可以拿一些简单的可以操作的生活物品或玩具来增强他的兴趣。给婴儿听录音的时候，成人可以指出来哪个是婴儿的声音，哪个是家长的声音。

（2）家庭指导：在家里玩录音机游戏的时候，应尽量在一个安静的、刺激物较少的环境中进行，这有助于减少婴儿注意力的分散，保持婴幼儿对游戏的兴趣。成人还可以用玩具手机与婴儿玩打电话的游戏。

2. 支持要点

（1）这个阶段的婴儿可以用一些简单的手势与成人交流，如把手放在嘴边，并发出"吧吧"的声音，表示吃饭。家长可以在这段时期多用"手势语＋口头语言"的形式与婴儿交流，帮助他们表达喝水、睡觉、换尿布等常见的需求。这个阶段的婴儿模仿能力非常强，成人只需多重复几次，婴儿就能掌握这些简单的手势语。在婴儿的语言表达能力成熟之前，手势语能够缓解他们因为无法准确表达自己的需求而产生的焦虑与急躁情绪。

（2）虽然婴儿还不会说话，但他们正在为语言的产生做积极的准备，对音素非常敏感。成人要多和婴儿说话，与他们面对面地交流，因为成人发音时的口腔活动、面部表情、语音语调等都是婴儿理解语言、模仿语言的重要音素。多次重复的词，会在婴儿的大脑里建立事物和词语之间的联系，从而理解词语的含义。如果认为婴儿听不懂就不跟他说话，就会严重阻碍婴儿语言的发展。

（3）多给婴儿念一些短小精悍、朗朗上口的童谣，唱一些旋律欢快的儿歌，配上表情、动作，能促进婴儿语言的发展。儿歌或童谣最好重复念唱，而不是频繁更换，因为重复是婴幼儿学习的一个重要方式。反复听同样的内容有助于他们记忆与学习。

（三）玩具与材料

1. 可操作的发声玩具

让婴儿在操作的过程中学说话，使其乐于倾听和表达。

2. 蒙氏圆形简单拼图

可放置婴儿或者家人的照片让婴儿指认，可放置蔬菜、水果、小动物等的照片让婴儿认知，可放置人物情绪照片让婴儿识别、指认，可锻炼婴儿手指的灵活性和手眼协调能力。

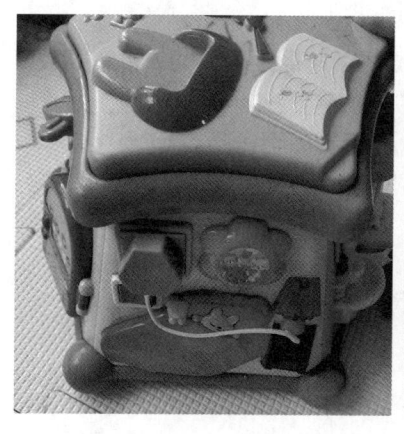
图5-22　可操作的发声玩具

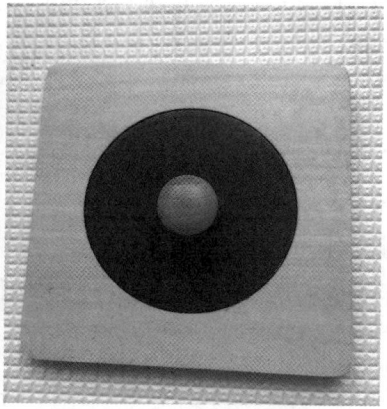
图5-23　蒙氏圆形简单拼图

三、社会性发展类游戏

（一）社会性发展特点

10个月时，婴儿逐渐表现出不同的个性，有的开朗，有的安静，有的谨慎，有的害羞，有的执拗，有的顺从；这个月龄的婴儿可以记住自己的名字，听到别人叫自己的名字会给予回应；会表示"要"或"不要"；会主动伸手要求成人抱；对同龄的婴儿表现出极大的兴趣，能区分熟人和陌生人，有分离焦虑；能配合成人穿衣、穿鞋、换纸尿裤。11个月的婴儿愿意和同龄小朋友玩耍，会主动亲近小朋友和熟悉的大人；能把玩具给别人，但是不松手。能听懂成人言语里的赞同和禁止；喜欢玩互动类的游戏。12个月的婴儿会伸手去拍镜子中的自己，有初步的自我意识，能指出自己的五官和身体的其他部位，能听懂禁止的指令，并且终止自己的行为。

（二）游戏选择与支持

1. 游戏推荐

游戏一：小熊爬山

游戏目标：

（1）认识身体部位。

（2）乐于和成人玩互动游戏，保持情绪愉悦。

游戏过程：

（1）成人和婴儿面对面坐着。

（2）成人一边念儿歌一边做动作：小熊小熊爬上山（食指和中指在婴儿的腿上、胳膊上或躯干上做出走路的动作），一步一步往上爬（重复前面的动作），一不小心滚下来（食指和中指做出滚下来的动作），滚到婴儿的胳肢窝（用食指轻挠他的胳肢窝）。

（3）儿歌的最后一句还可以换成"滚到宝宝的小肚子上""滚到宝宝的小手上"，换成哪个身体部位，就在婴儿哪个身体部位挠痒痒。

游戏指导：

（1）现场指导：用愉快亲切的声音告诉婴儿身体各部位的名称。游戏可以反复玩，每次可以换不同的身体部位，让婴儿熟悉不同的身体部位。

（2）家庭指导：成人给婴儿挠痒痒的时候只轻轻挠几下即可，注意不要让婴儿呛到口水，游戏中注意安全。

游戏二：眼睛在哪里

游戏目标：

（1）认识五官。

（2）乐于和成人玩互动游戏，保持情绪愉悦。

游戏过程：

（1）成人和婴儿面对面坐着。

（2）成人一边唱儿歌一边做动作。

（3）"眼睛在哪里？眼睛在哪里？眼睛在这里。"成人一边唱，一边用食指指认自己的眼睛。

（4）把歌词中的"眼睛"换成"鼻子""嘴巴""耳朵"等，唱到哪个器官，成人就用食指指认哪个器官。

（5）唱完儿歌，成人教婴儿指认五官，语言简洁亲切，如"眼睛，这是眼睛"。

（6）成人一边唱儿歌，一边用手握住婴儿的手，帮助婴幼儿指认五官。

（7）成人唱儿歌，鼓励婴儿自己指认五官。

游戏指导：

（1）现场指导：用愉快亲切的声音告诉婴儿五官的名称。游戏可以反复进行，每次可以换不同的五官名称。婴儿在成人演唱五官歌的同时，会认识五官，记住五官的名称。

（2）家庭指导：游戏尽量在安静舒适的环境中进行。成人帮助婴儿指认五官要有耐心，即使婴儿指认错误，成人也不要嘲笑。如果婴儿指认自己的五官有困难，可以先让他玩看照片指认五官的游戏。游戏时，也可以准备一面镜子，让婴儿指认镜子里自己的五官。

游戏三：出去和小伙伴玩

游戏目标：

（1）能主动与同伴交往。

（2）乐于和同伴玩互动游戏。

游戏过程：

（1）带婴儿去早教机构或小公园和同伴一起玩。

（2）成人可以先跟他人打招呼，示范给婴儿看。

（3）鼓励婴儿和他人打招呼。

（4）成人先跟其他小朋友聊天，然后鼓励婴儿跟其他小朋友玩。

（5）这一阶段的婴儿正处于自我意识的萌芽时期，不要强迫他们跟其他小朋友分享玩具和零食。

游戏指导：

（1）现场指导：如果婴儿不愿意跟他人打招呼，家长不要勉强，有的婴儿个性腼腆、害羞，家长越是强迫，他就越抵触。

（2）家庭指导：游戏过程中，成人应注意自己和别人交往的言行。成人的一言一行都会被婴儿模仿，因此，成人一定要给婴儿树立一个良好的榜样。

2. 支持要点

（1）经常和婴儿读一些表情绘本，做一些好玩的表情游戏，能够帮助婴儿理解各种表情的意义。

（2）良好的亲子依恋关系就像婴儿的安全基地，婴儿可以从这里开始探索未知。成人要多花些时间陪伴婴儿，多做一些有身体接触的亲子游戏，培养良好的亲子关系。面对婴儿的哭闹，成人不要发脾气，更不要用简单粗暴的方式制止他，而是要尽量用游戏的方式去哄他。这个阶段的婴儿还处于分离焦虑的敏感期，成人可以多和他玩一玩分离游戏，帮助他逐渐克服分离焦虑。不要强迫婴儿去接受或亲近陌生人。

（3）这一时期的婴儿自我意识和独立性开始发展，是锻炼独自游戏能力的好时机。成人可以先和婴儿一起玩一会儿，然后停下来看着他玩。这样几天之后，成人可以坐在旁边看着婴儿玩，甚至可以在一定范围内做自己的事情，让婴儿有自己的空间，但是一定要保证婴儿能够看到自己。如果婴儿呼唤，成人便要及时回应。待婴儿经过一段时间的适应后，成人可以试着短时间、短距离地离开，当婴儿呼唤时，成人可以等待一两分钟再回到其视线内。这一过程中要确保婴儿的安全。

（三）玩具与材料

1. 社会性主题绘本

指绘本内容主要为社会生活的绘本，能够让婴儿加强社会认知，学习如何交往、如何分享等，从而通过模仿形成自己的认知。

2. 情绪类主题绘本

帮助婴儿认识和探索情绪，认识情绪的不同表达方式。婴儿对情绪的学习多来源于自身和周围的人，情绪类主题绘本为婴儿提供了第三个途径，让他们有更多的机会接触和了解各种情绪。

3. 社会互动性智能玩具

能对婴儿日常生活中发出的声音进行录制，可以和婴儿对话，可以播放儿歌、故事，可以让婴儿用它给爸爸妈妈打电话，锻炼婴儿的语言能力，促进他的社会性发展。

图 5-24　社会性主题绘本

图 5-25　情绪类主题绘本

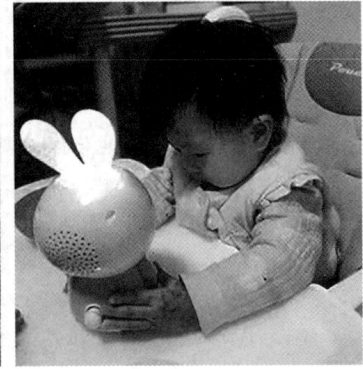
图 5-26　社会互动性智能玩具

四、认知发展类游戏

（一）认知发展特点

10—12个月的婴儿具有明显的记忆能力，能认识自己的玩具、衣服、鞋子等，能用手指认物品，能听懂简单的指令，能对感兴趣的事物进行长时间的观察。这个月龄段的婴儿有比较明确的客体永久性观念，能找出藏起来的物品。能够区分物品间较明显的不同，如区分外观相同、大小差别很大的物品。好奇心更强，喜欢探索周围的环境，喜欢操作玩具，对因果关系感兴趣，会反复做同一件事。

（二）游戏选择与支持

1. 游戏推荐

游戏一：永久目标盒

游戏目标：

（1）懂得客体永久性。

（2）愿意在操作中思考，锻炼推理能力。

游戏过程：

（1）成人和婴儿面对面坐着。

（2）成人向婴儿演示永久目标盒的操作。

（3）成人一边说"请看"，一边拿起红球，停顿片刻。

（4）成人把红球拿到洞口上方，停顿片刻，然后把红球投入洞口，手掌打开，再停顿片刻。

（5）成人重复示范数次，鼓励婴儿自己尝试。

游戏指导：

（1）现场指导：成人拿起红球的时候，用拇指与其他四指相对抓握，一定要用整个手掌抓握，不能只用拇指和食指捏起红球。动作与动作之间一定要停顿片刻，以便于婴儿观察清楚动作。游戏中，应允许婴儿用自己的方式探索教具，允许他犯错。

（2）家庭指导：永久目标盒是经典蒙氏教具之一，之所以叫这个名字，是因为它旨在让婴儿懂得客体永久性，让他懂得，即使脱离了对某个物体的感知，该物仍然存在，这是婴儿后期认知发展的基础。如果家里没有永久目标盒，成人可以用纸盒子自制一个。所用的纸盒子不要有花里胡哨的图案，最好是木色、白色等中性色。球的大小要和洞口的大小匹配，太大或太小都会阻碍婴幼儿的探索。

游戏二：认识红色

游戏目标：

（1）认识红色。

（2）喜欢探索周围的世界，保持好奇心。

游戏过程：

（1）成人和婴儿面对面坐着。

（2）成人出示红色色卡，告诉婴儿："看，这是红色。"

（3）成人出示红色小球，告诉婴儿："看，这是红色的球。"

（4）成人出示红色的小车，告诉婴儿："看，这是红色的小车。"

（5）成人重复示范数次。

（6）成人把这些玩具放在一起，对婴儿说："宝宝，把红色的小车给我。"

（7）成人引导婴儿去寻找环境中的红色物品。

游戏指导：

（1）现场指导：颜色是较为抽象的概念，在带婴儿认识颜色的过程中，家长应有足够的耐心,让婴儿慢慢理解。科学研究发现,按照红、黑、白、绿、黄、蓝、紫、灰、棕(褐)的顺序教婴儿认识颜色,会取得不错的效果。

(2)家庭指导:在生活中遇到红色的物品时,成人应抓住时机多重复和强调红色的概念。在认识红色的过程中,不要介绍其他颜色,否则容易让婴儿混淆。若有其他颜色的物品出现时,成人可以说:"宝宝,这个球不是红色的。"

游戏三:因果关系游戏

游戏目标:

(1)初步感知因果关系。

(2)喜欢解决问题。

游戏过程:

(1)成人和婴儿面对面坐着。

(2)成人给婴儿出示小勺和铁盒,并示范用小勺敲击铁盒发出声响。

(3)成人多次示范后鼓励婴儿自己尝试。

(4)成人给婴儿出示笛子,并示范吹笛子。多次示范后鼓励婴儿自己尝试。

(5)成人给婴儿出示按键玩具,示范按键让玩具发出声响。多次示范后鼓励婴儿自己尝试。

游戏指导:

(1)现场指导:成人示范的动作与动作之间,一定要停顿片刻,以便于婴儿观察清楚动作。允许婴儿用自己的方式探索每个物品,允许他犯错。

(2)家庭指导:婴儿的认知能力是在不断探索的过程中形成的,成人要允许婴儿去探索,哪怕他会破坏一些物品。探索的过程会帮助他了解不同物体的特点,意识到自己的行为会对周围的环境产生影响,增强对因果关系的理解。

2. 支持要点

(1)正确对待婴儿的"破坏"行为。随着婴儿能力的发展,他在这个阶段可能会出现"破坏"行为。例如:拿到纸巾会一张一张地抽出来,甚至把纸巾撕碎;喜欢把东西都扔到地上;拿到任何东西就不停敲餐桌。有的成人为此非常烦恼,有的甚至会因此责备婴儿。对婴儿的这种"破坏"行为,我们首先要理解其行为背后的原因。婴儿的这些行为并非有意搞破坏,他其实是在探索。如婴儿撕纸、扔东西,其实是在探索自己的动作对物体产生的影响。理解了婴儿行为背后的原因,我们就能更客观地去面对他的这些"破坏"行为。只要没有危险,成人就应该尽可能地支持、保护婴儿的好奇心和探索欲。

(2)多为这个月龄段的婴儿提供一些帮助其探索因果关系、客体永久性的材料,多和婴儿玩一些感知大小、认知颜色等的活动。

(三)材料与玩具

1. 因果关系类玩具

能让婴儿从视觉或听觉等感官上感受到因什么动作引发什么结果的玩具都属于因果关系类玩具。如学步车既能让婴儿学走路,又能帮助他理解因果关系。婴儿推着学步车走路的

时候，内置的音乐盒就会发出悦耳的音乐，停止走路，音乐也戛然而止。学步车上还有小鼓和敲击琴，可以让婴儿在一次次重复制造声音的过程中，理解因果关系。

2. 概念类玩具

能够帮助婴儿理解大小、多少、高低等概念的玩具都属于概念类玩具。外形相同、大小有明显差异的铁皮罐子就属于概念类玩具。罐子有大小，可以套叠，有助于婴儿理解大小的概念；通过给铁罐盖盖子，能够锻炼婴儿的精细动作和手眼协调能力；罐子可以盛放东西，能够帮助婴儿理解包含关系和客体永久性观念。

3. 永久目标盒

蒙氏经典教具之一。婴儿在操作时，看着球先消失，然后从另一个地方出来，可以增进对客体永久性的理解。

4. 按键类玩具

锻炼婴儿的精细动作和手眼协调能力，丰富其认知经验。

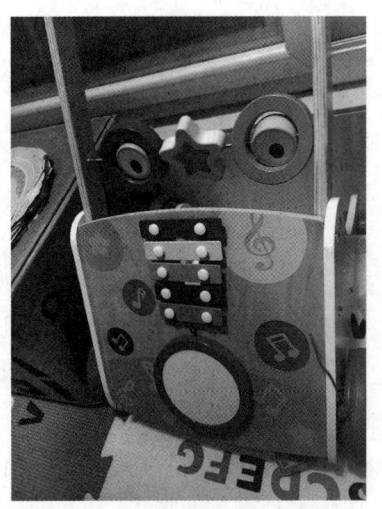

图 5-27 学步车

图 5-28 铁皮罐子

图 5-29 永久目标盒

图 5-30 按键类玩具

第五节　13—18个月幼儿游戏

一、动作发展类游戏

（一）动作发展特点

1. 大肌肉动作

13个月以后，幼儿在被牵着一只手或单手扶栏杆的情况下能平稳行走，能踮脚，会滚皮球。15个月以后，幼儿基本可以完成独立行走的动作，甚至能向前小跑几步或倒退几步，能有目的地投掷玩具,能完全蹲下捡东西,能踢皮球,能平稳地绕过障碍物。17个月以后,幼儿能独自倒着走,能独自扶着栏杆上台阶,能尝试将球滚向目标物,能拉着玩具向前走,也能拉着玩具倒着走。18个月时,幼儿开始尝试跳的动作,在大人牵着双手的情况下能跳几下。

2. 小肌肉动作

13个月的幼儿能一手同时抓起两块积木,能将小木棒插入有孔的板子内,能把盘中的豆子捡到瓶子里,能尝试把一个小容器里的东西倒入另一个容器中,能把积木叠高后再推倒,能学着把圆环套在垂直的木棍上,能翻比较厚的卡片书。15个月以后,幼儿能尝试把瓶盖放在瓶口上,能模仿成人把小杯子套进大杯子里,能把纸撕成一条一条的,能用拇指和其余四指相对握住笔有控制地涂鸦。16月以后,幼儿能学着将玩具一个接一个排成一行,能搭高3块积木。17个月以后,幼儿能抓住摇摆中的小物体,能搭高4块积木,能学着把三只大小不同的杯子按照大小次序套在一起。

(二)游戏选择与支持

1. 游戏推荐

游戏一:抓泡泡

游戏目标:

(1)培养身体的协调性,发展大运动能力。

(2)感知泡泡的物理特性,丰富触觉体验。

游戏过程:

(1)游戏开始前,成人准备好泡泡水和几种不同规格的吸管。

(2)用泡泡圈吹出大泡泡,鼓励幼儿抓泡泡、追泡泡、踩泡泡。

(3)再用吸管吹一些小泡泡,重复游戏。

(4)在高处和低处都吹一些泡泡,重复游戏。

(5)成人变换位置吹泡泡,重复游戏。

(6)当大泡泡、小泡泡、高高的泡泡、低低的泡泡四处飞舞时,可以用语言引导幼儿感知"大""小""高""低"的概念。

游戏指导:

(1)现场指导:尽量选择宽敞、平整的场地。对月龄小一点的幼儿,可以选择铺有软泡沫或地毯的场地。

(2)家庭指导:成人在家中可以自制泡泡水:将适量婴儿奶瓶清洗剂、一杯水和适量白糖混合在一起,就能制成一份泡泡水。对走路比较稳当的幼儿,成人可以带他到户外去抓泡泡。还可以鼓励幼儿和同伴一起玩抓泡泡,促进同伴交往。

游戏二:开飞机

游戏目标:

(1)培养身体的平衡感和协调性。

（2）喜欢听儿歌，乐意通过模仿来学习动作和语言。

游戏过程：

（1）成人一边做示范，一边讲解动作要领，告诉幼儿开飞机的时候要伸出大翅膀。

（2）引导幼儿两手侧平举，跟着成人慢慢跑。

（3）成人观察幼儿是否会侧平举，如果不会，成人可以扶着婴幼儿的胳膊，帮助幼儿侧平举，并告诉他："宝宝的翅膀一定要伸展哟，要伸出大翅膀。"

（4）成人一边侧平举慢跑，一边念儿歌："小飞机，飞呀飞，左边飞，右边飞，飞到哪里去？飞到妈妈怀抱里。"成人根据儿歌内容做动作，并引导幼儿模仿。

（5）当幼儿玩熟练以后，可以变成小鸟飞的游戏，增加游戏的趣味性。

游戏指导：

（1）现场指导：幼儿跑步时往往非常僵硬，不知道如何用手来保持平衡。这个游戏让幼儿把手伸出来，有助于他练习用手臂掌握平衡。游戏中，成人不必要求幼儿侧平举的动作有多标准，只要他能通过手臂来保持平衡就可以。游戏时要把握好时间，不宜太长，否则会让幼儿的手臂肌肉酸疼，还会让他对游戏失去兴趣。游戏时应保证幼儿的安全，防止摔倒。

（2）家庭指导：在家中，成人可以和婴幼儿在地垫上玩这个游戏。

游戏三：踩踩踩

游戏目标：

（1）增强腿部肌肉的力量，提高身体平衡能力。

（2）能听指令完成动作。

游戏过程：

（1）成人出示小脚丫的卡片，讲解游戏要求："宝宝，看，这是小脚丫。老师说'踩踩踩'，宝宝就要踩住它。"

（2）成人引导幼儿进入有栏杆的平坦场地，把脚丫图片粘在栏杆旁的地板上。

（3）成人引导幼儿找脚丫图片："宝宝，看看地上有什么，快来帮我找一找。"

（4）幼儿找到脚丫图片后，成人给他做示范：一只手扶着栏杆，一只脚站立，另一只脚去踩小脚丫图片，边踩边说"踩踩踩"。

（5）成人鼓励幼儿模仿成人去踩小脚丫图片。

（6）成人鼓励幼儿听到"踩踩踩"的指令后再去完成动作。

游戏指导：

（1）现场指导：成人放小脚丫图片的时候尽量放在栏杆旁边，让幼儿在踩小脚丫的时候可以用手扶着栏杆。成人应把握运动的强度和时间，避免幼儿出现肌肉疲劳。

（2）家庭指导：家里如果没有栏杆，可以把小脚丫图片放置在墙边。小脚丫图片和墙之间的距离要适中，方便幼儿扶墙踩卡片，过近或过远都不行。

游戏四：对敲

游戏目标：

（1）练习换手、抓握和对敲的精细动作，发展手眼协调能力。

（2）乐意探索不同物品对敲发出的声音。

游戏过程：

（1）成人递给幼儿一块积木，然后再拿一块积木递到幼儿已握积木的手边，要求幼儿把手中的积木换到另一只手中再来拿第二块积木。

（2）等幼儿两只手上各有一块积木时，成人也用两只手各抓一块积木，做放下、拿起的动作，并要求幼儿模仿。

（3）成人示范拿两块积木对敲的动作，引导幼儿模仿。

（4）成人一手拿一个套环，示范两只套环对敲，引导幼儿模仿。

（5）成人一手拿一个小勺，示范两只小勺对敲，引导幼儿模仿。

游戏指导：

（1）现场指导：幼儿学会对敲的动作后，成人可以唱儿歌来增加游戏的趣味性，并引导幼儿模仿成人边唱儿歌边做对敲的动作。

（2）家庭指导：在家中，鼓励幼儿拿生活中的物品练习对敲，探索哪些物品对敲时能发出声音，哪些不能，以及不同材质的物品对敲分别发出什么样的声音。

游戏五：投喂小猫

游戏目标：

（1）锻炼手部精细动作，发展手眼协调能力。

（2）喜欢和爸爸妈妈做游戏，乐于模仿。

游戏过程：

（1）成人在广口瓶上贴上小白猫和小黑猫的头像。

（2）成人将卫生纸团成小球。

（3）成人给幼儿展示广口瓶上的小动物："这是小白猫，这是小黑猫。"

（4）成人一边说"小白（黑）猫饿了，要给小白（黑）猫喂猫粮"，一边把纸球投进广口瓶。

（5）鼓励幼儿模仿成人喂小猫。

游戏指导：

（1）现场指导：刚开始游戏时，成人可以先握住幼儿的手帮他对准瓶口，慢慢地，由幼儿自己来完成"喂小猫"的动作。当幼儿又稳又准地把小球投到瓶中时，成人要及时予以鼓励；如果幼儿投球有困难，成人可以把广口瓶换成开口比较大的小碗。

（2）家庭指导：在家中，如果婴幼儿对这个游戏比较熟练了，成人可以用有孔的蒸屉让幼儿玩插吸管的游戏。

游戏六：搭高楼

游戏目标：

(1) 练习搭高的精细动作,能搭3—4块积木。

(2) 锻炼手眼协调的能力。

游戏过程：

(1) 成人给幼儿做示范,一边搭积木一边数层数:"1层,2层,3层……"

(2) 鼓励婴幼儿自己搭高楼,当幼儿成功搭高3—4块积木时,成人应及时给予鼓励和表扬。

(3) 待幼儿能够熟练地搭积木后,成人可以示范按照一定的条件搭积木,如把红色的积木搭在黄色积木上。

(5) 鼓励幼儿按照颜色搭积木,成人可以递给他一块红色积木,鼓励他把红色的积木搭在黄色的积木上。

游戏指导：

(1) 现场指导：搭积木不仅有助于培养幼儿的精细动作和手眼协调能力,同时还能培养他的空间意识,让他在操作中学着分辨物体的大小和形状。如果幼儿对搭积木不感兴趣,成人可以先和他玩推倒重来的游戏,将推倒积木的兴趣逐渐引导到搭积木上。

(2) 家庭指导：一次为幼儿提供的积木不要太多,3—5块即可。搭积木之前,可以先让他自己去探索。生活中,可以给幼儿提供一些日常生活用品,如储物罐、小纸盒、纸杯,供幼儿搭建。

2. 支持要点

(1) 幼儿满周岁后,会变得越来越独立,很快会迎来生命中里程碑式的跨越——开始独立走路。这个阶段的幼儿每天睁开眼睛就迫不及待地去家里的每一个角落探索。他挣脱大人的手,摇摇摆摆地在家里走来走去,每个房间都要去逛一逛,每个柜子都要打开看一看,每样东西都要摸一摸,每一处对他们来说都是新鲜的。他们乐此不疲地到处探索着,同时也为自己可以独自走路,可以按照自己的意愿去自己想去的地方而自豪。这时的幼儿已不满足于仅在家里探索,当他们走出去时,他们会去探索商场光滑的地面、小区凹凸不平的地面、地铁上晃动的地面。所有这些,对他们来说都是挑战,会让他们体验到"我是有能力的",从而获得自信与自豪感。对此,成人应在保证幼儿安全的前提下,多鼓励他去探索。在家中必要的地方装上防撞条、安全锁、插座保护套等保护幼儿的安全。但需要注意的是成人应避免过度保护,以免让幼儿失去探索的机会。在户外,尽量不要给幼儿使用学步防摔带,这会限制他的自由行走,还有可能会让他踮脚尖走路的时间延长。摇摇马、滑滑梯也是这个阶段幼儿喜欢的项目,家长和早教中心都可以让幼儿多玩一玩这样的项目,让他们体验晃来晃去和滑下去的奇妙感觉,同时帮助他们发展感觉统合。

(2) 在精细动作方面,这一阶段的幼儿可以用拇指和食指对捏来取物。在日常生活中,家长可以多和幼儿做一些动动手指的活动,锻炼手指的灵活性和手眼协调能力。

（三）材料与玩具

1. 可操作玩具书

多以生活场景为主的玩具书，可以让幼儿进行拉拉链、系带子、翻纸页等精细动作练习，锻炼其手部的灵活性和手眼协调能力，提高其自我服务能力和独立性。

2. 投篮玩具

锻炼幼儿的手眼协调能力和大运动能力。

3. 扭扭车

锻炼幼儿的身体平衡能力和手、脚、眼的协调能力。

4. 拖拉玩具

锻炼幼儿拉着玩具前进和后退的能力。玩具发出呱嗒呱嗒的声音，吸引幼儿的兴趣。

5. 涂鸦笔

发展手部精细动作和涂鸦能力。

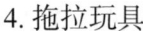

图 5-31　可操作玩具书

图 5-32　投篮玩具

图 5-33　扭扭车

图 5-34　拖拉玩具

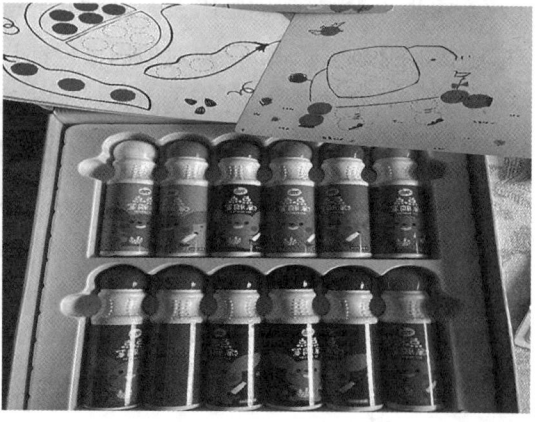

图 5-35　涂鸦笔

二、语言发展类游戏

（一）语言发展特点

13个月大的幼儿能用动作回答问题，能听懂并执行简单的指令，能模仿小动物的叫声，会说"不""拜拜""妈妈""爸爸""车"等简单的词汇，语言处于单词句期，如"抱抱"的意思是"妈妈抱抱我"。15个月以后，幼儿能理解简单的图画故事，喜欢听有简单情节的故事，能用手势或者手势加单词表达自己的需求，如用手指指草莓，然后把手放在嘴边发出"吧吧"的音，表示要吃草莓。17个月以后，幼儿能重复听到的话的最后一两个字，能用"我不"表示拒绝，能回答"是"或"不"。18个月时能说出双词句，如"妈妈抱抱"。

（二）游戏选择与支持

1. 游戏推荐

游戏一：小手拍拍

游戏目标：

（1）能在成人的语言提示下做动作。

（2）喜欢听儿歌，愿意学念儿歌。

游戏过程：

（1）成人和幼儿一起有节奏地念儿歌，并随着儿歌内容做相应的动作。

（2）念儿歌"小手小手拍拍，我的小手举起来"，同时做拍手、手臂上举的动作。

（3）念儿歌"小手小手拍拍，我的小手抱起来"，同时做拍手、双手抱在胸前的动作。

（4）念儿歌"小手小手拍拍，我的小手转起来"，同时做拍手、转动手腕的动作。

（5）念儿歌"小手小手拍拍，我的小手藏起来"，同时做拍手、把小手藏到背后的动作。

（6）念完儿歌的最后一句后，成人问幼儿："宝宝的小手在哪里呀？"幼儿把藏在背后的小手伸出来说："在这里。"

（7）重复游戏直到幼儿不感兴趣。

游戏指导：

（1）现场指导：鼓励幼儿随着儿歌节奏做动作。成人要把自己的情绪传达给幼儿，这种情绪会感染幼儿，使之做出回应。

（2）家庭指导：家长在家里可以多和幼儿玩一玩手指谣。对幼儿来说，手指的活动也是大脑的体操，活动手指也能让大脑得到锻炼。因此，手指谣不仅能提升婴幼儿的语言能力，还能让手指和大脑都更加灵活。

游戏二：谁的声音

游戏目标：

（1）认识常见的小动物，能说出几种常见动物的名称。

（2）能模仿几种常见小动物的叫声。

游戏过程：

（1）成人先给幼儿出示一遍所有的动物图片，每拿起一张图片就告诉幼儿这是什么动物，然后模仿该动物的叫声，并鼓励幼儿一起模仿几遍。

（2）成人给幼儿听录音，让他从图片中找出相应的动物。

（3）幼儿找出相应的图片后，就和他一起说一说小动物的名称，并模仿小动物的叫声，如"小狗，汪汪汪"。

（4）重复游戏直到幼儿不感兴趣。

游戏指导：

（1）现场指导：成人的发音要准确，语速要缓慢，以便于幼儿模仿。游戏中，成人应及时给予婴幼儿鼓励。

（2）家庭指导：在家里，家长应多给幼儿看一些可以发出动物叫声的叫声书，多给幼儿示范每种动物的叫声，还可以同时示范每种动物的动作，并鼓励婴幼儿模仿。另外，家长可以带幼儿到小农场和动物园看动物，拓展他的认知经验。

游戏三：外婆桥

游戏目标：

（1）喜欢听童谣，促进语言发展。

（2）愿意跟着童谣的节奏做律动，促进感统协调发展。

游戏过程：

（1）成人盘腿坐在垫子上，让幼儿坐在摇摇木马上。

（2）成人念童谣"摇啊摇，摇啊摇，摇到外婆桥。外婆叫我好宝宝。糖一包，果一包，还有饼，还有糕"，一边摇木马。

（3）重复两三遍童谣，让幼儿感受童谣舒缓柔和的旋律。

（4）着重突出童谣中的"摇摇""宝宝""糖""糕"。当说到"摇摇"，成人就做动作让幼儿感知摇摇的意思；说到"宝宝"，成人就指指幼儿；说到"糖"和"糕"，成人就把手放到幼儿嘴边做吃的动作。

游戏指导：

（1）现场指导：成人一边唱儿歌一边跟随节奏轻轻摇晃上半身，带幼儿感受儿歌的节奏。成人念儿歌的时候要吐字清晰，语气舒缓，声音轻柔。

（2）家庭指导：在家里，如果没有摇摇木马，成人可以让幼儿坐在自己的腿上摇晃。类似《外婆桥》这样的童谣还有很多，像《拉大锯，扯大锯》(拉大锯，扯大锯，姥姥家，唱大戏。请闺女，叫女婿，小宝贝，也要去。今儿搭棚，明儿挂彩，羊肉包子往上摆，不吃不吃吃二百。)《你拍一，我拍一》(你拍一，我拍一，一个小孩坐飞机。你拍二，我拍二，两个小孩梳小辫。你拍三，我拍三，三个小孩吃饼干。你拍四，我拍四，四个小孩写大字。你拍五，我拍五，五个小孩来跳舞。……)等儿歌都非常受幼儿喜爱。成人与幼儿一边念儿歌一边互动，既能促进幼儿语言的发展，又能增进亲子感情。

2. 支持要点

这一阶段的幼儿处于单词句阶段,具有明显的以词代句、一词多义、单音重叠的特点。丰富的语言环境对这一阶段的幼儿来说非常重要。触摸书、翻翻书、味道书、镜子书、立体书是非常好的语言学习工具。这类绘本通常是硬纸板书,大小适合幼儿翻阅。挂图和涂鸦工具也有助于幼儿的语言学习。除此之外,成人的语言是幼儿语言学习的最初、最多和最直接的示范对象。语句简短、发音清晰、语速缓慢、语气夸张的语言更适合用来与幼儿沟通,也更容易让他理解与模仿。身边的人的神情、动作、声音等都能帮助幼儿尽早开发自己的语言能力。

(三) 材料与玩具

1. 玩具手机

能让幼儿模仿打电话,发展延迟模仿能力,即对一段时间之前出现的他人行为进行模仿。此类玩具不仅可以增强幼儿与他人沟通和交流的兴趣,而且能使他的社会性得到很好的发展。

2. 绘本

丰富幼儿的词汇,发展其语言能力。

图 5-36　儿童玩具手机

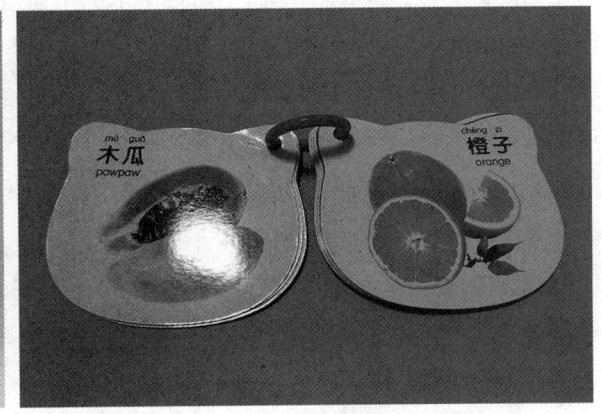

图 5-37　绘本

三、社会性发展类游戏

(一) 社会性发展特点

12个月以后的幼儿能认出自己和家庭成员的照片;喜欢和成人进行互动游戏,喜欢和同龄或稍大些的幼儿一起玩,同时也喜欢独自游戏;开始对自己的物品有占有欲;想要自我服务,如自己穿衣、穿鞋;会跟熟人再见。14个月以后的婴幼儿能听从大人的指令帮忙拿东西;得到夸奖会开心,受到批评会伤心;会在大人的提醒下说"谢谢";能指出身体的各部位,能表现出害羞、快乐、嫉妒等情绪。16个月以后的幼儿有交新朋友的愿望,会把玩具给别人,但是又会很快要回;别人坐了他的座椅或拿了他的东西,他会抢回来;能模仿大人做家务;能区分自己和他人的不同;能意识到自己的力量,意识到自己能做哪些事情;能理解别人的情绪并做出一定的反应,如妈妈哭了,他可能会趴在妈妈身上,但还不能理解情绪产生的原因。

(二)游戏选择与支持

1. 游戏推荐

游戏一:炒菜

游戏目标:

(1)提高模仿能力,意识到自己能做的事情,发展自我意识。

(2)锻炼手部精细动作和手眼协调能力。

游戏过程:

(1)成人在桌子上垫一张桌布,准备一个直径15厘米左右的小盆。

(2)成人切几块苹果放进小盆里。

(3)成人把小勺子放进小盆里。

(4)成人给幼儿示范用小勺在小盆里"炒苹果"。

(5)成人引导幼儿模仿炒苹果的动作。

(6)成人准备一个小盘子,示范用小勺把苹果从小盆盛到小盘里。

(7)鼓励幼儿自己把苹果盛到小盘里。

(8)重复游戏,直到幼儿不感兴趣。

游戏指导:

(1)现场指导:游戏前先给幼儿洗手。苹果块的大小要根据小勺的大小来切。还可以再切一些香蕉块,让幼儿感受香蕉和苹果不同的质感。

(2)家庭指导:在家里,家长可以给幼儿提供一些食品盒、勺子、模具等,鼓励他按照自己的方式游戏。

游戏二:我的小手

游戏目标:

(1)认知自己手的特点,知道自己的手小,爸爸妈妈的手大。

(2)愿意用手画画,体验用手创作的乐趣。

游戏过程:

(1)成人让幼儿伸出手,动动手指头,数数手指头。

(2)成人一边念儿歌(摇钱树,两股杈,每股杈上五个丫,摇一摇,开金花,要吃要穿全靠它),一边做动作。

(3)成人一边念儿歌,一边带着幼儿做动作。

(4)成人伸出自己的大手和幼儿的小手比一比,让他感知手的大小。

(5)成人拿着幼儿的手数五个手指头,鼓励他自己数一数。

(6)成人准备一个装了颜料的盘子,和幼儿把手放在颜料盘子里蘸上颜料。

(7)用蘸上颜料的手在白纸上点一点、按一按,印出漂亮的手指画。

（8）重复游戏，直到幼儿不感兴趣。

游戏指导：

（1）现场指导：游戏中使用的颜料应是无毒无害的。成人还可以准备一个有颜色的面团，和幼儿一起在面团上印出手指印。

（2）家庭指导：家长不要因为怕脏乱、嫌麻烦而不敢放开让幼儿去探索。游戏时，只要在容易清洗的平面上铺上大张的纸就可以了。还可以为幼儿提供一些适合他的小手操作的简单工具，让他在探索小手的时候，充分释放创作的灵感。

游戏三：镜子游戏

游戏目标：

（1）发展自我认知和自我意识。

（2）愿意和镜子中的影像互动，体验照镜子的快乐。

游戏过程：

（1）成人把幼儿抱到镜子前，摸摸幼儿的五官，并告诉他五官的名称。

（2）成人引导幼儿对着镜子做挥手再见的动作。

（3）成人拿一顶帽子给幼儿戴上让他观察一会儿，然后鼓励他把帽子摘下来给成人戴上。如果幼儿还不会给成人戴帽子，成人可以自己戴上，然后引导幼儿观察镜子内外的自己。

（4）重复游戏，直到婴幼儿不感兴趣。

游戏指导：

（1）现场指导：镜子的尺寸要足够大，能让幼儿看到人的全身。在游戏中，成人要允许幼儿用自己的方式探索镜子。游戏中要保护好幼儿的安全，如果镜子边缘太锋利，应用胶布把边缘包住。

（2）家庭指导：在家里，家长可以进一步拓展游戏的内容，如播放一些欢快的音乐，和幼儿一起在镜子前做做律动。

2. 支持要点

（1）幼儿哭闹的时候，成人不能一味地满足他，而要分析一下他的要求合理不合理，否则会让他养成用哭闹来"胁迫"成人的习惯。面对不合理的要求，成人要学会温和而坚定地拒绝。例如，幼儿要触碰危险东西，成人这时一定要坚决制止，可以用夸张的表情和手势配合严肃的语调对他说"不"，同时可以试着给他讲道理，帮助他理解不能这样做的原因。

（2）这个月龄段的幼儿会表现出一定的独立性，总是迫不及待地想要自我服务，如想自己穿衣服、自己穿鞋、自己拿食物吃、自己脱衣服……虽然他们的能力还达不到，看起来有些笨拙，但是成人要给他们一个宽松和鼓励的环境，要有耐心，允许他们尝试自我服务，允许他们探索自己的能力。

（3）这一阶段的幼儿渴望去户外玩耍，去和同伴一起游戏。成人要多带幼儿去户外、去大自然中探索，去玩沙玩水，去小区游乐区、公园、早教机构和同伴互动玩耍。在早教中心，针对这一月龄段的幼儿还不能设计同伴互动的活动环节，这一阶段的幼儿还是以独自游戏为主。这一阶段正是幼儿自我意识萌芽的阶段,占有欲也伴随而至,他们还不能理解分享的行为,因此,成人不要强迫幼儿分享。

(4)进入生命的第二年,幼儿开始出现一些比较复杂的、跟自我意识相关的情绪,如羞惭、愧疚、嫉妒、羞涩、骄傲等。但幼儿自己可能还不太理解,需要家长从旁引导和讲解,例如:"宝宝,你怎么哭了?你一定很难过,告诉妈妈怎么了?"家长要学会正确处理幼儿的这些情绪,家长的处理方式会渐渐内化为幼儿为人处事的态度和方法。

(三)材料与玩具

1. 布娃娃

能作为婴幼儿的游戏伙伴,让幼儿抱着娃娃走路、拍娃娃睡觉、喂娃娃吃东西,发展自我服务能力、社会性和同伴互动能力。娃娃的尺寸以适合幼儿抱为宜,材质最好是柔软的纯棉布料,不能太重。布娃娃要有清晰的五官、头发、四肢、手,方便幼儿认知人体部位。布娃娃的眼睛、鼻子、嘴巴最好是用线缝在脸上的,而不是用珠子等材质缝上去的,以免脱落导致幼儿误吞。

2. 过家家玩具

尺寸适合幼儿操作,让他们模仿成人在生活中的行为,既能锻炼幼儿的动手能力,又能锻炼他的想象力和语言能力,发展延迟模仿能力和社会性。

图 5-38 布娃娃

图 5-39 过家家玩具

四、认知发展类游戏

(一)认知发展特点

13—18个月的幼儿,感知觉的发展进一步精细化。触觉方面,当手的触觉探索活动出现后,口腔触觉退居次要地位,但并未消失,仍然会作为手的探索的补充。视觉方面,幼儿已经能看出一堆物品的颜色是否相同,能从杂合的颜色中挑选出单一的颜色。听觉方面,幼儿的听觉分辨力越来越精细，能够区分各个单一的声音。知觉方面，婴幼儿开始能识别几何图形，认识圆形、正方形、三角形的物体，能够分清前后方向，逐渐开始建立空间概念。

这一阶段的幼儿思维发展有了质的飞跃，出现了概括性和间接性的特征。工具性动作指的是按照物体的结构特征和功能使用物体的行为。1岁以后，幼儿对手中的物体不再只是盲目地敲敲打打，而开始按照物体的性质进行操作，如用餐具喂洋娃娃，而不会去喂汽车或积木等。对一类物品用同类动作，说明幼儿对物品已能初步分类，而分类的基础就是概括。这一阶段的幼儿开始使用表意性动作，即借动作表达意愿，如用手指向想要去的地方。这表明，幼儿此时的认知已经超越了被动感知水平，出现对未来情况的预知，而预见性正是认知间接性的明显标志。

这个月龄段幼儿的认知发展更加体现了社会化的特点，他们的学习兴趣高涨并能积极融入成人世界。

（二）游戏选择与支持

1. 游戏推荐

游戏一：玩颜色涂鸦

游戏目标：

（1）感知颜色，认识几种常见的颜色。

（2）锻炼手部精细动作和手眼协调能力。

游戏过程：

（1）成人把红、黄、蓝、绿几种颜色分别倒进颜料盘里。

（2）成人给幼儿一一展示各色颜料，并告诉他各个颜色的名称。成人把玻璃弹珠放进颜料盘里滚一滚，并引导幼儿模仿成人的行为。

（3）成人用小勺把玻璃弹珠舀到白纸上滚，可以看到弹珠留下的不同颜色的轨迹。成人告诉幼儿各个轨迹的颜色。

（4）成人给幼儿一个小勺，让他也把弹珠舀到白纸上滚一滚。

（5）准备一张白纸、各种形状的海绵、白菜根，让幼儿用这些材料，在粘了颜料的白纸上印出图案。

（6）重复游戏直到幼儿不感兴趣。

游戏指导：

（1）现场指导：颜料要选择安全无毒的，游戏中可以给幼儿穿上反穿衣，以免弄脏衣服。颜料还应是可水洗的，这样幼儿弄到手上、脸上的颜料才好清洗。

（2）家庭指导：在家里，家长可以在墙上粘一张大白纸，把颜料装在蛋壳里，再用胶带封好口，引导幼儿将装了颜料的蛋壳往墙上扔，观察墙上出现的颜料痕迹。

游戏二：认识蔬菜水果

游戏目标：

（1）认识常见的蔬菜和水果。

（2）学习用多种感官探索蔬菜和水果的特点。

游戏过程：

（1）把幼儿常吃的蔬菜洗干净，向他介绍蔬菜的名字和颜色，让他自主观察。

（2）引导幼儿用眼睛看一看、手摸一摸、鼻子闻一闻等方式，尽量调动多种感官认识蔬菜。

（3）用上述方法认识水果。

游戏指导：

（1）现场指导：给幼儿讲解蔬菜水果时，一定要选最明显的特征来讲，如颜色。讲解的语言要简练，语速要缓慢，突出重点。

（2）家庭指导：家长可以带幼儿去菜市场或超市找一找游戏中认识的蔬菜和水果，进一步丰富幼儿的认知经验。

游戏三：找闹钟

游戏目标：

（1）能够听声音寻找声源，提高对声音的敏感度。

（2）喜欢玩听声寻物的游戏，体验游戏的乐趣。

游戏过程：

（1）成人给幼儿展示闹钟，让幼儿仔细听一听闹铃响起"丁零零"的声音。

（2）成人将闹钟藏起来，待闹铃响起后，成人问："咦？什么声音在响？"

（3）引导幼儿，听声音寻找闹钟。

（4）幼儿找到闹钟后，就告诉他："这是闹钟响，丁零零。"

游戏指导：

（1）现场指导：如果幼儿对闹钟更感兴趣，成人应先充分满足其探索闹钟的兴趣，不必急着开始游戏。可以根据幼儿找闹钟的水平调整藏闹钟的距离，逐渐加大难度。

（2）家庭指导：家长还可以让幼儿听听门铃声、手表声、铃铛声等，引导幼儿认识各种声音。当幼儿找到发声物，家长应及时给予其鼓励。

游戏四：袜子配对

游戏目标：

（1）了解袜子的特征，能找到相应的另一只袜子。

（2）提升颜色感知力和观察力。

游戏过程：

（1）成人将三双不同颜色的纯色宝宝袜放在幼儿面前。

（2）成人告诉幼儿每双袜子的颜色，还可以告诉他一双袜子有两只，两只的颜色是一样的。

（3）成人把袜子顺序打乱，把三双袜子都放在一个篮子里。

（4）成人从篮子里拿出一只袜子，引导幼儿去找另一只相同颜色的袜子。

（5）等幼儿熟练之后，成人可以把三双袜子都放在篮子里，打乱顺序，直接让幼儿去找出某一双袜子。

游戏指导：

（1）现场指导：游戏时，如果幼儿还无法根据颜色找出另一只袜子，成人可以先做示范。一开始所选的袜子最好是没有图案的纯色袜子，减少其他因素对婴幼儿的干扰。

（2）家庭指导：当幼儿学会袜子配对的游戏后，家长可以让他玩一玩鞋子配对。在生活中，成人可以有意让幼儿帮家庭成员拿袜子或鞋子，并及时对他表示感谢与鼓励，提高他的成就感。

2.支持要点

（1）对这个月龄段的幼儿来说，几个小瓶子或许比固定玩法的电动玩具更具吸引力。积木、纸杯、小水桶、小铲子、磁力片、涂鸦工具等，都是幼儿感知大小、颜色、形状、空间等概念的非常好的工具材料。

（2）表意性动作和工具性动作是幼儿行为发展的重要里程碑。成人要多创设一些简单的问题解决情境，帮助幼儿发展思维能力。这一阶段的环境要点是有序性。杂乱无章的环境会分散幼儿的注意力，影响他的数理逻辑发展。此外，一次呈现出来的玩具不宜过多，否则会让幼儿拿拿这个，动动那个，从而对每个玩具的探索都不深入。

（3）成人要重视语言在幼儿认知发展中的作用。在幼儿操作材料时，成人要给予必要的言语提示，利用语言培养幼儿的注意，既可以帮助他认识更多的物体，积累更多的词汇，还可以培养他的有意注意。

（4）表象也是这个月龄段的一个关键内容，表象是指人们在头脑中出现的关于事物的形象，如母亲的笑脸。成人要允许婴幼儿有更多的自由去探索室内和户外，丰富婴幼儿的表象。

（三）材料与玩具

1.串珠玩具

鲜艳的色彩能够培养幼儿的色彩认知能力。幼儿用手推动珠子，使其沿着轨道滑行，锻炼精细动作。当珠子从一边被全部拨到另一边时，原来的一边就空了，可以让幼儿感知"有"和"无"。幼儿在操作玩具的过程中还可以学习"多"和"少"、"1"和"许多"等数概念。

2.数字圆片

家长可以给幼儿制作一些直径约4厘米的数字小圆片和一个数字游戏盒，在数字游戏盒上面开一个口子，刚好可以把小圆片塞进去，既有助于培养幼儿对数学的认知和兴趣，又可以锻炼他手指的精细动作。

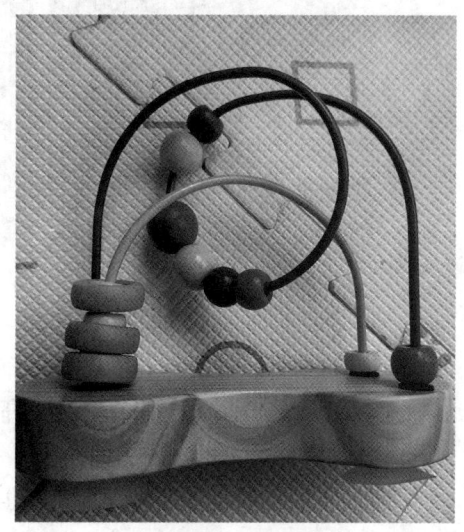

图5-40 串珠玩具

图 5-41　数字圆片　　　　　　　图 5-42　数字游戏盒

3. 玩水工具

可以让幼儿拍水、舀水、泼水、倒水，调动多种感官感知、探索水的特性。

4. 宝物篮子和神秘袋

找一个白色的篮子，在里面放一些日常生活用品，就成了一个"宝物篮子"。这个月龄段的幼儿非常喜欢摆弄日常生活用品。这些物品可以帮助幼儿认知大小、多少、形状、软硬。篮子里的东西可以定期更换。

还可以把这些日常生活用品放进一个袋子里，做成蒙氏教具神秘袋，让幼儿摸物品，猜物品。

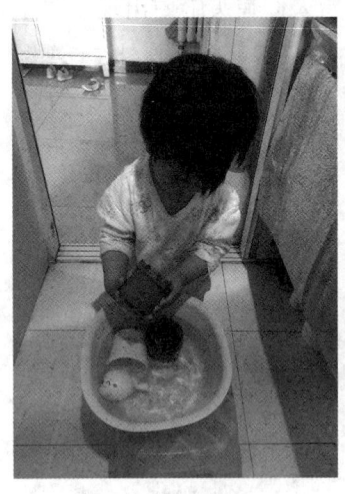

图 5-43　玩水工具　　　　　　　图 5-44　宝物篮子

5. 套杯或套塔

培养婴幼儿对颜色、数字、大小、高低、里外等概念的认知能力，锻炼婴幼儿搭高、套叠、抓、捏、对敲等手指精细动作。

6. 蒙氏教具投球盒

有助于幼儿感知里外的空间概念，理解客体永久性，锻炼抓、捏、投、放等精细动作。

图 5-45 套杯

图 5-46 投球盒

第六节　19—24个月幼儿游戏

一、动作发展类游戏

（一）动作发展特点

1. 大肌肉动作

19—24个月的幼儿随着大动作的发展表现出更大的独立性。19个月时，幼儿可以独立蹲下、站起来，可以沿直线走，可以独自上下楼梯，可以独自把大皮球踢出去。20个月时，幼儿能双脚向上跳，能踩着"S"形线走，能玩攀爬架。21个月时，幼儿能侧身走，能在跑步时控制速度和绕过障碍物，能跨越高10厘米的障碍物，能独自爬上床。22—24个月的幼儿能纵跳3次左右，能踩着圆圈、方形、"8"字形走，能将物体投掷出1米左右。

2. 小肌肉动作

19—24个月的幼儿能叠高六七块积木，能模仿画直线与圆形，能画交叉线，能控制涂画的速度，能拼插一些简单的拼插玩具，能把水从一个碗里倒进另一个碗里，能一次翻2—3页薄纸书，能用硬直线穿洞孔直径约1.5毫米的串珠，能将毛巾卷起来，能盖上瓶盖，能用两指把小东西捏起来。

（二）游戏选择与支持

1. 游戏推荐

游戏一：走线

游戏目标：

（1）学会正确的走线方法。

(2) 锻炼平衡能力、协调能力和注意力。

游戏过程：

(1) 在教室中粘贴一条2—3厘米宽的红色圆圈线、一条绿色"8"字形线和一条蓝色长方形线。

(2) 成人组织幼儿排好队，保持良好的间距。

(3) 成人给幼儿介绍走线规则："我们的双脚要放在线上走。"

(4) 成人给幼儿示范走线。

(5) 播放走线音乐，引导幼儿听音乐走线。

游戏指导：

(1) 现场指导：一开始走线时，成人可以在线上贴上一些有一定间距的小脚丫，当第一个幼儿走到第二个小脚丫标志时，第二个幼儿再出发。在这个过程中，幼儿会懂得先后顺序。

(2) 家庭指导：在家里，家长可以先让婴幼儿走直线，再走"S"形线，接下来是圆圈、方形、"8"字形线。走线时应保持环境安静，避免干扰幼儿的注意力。

游戏二：拍云朵

游戏目标：

(1) 发展纵跳能力，锻炼大运动的协调性。

(2) 感受体育活动的乐趣。

游戏过程：

(1) 成人把塑料皮球装饰成云朵的样子，用线吊起来，吊在距离幼儿头部10厘米左右的高度。

(2) 成人给幼儿示范纵跳拍云朵。

(3) 成人鼓励幼儿自己纵跳拍云朵。

(4) 幼儿拍云朵时，成人可以给他数纵跳拍了多少下。

(5) 带婴幼儿做放松动作。

游戏指导：

(1) 现场指导：注意幼儿游戏时的安全。

(2) 家庭指导：成人可以先双手拉着幼儿的双手练习跳，等熟练了再玩拍云朵的游戏。

游戏三：踩影子

游戏目标：

(1) 锻炼反应能力和身体协调性。

(2) 喜欢玩踩影子游戏，体验嬉戏的乐趣。

游戏过程：

(1) 在有阳光的户外，引导幼儿找找自己的影子和父母的影子。

(2) 引导幼儿踩成人的影子，成人适当躲闪。

(3) 引导幼儿找找旁边小朋友的影子,尝试踩一踩,并保护好自己的影子不被踩到。

游戏指导:

(1) 现场指导:应选择较为空旷的场地,场地中不要有障碍物、突起和尖锐的物品。注意幼儿追逐嬉戏时的安全,引导幼儿控制自己跑的速度。

(2) 家庭指导:在家里,家长可以找一面光线充足、单色简洁的墙面和幼儿玩一玩手影游戏。家长可以先做出一些动物的手影,让幼儿猜一猜都是什么动物,然后可以鼓励婴幼儿也动手模仿。家长还可以给幼儿展示手影变大变小的现象,帮助幼儿初步感知光影的关系。

游戏四:拧瓶盖

游戏目标:

(1) 锻炼手指和手腕的灵活性。

(2) 锻炼手眼协调能力。

游戏过程:

(1) 准备一个筐子,里面散放着几个不同的瓶子和对应的盖子。

(2) 成人示范把瓶盖拧紧,拧的动作要慢,让幼儿观察清楚。

(3) 成人鼓励幼儿尝试把盖子拧紧。

(4) 把拧好盖子的瓶子放回筐子里。

(5) 成人示范把拧好盖子的瓶子按照大小进行排序。

(6) 引导幼儿把瓶子按照大小进行排序。

游戏指导:

(1) 现场指导:游戏过程中应注意安全卫生问题。瓶子一定要清洗干净,游戏结束后要及时给幼儿洗手。

(2) 家庭指导:当幼儿熟练掌握拧瓶盖之后,家长可以增加游戏的难度。例如,增加瓶子的数量,选用瓶口大小不一的瓶子,多个瓶子和瓶盖要一一对应并盖好,提高幼儿对大小和配对概念的认知。

游戏五:粘羊毛

游戏目标:

(1) 锻炼两只手配合的协调性。

(2) 锻炼手指灵活性,体验粘贴的乐趣。

游戏过程:

(1) 成人拿出羊的硬纸板图片告诉幼儿:"这是小羊,我们来帮它快快长出羊毛吧。"

(2) 成人拿出纸巾,示范两手配合撕纸条,引导幼儿撕纸条。

(3) 成人把撕好的纸条团成球给幼儿看:"看,这是羊毛。"

(4) 成人在羊的图片上贴满双面胶,并示范把羊毛粘在羊身上。

(5) 成人引导幼儿给小羊粘上羊毛。

(6) 成人把幼儿粘好羊毛的作品贴在墙上。

游戏指导：

（1）现场指导：成人在引导幼儿撕纸和粘贴的时候要有耐心。游戏结束后，成人要带领幼儿一起把东西收拾好，把垃圾扔到垃圾桶里，培养整理的意识与习惯。

（2）家庭指导：在家里，家长可以给幼儿提供一些彩纸，让他撕，但不要给他报纸来撕，因为报纸的油墨中通常含有铅、二甲苯等有害物质，可能会对幼儿的健康造成危害。

游戏六：喂小羊

游戏目标：

（1）锻炼拇指、食指配合的灵活性。

（2）锻炼手眼协调能力。

游戏过程：

（1）成人拿出贴有小羊的瓶子告诉幼儿："宝宝，这是小羊，它饿了，我们喂它吃豆豆吧。"

（2）成人示范用拇指和食指捏住小球，拿到瓶口上方，停留片刻，嘴里一边说"放"，一边把小球投进瓶子。

（3）引导幼儿喂小羊，成人在旁边提示"捏""放"。

（4）幼儿投进小球时，成人应及时给予鼓励，并帮忙计数："一个小球，两个小球，三个小球……"

（5）成人鼓励幼儿把小球倒出来，重复游戏。

游戏指导：

（1）现场指导：成人示范时，动作与动作之间一定要停顿片刻，以便于婴幼儿清楚地观察。游戏中，成人保护好婴幼儿的安全，防止其误吞小球。

（2）家庭指导：家长可以把小球放进水里，让幼儿从水里捏小球。

2. 支持要点

（1）这个月龄段的幼儿大动作和精细动作的发展都突飞猛进，为其准备的材料和玩具应该比上一个阶段更丰富。大动作方面，幼儿的行走更稳健了，有的甚至可以小碎步奔跑，攀爬对他们来说也不成问题。他们越来越想摆脱父母的周全保护，但是他们对自己的行为和情绪的控制能力相对较弱，所以家里经常发生一些"鸡飞狗跳"的事情。这时候，家长必须更有效地和幼儿沟通，让幼儿初步建立自我情绪与行为的控制意识，同时为其提供更多锻炼的机会。推拉玩具、平衡木、攀爬架、台阶、滑梯、平衡车等，都是有助于幼儿大运动能力提升的玩具和材料。精细动作方面，这一阶段的幼儿能够自己用勺子吃饭，能完成捏、按、旋转、涂画等动作。丰富的操作材料非常重要，能够让幼儿的小手更加灵活、能干。

（2）成人应相信幼儿，给他们自由探索与自我服务的机会。有的家长因为害怕幼儿受伤，就让他们一直待在塑胶地垫上，一到户外就用各种安全带把婴幼儿束缚住，或者一出门就抱在身上；有的家长因为怕麻烦而不让幼儿自己穿鞋子、系扣子、用勺吃饭等，这些都会阻碍婴幼儿的发展。

(3) 这一阶段的幼儿活泼好动,自制力差,成人要控制幼儿的活动强度和活动时间,不能让幼儿过于疲劳。

(三) 材料与玩具

1. 攀爬架

可以锻炼幼儿的手脚协调能力和平衡能力,增强四肢的力量,培养勇敢的品质。

2. 平衡木

锻炼幼儿的平衡能力和协调能力。幼儿在走平衡木的时候,会调动身体所有器官和肌肉的活跃性,为以后一些大动作的发展打下基础。

3. 串珠珠

发展手的精细动作和手眼协调能力。

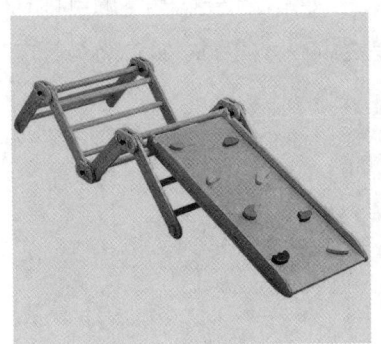
图 5-47 攀爬架

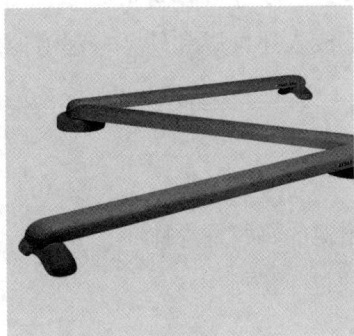
图 5-48 平衡木

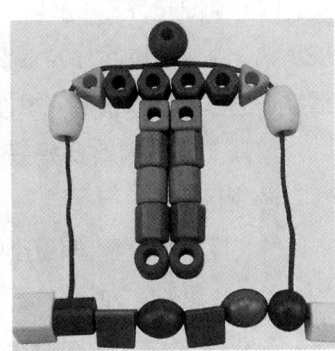
图 5-49 串珠珠

二、语言发展类游戏

(一) 语言发展特点

19—24个月的幼儿能理解的词汇越来越多,尤其是对名词和动词的理解有飞跃性的提高,且每天都在增加新的词汇。他们开口说话的积极性很高,出现了"词汇爆炸"现象。19个月的幼儿能说出20个左右的单词,到21个月时则能说出100个左右的单词,到24个月时已经能说出200多个单词。会说5个字左右的简单句,但很少修饰语;能将两三个词连成句子,即所谓双词句,如"妈妈倒倒",意思是要妈妈带着他一起睡觉;开始用"我"来称呼自己;能维持1—2个回合的对话。

(二) 游戏选择与支持

1. 游戏推荐

游戏一:打电话

游戏目标:

(1) 锻炼对话交流能力,发展社会交往能力。

(2) 喜欢玩假装游戏,感受游戏的愉悦。

游戏过程：

（1）成人和幼儿面对面坐好。

（2）成人用玩具电话拨出简单的号码，如"1234"。

（3）成人引导幼儿接电话。

（4）成人引导幼儿进行2—3个回合的对话，例如："喂喂喂，你是谁呀？""你在干什么呀？""我在玩玩具呀。"

（5）鼓励幼儿多问一些问题，或者成人说一些句子，让幼儿模仿说一说。

游戏指导：

（1）现场指导：游戏中，成人应引导幼儿主动发起对话与人交谈，教给幼儿说完整的句子，练习使用简单句。

（2）家庭指导：在家里，成人可以经常和幼儿玩这个游戏。教给幼儿一些基本的电话礼貌用语，例如："请问你是谁？"成人还可以和幼儿一起给他熟悉的人打电话，如给奶奶打电话，教幼儿说"奶奶，宝宝想你了"。

游戏二：小蝌蚪找妈妈

游戏目标：

（1）喜欢听故事，知道小蝌蚪的妈妈是青蛙。

（2）会用"是"或"不是"回答问题。

游戏过程：

（1）教师用小蝌蚪的图片吸引幼儿的注意力，引出故事。如果季节合适，最好拿装有小蝌蚪的瓶子来，让幼儿看一看、摸一摸，观察小蝌蚪的颜色、外形等特征。

（2）教师声情并茂地讲故事，引导幼儿认真倾听。

（3）故事结束后，教师向幼儿提问一些问题，例如："青蛙妈妈是绿色的吗？""青蛙妈妈是四条腿吗？"让幼儿练习用"是"或"不是"回答问题。

游戏指导：

（1）现场指导：教师在讲故事时应选择大开本的图书，让每个幼儿都能看清楚图画的内容。

（2）家庭指导：在家里，待幼儿对这个故事非常熟悉之后，家长可以创设一定的情境，和幼儿一起表演这个故事。可以让婴幼儿戴上头饰扮演蝌蚪宝宝，家长戴上头饰扮演其他小动物，让幼儿在角色扮演中提升语言表达能力。

游戏三：小星星

游戏目标：

（1）喜欢听儿歌，愿意学唱儿歌。

（2）感受音乐的节奏美，体验律动的乐趣。

游戏过程：

（1）家长抱着幼儿围成圈坐着，彼此保持一定的间距。

（2）教师给每个幼儿发一个礼物盒子："宝宝，快打开盒子，看看你的礼物盒子里有什么吧。"

（3）教师引导幼儿拿出礼物盒子里的星星棒："我们看看这颗小星星，它是黄色的，有五个尖尖的角。"

（4）教师示范挥舞星星棒的方法，让幼儿尝试挥舞星星棒。

（5）教师播放儿歌《小星星》，引导幼儿认真倾听。

（6）教师引导幼儿跟随音乐节奏挥舞星星棒。

（7）教师教幼儿唱儿歌："一闪一闪亮晶晶，满天都是小星星，挂在天空放光明，好像许多小眼睛。"

游戏指导：

（1）现场指导：在律动过程中，家长要注意不要让幼儿戳到自己。游戏结束后，家长要引导幼儿把星星棒放在指定的地方，养成把东西放回原处的好习惯。

（2）家庭指导：在家里，家长可以在一面墙上贴上深蓝色的背景纸，做一些黄色的小星星，让幼儿拿着小星星跟随儿歌的节奏做律动。音乐结束后，引导幼儿把手里的小星星贴在蓝色背景纸上，增加游戏的趣味性。

2. 支持要点

（1）这一阶段的幼儿，模仿欲和模仿能力都非常强，身边人的一言一行、一举一动都是他们学习的主要内容。成人应注意用丰富的面部表情、富有变化的语调、规范正确的发音、丰富而又准确的用词造句，为幼儿提供良好的语言榜样和语言示范。

（2）这一阶段的幼儿阅读图画书的兴趣较为浓厚，是培养其阅读习惯的好时期。家长应该为幼儿提供一个良好的阅读环境，营造浓厚的阅读氛围，从而激发幼儿对阅读的兴趣。成人应当和幼儿共同阅读，一边给他们看图画一边讲解，这样能帮助幼儿更好地理解书的内容，增加阅读的乐趣。对此，家长可以每天安排固定的亲子阅读时间，如睡前。另外，阅读环境特定的光线、阅读时间开始的提示音乐、阅读前特别的服装（如睡前换上睡衣）等会让亲子阅读变得更加有仪式感，让幼儿对亲子阅读充满期待。

（3）除了亲子阅读，成人还应创设条件，让幼儿慢慢学会独立阅读，试着让他们边看边说图画书或图片中的内容。成人还应根据幼儿的阅读进展情况适当更换、添加图书，以提高幼儿阅读的积极性。当然，亲子阅读仍应是这一阶段的主要阅读方式。

（三）材料与玩具

1. 味道书

通过味道吸引幼儿，丰富幼儿的嗅觉体验，帮助他们了解水果的香气、颜色、形状等。

2. 词汇卡片

丰富幼儿的词汇量，可以根据幼儿的发展情况进行调整，促进幼儿语言能力的发展。

3. 蒙氏沙盘

成人可以用食用盐和食用色素制作彩色沙子，放在盘子里做成蒙氏沙盘。成人可以引导幼儿在沙盘里书写，锻炼幼儿的手眼协调能力和专注力，为之后的书写做准备。

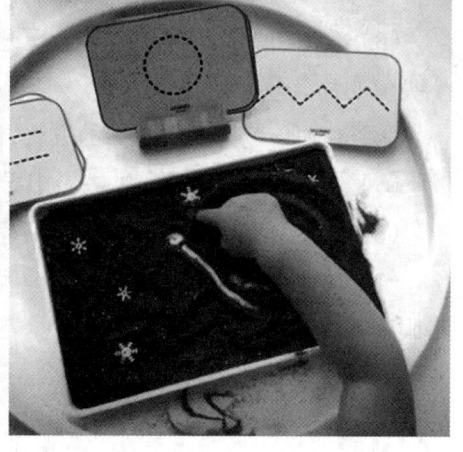

图 5-50　味道书　　　　　　　　　图 5-51　沙盘

三、社会性发展类游戏

（一）社会性发展特点

19—24个月的幼儿能够认识照片中或镜子中的自己，对自我有了更好的认识，个性更加明显，越来越明白自己是独立的个体。幼儿在这一阶段会经历第一个反抗期，最大的特点就是喜欢对一切说"不"。这一阶段的幼儿喜欢和别的小伙伴玩，喜欢模仿成人和同伴的行为，但依然处于平行游戏的阶段；有简单的是非观念，知道什么行为是对的，什么行为是错的；喜欢做一些家务，喜欢自己的事情自己做，如穿衣服、穿袜子，不希望别人干涉自己的行动；会关心别人；偶尔会分享，但多数时候还是更愿意独自占有喜欢的物品；能在一定程度上对自己的情绪进行控制。

（二）游戏选择与支持

1. 游戏推荐

游戏一：小商店

游戏目标：

（1）学习使用礼貌用语。

（2）能遵守简单的游戏规则，知道买东西要排队。

游戏过程：

（1）教师扮演商店的营业员，向幼儿一一介绍所售卖的商品。

（2）教师介绍游戏规则：家长带着幼儿去商店买东西，幼儿要排队告诉营业员想买什么，买到想要的商品，就可以拿回去玩了。幼儿和营业员对话的时候，家长可以适当地提供帮助，如教幼儿说"你好，我要买小汽车"。

（3）家长引导幼儿说"谢谢"。

（4）鼓励幼儿与同伴交流各自买到的商品。

游戏指导：

（1）现场指导：游戏时，尽量减少游戏环境以外的刺激物和干扰因素，以免影响幼儿游戏。在游戏中，家长要保证幼儿的安全，避免小朋友之间发生冲撞。如果幼儿想要其他小朋友的商品，家长可以鼓励幼儿与他人协商交换。

（2）家庭指导：平日里，家长可以多带幼儿去超市、水果店等地方，帮助幼儿积累购物的生活经验，在实际生活中帮助幼儿了解社会规则，提升语言交流能力。

游戏二：找朋友

游戏目标：

（1）愿意对小朋友表示友好，学会说"你好""再见"。

（2）学习简单的社会交往礼仪，增强社会交往意识。

游戏过程：

（1）教师告诉幼儿："今天我们要找朋友，找到朋友要打招呼、握手、点头、抱一抱。"

（2）两个成人示范打招呼、握手、点头、抱一抱的动作。

（3）成人一起念儿歌《找朋友》，引导幼儿根据儿歌内容找到朋友，然后打招呼、握手、点头、抱一抱。

（4）最后，引导幼儿跟好朋友说"你好""再见"。

找　朋　友

找呀找呀找朋友，找到一个好朋友，敬个礼，握握手，你是我的好朋友。

游戏指导：

（1）现场指导：有的幼儿不愿意和别人有身体接触，家长不要强求，也不要焦虑，最重要的是让幼儿在游戏过程中体验到愉悦，这样的体验多了，幼儿自然就愿意和别人有身体接触了。

（2）家庭指导：想让孩子热情、友好、懂礼貌，家长自己首先应是这样的人。生活中，家长可以有意识地示范跟别人热情地打招呼、招待客人、遵守秩序等，这些都会被幼儿看在眼里、记在心上，总有一天，你会在他身上看到自己的影子。

游戏三：点名游戏

游戏目标：

（1）听到自己的名字后能大胆回应。

（2）愿意在别人面前展示自己。

游戏过程：

（1）教师介绍游戏规则："宝宝听到老师叫谁的名字，谁就站起来，拍拍胸脯说'我在这里'。"

（2）鼓励幼儿走到教师身边，让教师帮忙贴上姓名贴。

（3）幼儿回原位之后，妈妈要给予热情的拥抱和称赞。

（4）进行点名游戏，直到每个幼儿被介绍到。

（5）教师播放舒缓的音乐，带领幼儿做放松性律动。

游戏指导：

（1）现场指导：教师应用愉快亲切的声音叫幼儿的名字。如果幼儿不愿意到教师那里去领姓名贴，家长也不要着急，可以温柔地鼓励他。如果幼儿的抵抗情绪激烈，出现哭闹，家长可以暂时把他带出教室。家长一味地坚持反而会适得其反，激发幼儿更强烈的反抗情绪。

（2）家庭指导：在家里，家长可以和幼儿模拟点名游戏。在小区碰到熟人或其他小朋友，家长要鼓励幼儿主动跟别人打招呼。当幼儿积累了一定的交往经验、交往技巧和愉悦的交往体验，他就会在点名游戏中表现得落落大方了。

2. 支持要点

（1）19—24个月的幼儿进入"执拗期"，喜欢对一切说"不"，从之前的乖巧变得固执暴躁、不可理喻。家长应正确看待幼儿的这一行为，这是他们建立自我和自尊的第一步。成人不要轻易地干涉、压制幼儿的行为，不要伤害他们的自尊，尽量不要使用命令的口吻，而应以平等的姿态，给他们留出选择的余地让他们感觉到被尊重。这个时期，如果家长过于强势，会对幼儿自我意识的发展造成不良影响。

（2）这一时期的幼儿处于物权意识的敏感期，还无法理解分享的意义，贸然强迫幼儿分享，会让他们变得敏感而又缺乏安全感。家长首先要认可幼儿对自己东西的保护欲望，甚至是要推进幼儿更好地保护自己的东西，建立起清晰的物权意识，同时可以教育幼儿尊重别人的物品，不随意拿别人的东西。

（3）家长应带幼儿多走出家门，去小区、公园、商场等地方接触不同的人。在户外游戏的时候可能会遇到很多同龄的小朋友，这是很好的交往机会。家长可以引导幼儿和其他孩子互动，分享活动场地和活动器械。当幼儿间产生冲突的时候，也可以引导幼儿认识冲突，解决冲突。慢慢地，幼儿会在交往中感受到规则的重要性，逐渐掌握交往的技巧。

（三）材料与玩具

1. 社会性主题绘本

培养幼儿的社会能力，让幼儿在阅读的过程中树立正确的社会认知，学习如何交往、如何分享，知道什么样的行为是符合社会规范和社会约定俗成的，从而通过模仿形成自己的认知。

图5-52 社会性主题绘本

2. 小医生玩具

让婴幼儿在角色游戏中发展手部精细动作和手眼协调，锻炼逻辑思维能力和想象力，培养爱心和同理心等，培养幼儿对医生的正面认知，缓解对看病的恐惧和抵触情绪。

3. 小尺寸生活用品

满足幼儿想模仿成人做家务的愿望，发展精细动作，培养初步的责任感。

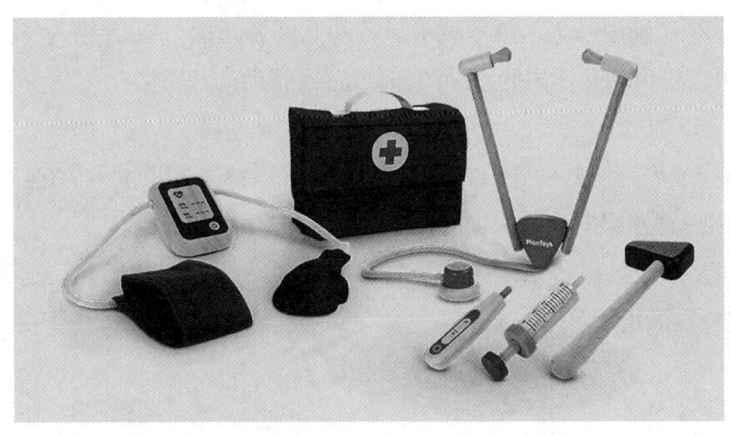

图 5-53　小医生玩具　　　　　　　　　　图 5-54　小扫帚

四、认知发展类游戏

（一）认知发展特点

19—24个月的幼儿，视觉神经髓鞘化逐渐完成，所有的视觉技能都是流畅和协调的。到2岁时，幼儿已能认识圆形、正方形、三角形、半圆形、椭圆形和长方形；视力也大幅度发展，他们只要看一眼，就可以正确判断物体距离是远还是近，在里面还是在外面。思维方面，这一阶段的婴幼儿处于皮亚杰感知运动阶段的第六个子阶段——心理表象阶段，即能够对过去的事件或客体保有内部意象；客体永久性认识进一步发展，他们能够想象出看不到的事物可能在哪里，甚至能够在自己的脑海中描绘出看不到的物体的运动轨迹；会用外部动作来寻找解决问题的方法，而且能用头脑内部的动作达到突然的理解或顿悟；能按照事物的某属性特征进行简单的分类；出现想象的萌芽和假装游戏。注意方面，这一阶段的幼儿开始进入关注细小事物的敏感期，这一敏感期会一直持续到4岁。

（二）游戏选择与支持

1. 游戏推荐

游戏一：记忆游戏

游戏目标：

（1）培养有意识记的能力。

（2）锻炼观察力、记忆力、注意力。

游戏过程：

（1）成人把婴幼儿熟悉的3样水果依次摆在桌子上，并带幼儿一一识记水果的名称和特征。

（2）成人当着幼儿的面拿走1样水果，问婴幼儿哪个水果不见了。若幼儿回答正确，成人要及时给予鼓励。

（3）成人重新拿出3样水果，带着幼儿一一识记水果的名称和特征。

（4）成人拿出一块红布将3样水果盖上，然后悄悄从布下面拿走1样水果。

（5）成人拿掉红布，让幼儿说说哪个水果不见了。若幼儿回答正确，成人要给予鼓励；若幼儿回答不上来，成人可以告诉幼儿消失的水果的部分特征，帮助幼儿回忆。

游戏指导：

（1）现场指导：游戏前，成人一定要引导幼儿仔细观察水果的特征，知道水果的名字，允许幼儿自由探索水果。如果3样水果对幼儿来说有困难，可以从2样水果开始。

（2）家庭指导：在家里，家长可以将水果换成玩具或日常生活用品来和幼儿玩这个游戏，物品数量可以从少到多，逐渐增加难度。

游戏二：分类游戏

游戏目标：

（1）能够区分不同的颜色，提高对颜色的认知能力。

（2）能够按照颜色将物体进行分类。

游戏过程：

（1）成人准备红、黄、绿三种颜色的色卡各两张，红、黄、绿三种颜色的纸蝴蝶各两个，红、黄、绿三种颜色的彩椒各两个。

（2）成人把红、黄、绿三种颜色的色卡共六张放在桌子上，拿走一张红色的色卡，然后让幼儿从桌子上找出和成人手里一样的色卡。如果幼儿答对了，要给予鼓励。换其他颜色的色卡，重复游戏。

（3）成人把红、黄、绿三种颜色的纸蝴蝶共六个放在桌子上，拿走一只红色的蝴蝶，让幼儿从桌子上找出和成人手里一样的蝴蝶。如果幼儿答对了，要给予鼓励。换其他颜色的蝴蝶，重复游戏。

（4）成人把红、黄、绿三种颜色的纸彩椒共六个放在桌子上，拿走一只红色的彩椒，让幼儿从桌子上找出和成人手里一样的彩椒。如果幼儿答对了，要给予鼓励。换其他颜色的彩椒，重复游戏。

（5）成人把所有物品都放在桌子上。先给幼儿一个红色的筐子，让他把红色的物品放进去；再给幼儿一个黄色的筐子，让他把黄色的物品放进去；最后给幼儿一个绿色的筐子，让他把绿色的东西放进去。

游戏指导：

（1）现场指导：游戏开始前，成人要引导幼儿认真观察桌子上的物品。这个游戏强调颜色的一一对应。如果幼儿知道每种颜色的名称，成人可以直接要求幼儿按照某种颜色进行分类；如果幼儿还不知道每种颜色的名称，成人可以只提出"放到一样颜色的地方"这样的要求。

（2）家庭指导：在家里，成人可以用日常生活用品和幼儿玩一玩分类游戏。例如，拿一双鞋和一顶帽子，让幼儿把不一样的找出来。

游戏三：采蘑菇

游戏目标：

（1）初步辨别上和下，发展空间感知能力。

（2）能够依照指令拿相应的物品。

游戏过程：

（1）教师给每个家庭发两个兔子头饰。家长给自己和幼儿都戴上小兔子头饰，给幼儿一个筐子。教师创设故事情境："小兔子们，现在兔妈妈要带领你们去森林里采蘑菇了。我们出发吧。"

（2）教师："小兔子们，山坡上的蘑菇找到了吗？请把山坡上的蘑菇放进筐子里。"

（3）兔妈妈带领小兔子把山坡上的蘑菇装到小筐子里。

（4）依照以上方法，兔妈妈带领小兔子把山坡下的蘑菇装到筐子里。

（5）游戏结束，带幼儿伴随音乐做放松律动。

游戏指导：

（1）现场指导：成人先让幼儿熟悉山上和山下的方位。当"小兔子"把蘑菇放进筐子里之后，"兔妈妈"可以帮助小兔子数一数有几个蘑菇。

（2）家庭指导：在家里，成人可以经常给幼儿发出一些指令帮助他增强对空间的感知。例如："把桌上的水杯拿来。""把凳子上的书拿来。""把桌子下的小球放进筐子里。"

2. 支持要点

（1）幼儿关注细小事物的敏感期会从1.5岁开始一直持续到4岁。在这一阶段，他们经常会对一些很小的东西，如蚂蚁、小石子、头发、线头、纽扣等非常关注，而且越是微小的东西，他们关注得越多。成人应该允许幼儿进行这些观察，满足他们的探索需求。同时，成人也应注意将家里的一些细小的危险品，如针、药片、干燥剂等物品，放到婴幼儿触碰不到的地方，以免幼儿吞食。

（2）随着幼儿的成长，延迟模仿的能力越来越强。成人在生活中应有意识地丰富幼儿的各种生活经验，为他们准备一些适合假装游戏的玩具和材料，支持幼儿延迟模仿能力的发展。

（3）19—24个月的幼儿正处于秩序敏感期，帮助这一阶段的幼儿建立内在的秩序感，培养物归原处的好习惯和规律的生活作息至关重要。家庭中物品的陈设、玩具的摆放等，都应该有相对固定的位置，这样可以让幼儿获得更多的秩序感和安全感。

（4）这个月龄段的幼儿在视觉、听觉、思维能力、注意力等方面都有了进一步的发展，家长应为幼儿提供适合其发展的、丰富的操作材料，让幼儿在与材料、玩具的互动中，增强对颜色、节奏、声音、数、类等概念的感知能力。

（三）材料与玩具

1. **蒙氏拼图**

让幼儿锻炼抓、捏、镶嵌等手部精细动作，增强对图形、颜色、大小等概念的感知能力。

2. **按按乐**

能够促进幼儿对颜色、数、大小的感知，锻炼手眼协调能力，培养专注力，增强手指的力量。

图 5-55 蒙氏拼图

图 5-56 按按乐

3. 拼插积木

促进幼儿对前后、上下、左右等的空间感知力,帮助幼儿认识空间结构;提高幼儿对颜色和形状的观察辨别能力;锻炼手的抓握、插入、旋转等精细动作;培养婴幼儿的想象力和创造力。

4. 电子琴或手敲琴

培养婴幼儿对节奏的感知,激发幼儿对音乐的兴趣,锻炼其手指的灵活性。

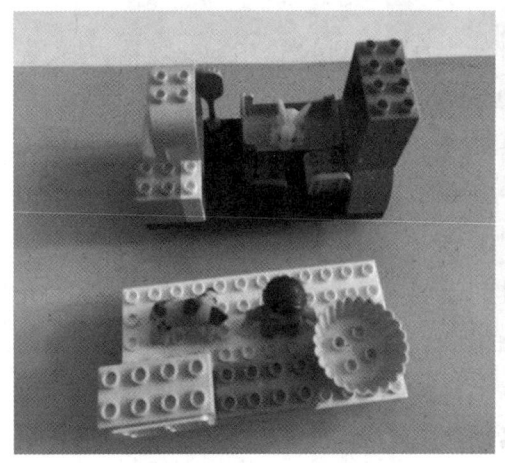
图 5-57 拼插积木

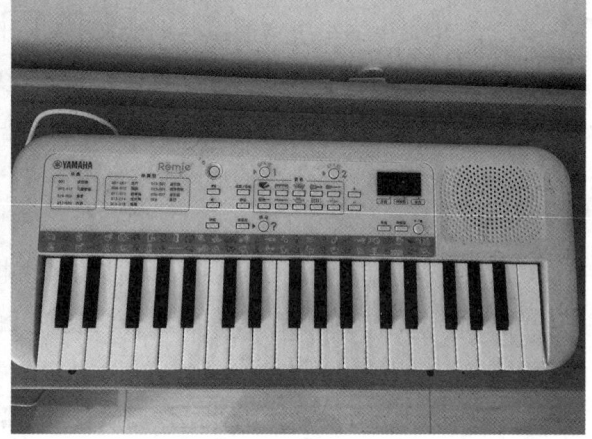
图 5-58 电子琴

第七节 2—3岁幼儿游戏

一、动作发展类游戏

(一)动作发展特点

1. 大肌肉动作

2—3岁的幼儿的大肌肉动作主要体现在行走、跑步、跳跃、平衡等运动能力的发展上。

他们能在较窄的路上行走，会用脚尖走路；出现了真正意义上的"跑"，而不是2岁前的"快步走"；能单手扶栏杆上下楼梯；可以稳稳地独自单腿站立数秒；会双脚向上跳，能双脚连跳；能跨过有一定高度的障碍物；能将球踢出去；能骑小三轮车；能爬低矮的攀登架；双手可以将球抛出2—3米，同时也能接住扔来的小球。

2. 小肌肉动作

这一阶段的婴幼儿手的动作更加灵活，能够比较准确地使用物体。能拼搭各种形状的积木，逐渐习得叠高的技能，可以搭出小房子、多层楼、小汽车等；可以开始学习使用小剪刀，但是因为拇指的控制力不足，剪刀的开合度有限；35个月左右时，可以较顺畅地开合剪刀；能做一些简单的手工；开始学着自己穿脱衣服、系扣子等。

（二）游戏选择与指导

1. 游戏推荐

游戏一：走小路

游戏目标：

（1）能在不同宽度、不同质地的小路上行走。

（2）乐于参加体育游戏。

游戏过程：

（1）成人创设不同宽度、不同长度、不同质地（木质、石质、草质、纸质等）的小路。

（2）引导幼儿在不同的小路上行走。

（3）小路可从宽到窄、从短到长，逐渐增加游戏的难度。

（4）及时鼓励大胆走过小路的幼儿。

游戏指导：

（1）现场指导：成人创设的路应有不同的难度，让幼儿可以根据个人情况自主选择不同难度的路而不应勉强他，以让幼儿保持情绪愉快为主。

（2）家庭指导：日常外出时，家长可以和幼儿寻找不同的路面，如鹅卵石路面、大理石路面、铺满落叶的路面、桥面，并鼓励婴幼儿去走一走。如果婴幼儿表现出胆怯，家长可以先牵着幼儿的一只手，给予其适度的保护。待婴幼儿克服胆怯心理时，家长再将手撤回，鼓励他独自走一走。

游戏二：玩小球

游戏目标：

（1）练习用手、脚控制小球，锻炼手眼协调能力和身体的协调性。

（2）喜欢玩球，乐于参加体育游戏。

游戏过程：

（1）成人与幼儿拉开一定的距离相对而坐，将球从地面滚动给幼儿，幼儿接住后将球以同样的方式滚回。这样来回重复几次。

（2）提供一个球门，鼓励幼儿将球踢进球门。

（3）成人和幼儿相对踢球,或让幼儿两两相对踢球。

（4）鼓励积极、大胆玩球的幼儿。

游戏指导：

（1）现场指导：游戏开始前,成人应先带领幼儿做一做简单的准备活动,如伸伸手臂、蹲一蹲、踢踢脚等。游戏中,允许幼儿根据自己的兴趣选择滚球、抛球还是踢球。可以提供一些器械激发幼儿玩球的兴趣。

（2）家庭指导：如果遇到阴雨天,无法去户外,家长可以在室内找一块相对开阔的场地,与幼儿坐在地垫上互滚球,锻炼幼儿的手眼协调能力；天气好时,家长可以带幼儿到户外,在小区或公园较开阔的地方开展一场小小的足球赛加大幼儿的运动量,让他锻炼双脚控球的能力,发展大肌肉动作。

游戏三：欢乐海洋球

游戏目标：

（1）锻炼攀爬、扔球等动作,发展大运动能力。

（2）喜欢玩海洋球,体验运动游戏的快乐。

游戏过程：

（1）播放音乐,与幼儿一起做律动,做好运动前的准备活动,愉悦身心。

（2）借助软体攀爬器械引发幼儿对游戏的兴趣。

（3）鼓励幼儿自主选择喜欢的方式,如攀、爬、走楼梯等方式进入海洋球池。

（4）鼓励幼儿在海洋球池内积极、大胆地抛球、移动。

（5）鼓励幼儿尝试不同的方式出入海洋球池,促进大肌肉动作的练习。

游戏指导：

（1）现场指导：在带领幼儿做大肌肉锻炼之前,一些身体方面的准备是必要的,以免幼儿在剧烈的运动中出现肌肉拉伤。成人在保证幼儿安全的条件下,应尽量减少不必要的帮助,给幼儿更多的空间去探索自身的能力。

（2）家庭指导：在家里,家长可以利用沙发、矮凳等为幼儿创设攀爬的游戏场景,增加运动的趣味性。日常生活中遇到楼梯也是锻炼幼儿大肌肉动作的好机会,家长应多给幼儿自己上下楼梯的机会。

2. 支持要点

（1）家长在生活中应充分利用周围环境中的有利因素,如社区里的设施设备、公园中的斜坡、居民楼的楼梯等都可以用来让幼儿锻炼。城市中大部分幼儿都居住在高层建筑里,上下楼总是乘坐电梯,这使得他们上下楼梯的锻炼几乎为零,大肌肉的锻炼有所缺失。家长可以考虑在条件允许的情况下,留一两层楼梯让幼儿自己走,以更好地促进其大肌肉动作的协调发展。

（2）成人如果发现幼儿比较胆小、不爱运动、不喜欢锻炼,成人可以多和他们一起参与到运动游戏中,帮助他们在运动中体验成功,获得自信与快乐,然后再慢慢放手让他们自主尝试。

（三）玩具与材料

1. 多功能球架

依据2—3岁幼儿的动作发展特点，激发婴幼儿的运动兴趣，帮助他们练习跳跃、投球、踢球等，发展腿部力量和整体的协调性。

2. 软体攀爬器械

可供幼儿根据自己的能力自主选择玩法，发展攀爬能力；可将海洋球或其玩具收纳至方形围栏里，供幼儿自主游戏，为运动游戏增添趣味性。

3. 小型积木

发展幼儿小肌肉动作的灵活性；学习围合、延伸、叠高等搭建技能，让幼儿动手又动脑；在搭建中感知积木的形状、颜色；在搭建中学习按某种特征选取材料，探索使建构物更平衡、对称的方法。

图 5-59 多功能球架

图 5-60 软体攀爬器械

图 5-61 小型积木

二、语言发展类游戏

（一）语言发展特点

2—3岁幼儿的词汇量和理解能力得到快速发展，能理解的词汇达到九百多个。他们喜欢听别人讲话，也乐于表达，语言逐渐通顺，能与他人对话并回答成人提出的问题。"接尾策略"使用频繁，即不管实际情况如何，只选用疑问句末尾的那个选项作为自己的选择，但不一定是他们的真实意愿。这种现象到他们3岁左右时消失。他们能理解简单的故事，对新词感兴趣，会用语言表达自己简单的愿望和需求，愿意将自己看到的事讲给熟悉的人听。

（二）游戏选择与支持

1. 游戏推荐

游戏一：小小电视台

游戏目标：

（1）能够大方地与他人分享自己的想法。

（2）学习用语言表达自己简单的愿望和需求。

游戏过程：

（1）教师用电视机模型、摄像机模型、麦克风等创建小小电视台的情境。

（2）引导幼儿坐在电视后面做主持人，讲自己想说的事情。

（3）做主持人的幼儿可与电视机外的观众对话，表达愿望和需求。

（4）教师坐在电视后面向幼儿讲故事，引发他们表达对故事的理解。

游戏指导：

（1）现场指导：对表达能力较强的婴幼儿，教师和家长应鼓励其勇敢去做小主持人，大胆表达自己的想法。对胆小、不善表达的幼儿，家长可以先做主持人，引导幼儿应答、模仿。

（2）家庭指导：在家里，家长可以利用废旧纸盒、破旧玩具等材料制作小电视，和幼儿一起玩一玩这个游戏，鼓励婴幼儿用自己喜欢的方式表达自己关注到的周围发生的事情，在游戏中发展他们的语言表达能力。

游戏二：故事盒

游戏目标：

（1）喜欢听故事，能够理解故事的主要情节和内容。

（2）愿意学说故事中角色的对话，感受其中的乐趣。

游戏过程：

（1）成人出示故事盒，引发幼儿对操作材料的兴趣。

（2）成人借助操作材料，帮助幼儿认识、了解故事的名称及主要角色。

（3）成人边操作材料边完整讲述故事，引导幼儿认真倾听、欣赏故事。

（4）成人根据故事情节提问，引导幼儿学说故事中的对话和童谣。以故事《小兔乖乖》为例，成人可以问的问题有：兔妈妈出门前对孩子们说了些什么？兔妈妈来到门前唱了些什么？小兔子一听是妈妈的声音，一齐叫了什么？大灰狼是怎么唱歌的？大灰狼唱的歌和妈妈唱的一样吗？小兔子一听不是妈妈的声音，是怎么回答的呢？小兔子相信大灰狼了吗？小兔子说了什么？大灰狼把尾巴伸进来以后，小兔子干什么了？

（5）提供故事音频，支持和满足幼儿在游戏中反复欣赏和自己操作材料讲故事的需求。

游戏指导：

（1）现场指导：教师应指导家长通过操作材料积极与幼儿互动，根据幼儿的语言发展情况，引导他们学说角色的语言，加深婴幼儿对故事内容的理解。

（2）家庭指导：在家里，家长可以利用废旧纸盒、破旧玩具等材料制作经典故事或绘本故事盒,根据不同的故事内容制作多种角色。边操作边讲述的形式可以引发孩子语言表达的兴趣,促进其语言能力的提升。当幼儿产生自己操作材料讲述故事的愿望时,家长应该鼓励其大胆表述,并在必要时提供一定的帮助和指导。

游戏三:表演游戏

游戏目标:

(1)学说故事中的角色对话。

(2)乐于参与表演游戏。

游戏过程:

(1)成人与幼儿共同搭建小舞台,根据表演内容制作一些简单的表演道具。

(2)成人准备好故事音频和背景音乐。

(3)引导幼儿选择自己喜欢的角色,给自己进行装扮。

(4)根据故事情节开展表演游戏,引导幼儿学说角色对话。在这个过程中,可以播放故事音频帮助婴幼儿完成表演。

(5)鼓励幼儿在游戏中自娱自乐,按自己的想法表演,不一定完全遵照故事的情节,而是重在体验表演游戏的快乐。

游戏指导:

(1)现场指导:教师可指导家长共同参与表演游戏的全过程,带领幼儿一起搭建舞台,一起制作表演需要的服装、道具等,这一过程本身就有助于促进幼儿语言能力、社会性、动手能力等多方面的发展,成人还可以从中了解幼儿多方面的想法和需求,为后续的表演游戏做更充分的准备。在表演过程中,成人可以通过与婴幼儿共同表演,为幼儿提供示范,引发他的表演兴趣。

(2)家庭指导:在家里,家长可以在合适的区域与幼儿共同搭建一个"小舞台",根据幼儿的兴趣准备一些服装、道具等让幼儿经常可以在那里自主游戏,当他有需求时,家长应及时为其提供帮助,而大多数时候并不需要打断他们。

2. 支持要点

(1)教师和家长在日常生活中应积极创造利于幼儿表达的机会与条件,鼓励他们想说、敢说、喜欢说,为他们提供丰富、适宜的读物,经常和他们一起阅读、讲故事,丰富他们的词汇,培养他们良好的阅读兴趣和阅读习惯。

(2)2—3岁的幼儿,其语言表达方式主要是对白语言,而独白语言发展较慢,尚不能独立叙述一个故事或一件事情。因此,谈话活动是促进这一阶段幼儿语言发展的较好方式。成人可以在日常生活中和幼儿随机地进行日常对话交流,也可以有目的、有计划就某一个中心话题展开交流。

(三)玩具与材料

1. 趣味故事盒

方便幼儿边操作边讲解,辅助他们生动形象地讲述故事,让他们在操作中动脑、动手、动口,提高他们学习和运用语言的兴趣,是促进幼儿语言能力发展的良好媒介。

2. 小舞台

为婴幼儿提供表演情境,引发其表演兴趣,促进其语言能力的发展。

婴幼儿可以自由搭建、改变舞台的场景,扮演不同的角色,自由发挥创造力与想象力。

图 5-62 趣味故事盒

图 5-63 小舞台

三、社会性发展类游戏

(一)社会性发展特点

从 2 岁开始,随着自我意识的发展,幼儿的各项能力进一步增强,主动交往的行为增多。这一阶段的婴幼儿情绪易受感染,喜欢别人赞扬自己,有强烈的自我主张,与同伴相处时发生冲突的次数不断增加;愿意和成人一起做事,参加一些简单的劳动;愿意和同伴一起玩;在家人面前能与陌生人交往,会简单的礼貌用语;对物品的所有权意识增强,懂得爱惜和收拾自己的玩具;遇到困难知道请成人帮助;对性别有了初步的认识。31—36 个月时,幼儿的自我控制力进一步增强,社会品质开始内化,出现了动作抑制,逐渐由对成人的要求进行反应发展到可以利用外部语言进行自动调节。

(二)游戏选择与支持

1. 游戏推荐

游戏一:玩具分享日

游戏目标:

(1)愿意和同伴分享自己的玩具。

(2)能与同伴友好相处,学习与人交往的方法。

游戏过程:

(1)请每个幼儿把自己最喜欢的玩具带到早教机构中。

(2)鼓励每个幼儿向大家展示自己的玩具,介绍玩具的玩法。

(3)鼓励幼儿与身边的小伙伴交换玩具玩一会儿,体验分享的快乐。

（4）引导幼儿说一说小伙伴的玩具。

（5）鼓励幼儿与更多的小伙伴交换玩具。

游戏指导：

（1）现场指导：幼儿最初或许不愿意把自己喜欢的玩具与他人分享，教师和家长可以先充当幼儿交往的"红娘"，帮助他们互相认识，彼此熟悉，再进一步鼓励他们互相分享。当幼儿能与更多的同伴自主交流分享、共同游戏时，成人应尽量减少干预，先让他们自己面对与同伴交往中遇到的问题，等他们求助时再给予一定的支持和帮助，引导其学习与人交往的策略。

（2）家庭指导：家长在日常生活中要有意识地帮助幼儿建立分享意识，如与家人分享好吃的食物、好玩的玩具，帮助他们逐步学习与他人友好相处的方法。

游戏二：小司机

游戏目标：

（1）学习并遵守简单的交通规则。

（2）能主动与同伴交往，情绪愉快地参与游戏。

游戏过程：

（1）给每个幼儿一个小方向盘，教师出示自制的红灯、绿灯、黄灯。

（2）教师以游戏的口吻介绍玩法，引导幼儿了解红灯停、绿灯行的游戏规则。

（3）播放音频歌曲《小司机》，教师扮演交通警察，幼儿手握方向盘扮演小司机。

（4）听音乐游戏数次，红灯停时，音乐停，小司机立刻停。

（5）提醒小司机互相谦让、文明行车，出现问题时使用礼貌用语。鼓励幼儿间的交往，帮助他们学习友好相处的方法。

（6）请一名幼儿扮演交通警察，指挥交通，其他幼儿扮演小司机共同游戏，体验游戏的乐趣。

游戏指导：

（1）现场指导：成人在游戏中应帮助婴幼儿认识红绿灯，了解游戏规则，建立"红灯停、黄灯准备、绿灯行"的意识；引导小司机友好交往，出现问题时及时避让，会说"对不起""没关系"。

（2）家庭指导：在家里，家长可以鼓励幼儿邀请家庭成员共同游戏，在游戏过程中轮流扮演交警和司机，逐步帮助幼儿强化、遵守规则，学习与他人友好相处。

游戏三：收整玩具

游戏目标：

（1）学习收整自己玩过的玩具，培养自理能力。

（2）喜欢参加劳动，培养物归原处的习惯。

游戏过程：

（1）教师播放视频或照片，呈现玩具凌乱的游戏环境场面。

（2）教师提出问题：玩具们怎么了？

(3) 引导幼儿想办法,帮助玩具们回"家"。

(4) 幼儿把自己玩过的玩具逐一送回"家"。

游戏指导:

(1) 现场指导:引导幼儿学习看标记,把玩具放到相对应的标记处。

(2) 家庭指导:在家里,家长可以给幼儿的各种玩具一一做好标记,每次游戏后,请幼儿根据标记把玩具送回原处,而不是每次都替他收整。家长应鼓励幼儿自己的事情自己做,培养他初步的自理能力。

2. 支持要点

(1) 幼儿是在体验中学习和发展的,因此,教育者或照护人员应注意为幼儿创设社会性学习的机会与条件,积极为他们提供与同伴共同游戏、学习的时间和空间,与家人共同做事的机会等,这些都可以促进幼儿的社会性发展。

(2) 在一些活动过后,教育者或照护人员可以及时与幼儿进行沟通和交流,了解他们亲身体验后的内心感受。2—3岁正是幼儿在实际生活中学习简单社会规则的关键期。当他们与同伴产生矛盾、发生冲突时,成人不要着急,可以待幼儿冷静时,再帮助他们分析产生矛盾的原因,学习一些与同伴友好相处的策略,理解一些行为规则的重要性,不断提升自我控制能力。

(三) 玩具与材料

1. 儿童方向盘

让幼儿扮演小司机的游戏更具情境性。方向盘上的按钮对应逼真的汽笛声和指示灯,通过对幼儿视觉、听觉、触觉的刺激,增强其手眼协调能力的发展,在控制方向盘的过程中提高自主探索能力。

2. 交通模拟玩具和儿童警察服装

交通模拟玩具和儿童警察服装能增强幼儿游戏的兴趣,让他们在角色扮演中体验交通警察平时的工作,学习、理解基本的交通规则,增强安全意识。

图 5-64 儿童方向盘

图 5-65 交通模拟玩具及服装

3. 小灶台

能让幼儿了解一些厨房用具的名称和用途，还原生活中见到的成人做饭的场景，提高模仿能力与想象力，体验自己"做饭"的乐趣，学习收拾整理多种材料。

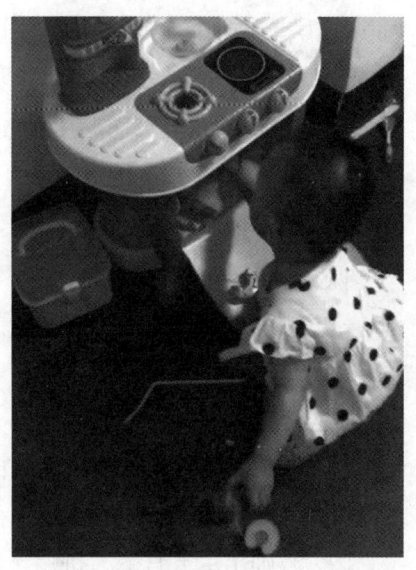

图 5-66 小灶台

四、认知发展类游戏

（一）认知发展特点

25—36个月的幼儿开始能正确辨别红、绿、黄、蓝这些基本色，但是辨别紫、橙等混合色有困难，也还不善于辨别不同的色度，如粉红、大红、深红；能够分辨三角形、正方形、圆形等形状；能够按照颜色、形状、大小对小物件进行分类，也能够根据物体的用途来对物品进行分类。

随着活动范围的扩大与活动能力的增长，这一阶段的幼儿注意力、观察力、感知觉等方面都得以提升，开始对更多的事物发生兴趣。只要有趣，他们可以较长时间地玩弄一个玩具，或者观察一件物品。一般而言，这一月龄段的幼儿能够集中注意5分钟左右，当然这并不绝对，因为除了个体间差异外，注意时长还会随着活动的性质发生变化。例如，对适合幼儿年龄特点的时长在15—30分钟的动画片，他们基本上也能够坚持看完。

这一阶段的幼儿，思维正处于直觉行动思维发展模式阶段，表现为思维紧密依附于具体的、直观的行为和动作；记忆长度一般在2个，如给他们呈现10个玩具，他们一般只能记住2个。

（二）游戏选择与支持

1. 游戏推荐

游戏一：镶嵌板游戏

游戏目标：

（1）学习分辨三角形、圆形等各种形状，能将各种形状放入对应的嵌板。

（2）培养观察力与注意力。

游戏过程：

（1）出示游戏材料，引发幼儿对游戏的兴趣。

（2）教师或家长引导幼儿辨认每种图形的特征，鼓励幼儿将图形放到相应的嵌板中。

（3）幼儿自主游戏，成人从旁观察幼儿的游戏行为，了解幼儿的发展水平。

（4）在幼儿需要帮助时予以支持和鼓励。

游戏指导：

（1）现场指导：在幼儿操作材料、自主学习探究的过程中，成人应观察幼儿的学习方式，减少用语言和动作直接干预,尽量让幼儿自主去探索,寻找解决问题的方法。

(2)家庭指导:家长在日常生活中可以有意引导幼儿学习——对应地摆放生活物品,如摆放家庭成员的餐具、洗漱用品。另外,家长也可以为幼儿提供多样的配对、镶嵌类玩具供幼儿自主探究学习。

游戏二:认识五官

游戏目标:

(1)能准确拼出五官的相对位置。

(2)喜欢玩拼贴游戏。

游戏过程:

(1)教师带幼儿玩一玩"找五官"的游戏,要求幼儿用手快速指出教师提到的五官,帮助幼儿熟悉五官的名称及位置。

(2)教师出示五官磁力拼贴玩具,向幼儿介绍玩法。

(3)幼儿自主游戏,成人从旁观察幼儿的游戏行为。

(4)在幼儿需要帮助时,予以支持和鼓励。

游戏指导:

(1)现场指导:游戏开始前,先让幼儿观察成人或同伴的面部,熟悉五官的位置,在此基础上,鼓励幼儿进一步有目的地选择匹配的材料进行拼贴。

(2)家庭指导:在日常生活中,家长可以引导孩子有意识地观察家庭成员不同的面部特征,并说一说,例如,爸爸的脸圆圆的,眼睛小小的,耳朵大大的。这样不仅能提升幼儿的观察力,还能丰富幼儿的语言。

游戏三:彩色积塑

游戏目标:

(1)能按照某一特征将积塑进行分类。

(2)自主探究积塑的多种玩法。

游戏过程:

(1)让幼儿自主选择游戏材料,成人引导幼儿观察材料的形状、颜色等特征。

(2)请幼儿从多种颜色的积塑中选出自己最喜欢的颜色的积塑。

(3)引导幼儿按颜色将积塑分类,观察幼儿的游戏行为。

(4)引导幼儿按形状将积塑分类。

(5)鼓励幼儿自主探究积塑的多种玩法,充分发挥创造力和想象力。

游戏指导:

(1)现场指导:教师和家长应鼓励幼儿自主探究,给幼儿自主选择的权利,在观察的基础上不断引导幼儿按积塑的颜色或形状进行分类,同时对幼儿的创造性玩法给予肯定。

(2)家庭指导:家长可以为幼儿多提供几种积塑材料,多采用幼儿自主游戏的方式,鼓励幼儿充分发挥想象力和创造力。家长可以适时引导幼儿学习分类、排序等，但不可过分强求；也可以通过与幼儿平行游戏，作为榜样示范为其施加影响。

2. 支持要点

（1）25—36个月是幼儿形成感知觉的时期，这个时期是以情绪和感性为主。因此，对这一阶段的婴幼儿应以感知训练和习惯、品德观念的培养为主，而不应过分强调文化知识教育。幼儿的智力和思维发展建立在丰富的感性经验基础上，丰富感性经验来自多看、多听、多尝、多摸、多闻。因此，成人在日常生活中，要多带幼儿到大自然中多看美丽的风景，观察小动物、植物，倾听各种声音，给予他们充分接触环境的机会。

（2）这一阶段的幼儿刚刚进入前运算阶段，认知活动带有明显的具体形象性和不随意性，如果没有充足的玩具、材料、教具等，他们很难有效地展开活动。因此，成人应为幼儿提供多样的、可操作的游戏材料，通过操作和对具体事物的比较，促进他们分类能力的发展。

（三）玩具与材料

1. 镶嵌玩具

让幼儿在操作的过程中学习对形状、颜色、数字等的认知，增强对大小高矮、粗细的感知，提高观察力，让他们在试误中找到解决问题的方法。

2. 五官磁力拼贴玩具

让幼儿在拼贴中进一步熟悉五官的相对位置，通过不同特点的五官组合感受人不同的情绪；对五官进行装扮，体验装扮的乐趣；锻炼手部的灵活性。

3. 彩色积塑

让幼儿感知丰富鲜艳的色彩和形状的变化；学习按颜色分类，提升有意注意的能力；学习按一定规律排序；在自主建构中感受平衡、对称等，发展空间能力和想象力。

图 5-67　镶嵌玩具

图 5-68　磁力拼贴玩具

图 5-69　彩色积塑

本 章 小 结

本章主要讲述了不同阶段的幼儿在不同类型的游戏中的发展特点,并给出了具体的游戏案例与指导。每一节中,都根据当前婴幼儿的发展特点总结了支持要点,让教师和家长更好地支持幼儿的发展。每一节的最后,还分别介绍了一些符合当前幼儿的玩具和材料,帮助成人更好地了解玩具与材料的功能,并为幼儿进行恰当的选择。

延 伸 学 习

 **拓展阅读**

与婴幼儿玩游戏时的态度

游戏是婴幼儿生活的重心,所以,在小孩游戏的时候,父母的态度就很重要。游戏应该是快乐、愉悦的,若父母的态度不好,不但不能享受亲子游戏的乐趣,还会使小孩对游戏产生反感。下面就提供些正确的态度让家长们参考:

① 不要强求:孩子在每个阶段的发展各不相同,家长在与孩子玩游戏时,应该依照孩子的发展阶段设计游戏内容,不要做超出其能力范围的游戏,否则孩子不但无法享受游戏的乐趣,反而会视游戏为畏途。

② 不要把陪孩子游戏当成工作:游戏是一件高兴的事,爸爸妈妈可以随意抽空陪孩子游戏,不必把陪孩子游戏当成一件正式的工作,不然,爸爸妈妈自己会觉得压力很大,无法尽兴与孩子玩。

③ 给孩子信心:在游戏的过程中随时以眼神、动作、语言给予孩子鼓励是非常重要的事,可以让孩子在游戏中培养自信。

④ 给孩子创造空间:孩子的想象空间是相当宽广的,在游戏中,孩子可能会自己想出不同的游戏方式,或是自己创造出新的游戏,家长不要太拘泥于既定的游戏方式和规则,应给孩子多提供创造的空间。

⑤ 在游戏中随时观察孩子各方面的发展:在与孩子游戏时,通过观察可以发现孩子的兴趣及其发育情况。

⑥ 给孩子足够的游戏时间:当你在做事情时,中途被打断是令人不悦的,孩子也是一样。当孩子玩得正高兴时,让他做其他的事,很容易使孩子的情绪低落。

⑦ 父母应放下架子:在与小孩玩游戏时,爸爸妈妈别忘了"放下架子",忘记自己的年龄和身份,与孩子融入游戏的情境中,共享乐趣,成为孩子的朋友。

⑧ 当孩子对游戏不感兴趣或感到疲乏时,勿勉强孩子继续做。勉强孩子玩游戏不仅会

破坏亲子关系,更无法达到游戏的效果。

（资料来源：刘国磊. 幼儿游戏与指导[M]. 长春：东北师范大学出版社,2019.）

学习活动

1. 设计0—3岁婴幼儿动作发展游戏方案,方案应包括：设计意图、游戏目标、游戏过程、家长指导。

2. 设计适合在家中进行的亲子游戏方案,要求游戏材料简单,可操作性强。

3. 分小组对0—3岁婴幼儿的社会性发展游戏进行观察,并根据观察目的设计观察记录表,对观察记录进行分析整理后,在班内交流与分享。

复习与思考

1. 0—3岁婴幼儿的动作发展有哪些特点？

2. 如何看待家长在婴幼儿游戏中的角色？

3. 可以从哪些游戏活动中观察了解婴幼儿精细动作的发展？

第六章 婴幼儿游戏案例

学习目标

> 1. 通过学习早教机构的游戏案例,了解不同阶段婴幼儿游戏的环境创设、游戏过程及教师的分析与支持策略等。
> 2. 通过学习家庭的游戏案例,学习掌握指导家长创设游戏环境、观察婴幼儿游戏过程及支持婴幼儿进一步游戏的方法和要点。
> 3. 提升组织与实施婴幼儿游戏的实践能力。

第一节 早教机构游戏案例

案例一:好玩的健身架(0—3个月婴儿游戏)

(一)游戏环境创设

1. 找到适合婴儿平躺的空间,床或者爬爬垫。
2. 将健身架放到婴儿抬起胳膊就可以触碰到的地方,脚踏钢琴也要配合放到婴儿的脚刚好能触碰到的地方。

(二)环境创设意图

1. 健身架的声音和晃动为婴儿提供了丰富的感官刺激,促进视觉、听觉的发育。
2. 在感官刺激的同时,婴儿自主挥动手臂,弯曲双腿,促进自身大动作发展。

(三)游戏过程实录

婴儿躺在舒适的床上,挥动着手臂去触碰健身架上位置较低的球,当球晃动的时候,他挥动手臂反复尝试去触碰球。婴儿用脚趾轻轻地触碰脚下的脚踏琴,听到琴声,他就会弯曲小腿反复地进行蹬踹练习。

(四)教师分析与支持

1. 这个月龄的婴儿视力和听力都处于飞速发展期,健身架锻炼了婴儿上肢和下肢的力量,色彩鲜艳的晃动小球及琴声则激发婴儿不断探究,让婴儿自主学习,促进了视觉和听觉的发育。

2. 这个月龄的婴儿需要各种感官的刺激，随着月龄不断增长，教师还可以为婴儿提供适合抓握并可以发出声音的小摇铃，促进婴儿手部小肌肉的发育。

（案例来源：天津市幼儿师范学校附属幼儿园　张薇）

案例二：好玩的牙胶沙锤（0—3个月婴儿游戏）

（一）游戏环境创设

1. 创设温馨、安全、安静的游戏空间，地面铺置粉色、黄色、橘色等暖色的地垫。

2. 提供可以发出声响的、适合婴儿抓握且大小不超过15厘米的牙胶玩具（安全食品级）。

（二）环境创设意图

1. 温馨、安静的游戏空间更有利于0—3个月的婴儿进行游戏，柔软的暖色地垫可满足其触感和视觉发展需求，给婴儿足够的安全感。

2. 0—3个月的婴儿，喜欢用手抓握物体，还喜欢把物体放到嘴里，用嘴巴感知物体，因此，要为他们提供适宜的手摇及牙胶玩具，如可以发出声响的小沙锤。

（三）游戏过程实录

婴儿仰卧在垫子上，教师在婴儿正前方，用带有声响的小沙锤逗引她，当她听到沙锤发出的"沙沙"声响时，便朝着有声音的方向左右看。

教师又将小沙锤放在婴儿手心里，她用小手握住沙锤用力摇晃，听到发出的声音兴奋极了。几秒钟后，婴儿双手握住沙锤放到胸前，贴近嘴巴，不停地咬起来。随后，她又将沙锤拿起，上下摇晃。

（四）教师分析与支持

0—3个月的婴儿听力和手眼协调能力逐渐发展，特别是到了3个月，对声音的刺激反应比较敏感，能发出声响的声音玩具容易触发婴儿的游戏行为。针对0—3个月的婴儿，教师应创设环境，提供形式多样的声音玩具，通过"听声寻物"的游戏，发展婴儿的听力和手眼协调能力。

  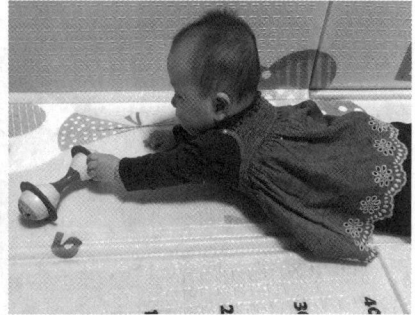

图6-1　好玩的牙胶沙锤

0—3个月的婴儿能把双手置于胸前中线的位置并握在一起,从握拳发展到握物,手能与嘴巴接触。随着婴儿进入长牙期,他喜欢抓东西、咬东西,教师可以提供牙胶玩具,供他安全使用。

(案例来源:天津市幼儿师范学校附属幼儿园 孙丹)

案例三:有趣的游戏毯(4—6个月婴儿游戏)

(一)游戏环境创设

1. 提供色彩鲜艳的游戏毯。
2. 添加可以发出声响的软球、小动物玩偶、布书等游戏材料。

(二)环境创设意图

婴儿从4个月开始对颜色有了分化性反应,暖色更容易引起他们的注意。6个月后,婴儿的视力及色觉已经逐渐发育成熟,已经能辨别色彩。教师可以提供色彩鲜艳的游戏毯,并添加一些方便婴儿用手抓握的、会发出声音的辅助玩具,如软球、小动物玩偶、布书等。

(三)游戏过程实录

婴儿趴在游戏毯上,她看到眼前色彩鲜艳的玩具,兴奋地发出"咿咿呀呀"的声音。此时,教师拿起小动物玩具在婴儿面前摇晃,又拿起软球轻轻地扔到婴儿身旁。当婴儿听到玩具发出的声响时,便趴在地上用手使劲抓拿。只见她一会儿用手握着长颈鹿,一会儿捏捏布书上的小尾巴,一会儿又抓起软球上下摇晃着。

这时,教师将软球滚到了一旁,婴儿立即顺着球的方向去抓,身体趴在垫子上,上身和双脚抬起使劲蹬地。教师轻轻推着婴儿的双脚,帮助他去够球,婴儿往前用力挪动着,最后终于够到。

随后,教师把婴儿抱回游戏毯上,将小动物逐一放在游戏毯对应的位置上,说:"小猴子的家在树上,老虎的家在山林里,小熊猫爱吃竹子……"婴儿瞪大了眼睛,四处看看,然后,在教师的引导下继续游戏。

(四)教师分析与支持

4—6个月的婴儿对颜色鲜艳、造型独特、能够发出声音的玩具比较感兴趣。因此教师创设环境为婴儿提供"有趣的游戏毯",引导婴儿游戏。婴儿喜欢趴着玩儿,还喜欢用手够拿玩具,教师借助游戏材料吸引婴儿注意力,引导婴儿学爬,促进其大肌肉动作的发展。

这个年龄段的婴儿喜欢用手捏物、抓物,教师提供带有响纸的布书、大小适宜且能发出声响的小动物玩偶等材料,婴儿在捏一捏、抓一抓、玩一玩的过程中,训练了手部小肌肉灵活性。该阶段,婴儿视力和听觉能力也逐步提高,喜欢倾听别人的声音,教师借助游戏毯,创设故事情境,为婴儿讲故事,使游戏富有趣味性。

图 6-2 布书、有声玩具

（案例来源：天津市幼儿师范学校附属幼儿园 孙丹）

案例四：采蘑菇（7—9个月婴儿游戏）

（一）游戏环境创设

1. 用绿色地垫铺设游戏区域，周围摆放一些"小花"进行装饰。

2. 小篮子、"蘑菇"若干、彩色响铃球一个。

3. 创设彩虹隧道、软体爬坡两条路线。

4. 舒缓的活动背景音乐。

（二）环境创设意图

1. 单纯的爬行练习相对枯燥，无法持久地吸引婴儿的注意力，因此教师需要设计丰富的游戏环境，激发婴儿主动持续地参与爬行游戏。绿色地垫铺设成"草地"，两边用"小花"装饰，这样的环境创设可以增强爬行游戏的趣味性。

2. 爬行是所有粗大动作发展的基础，在婴儿成长过程中是不可缺少的训练项目。选择软体爬坡材料，有助于提高婴儿手膝支撑的爬行能力，年龄稍小一点的婴儿可以选择彩虹隧道巩固匍匐爬行动作。

3. 这个时期婴儿开始形成各种姿势的抓握，提供蘑菇玩具，方便婴儿抓握，引导他练习二指捏的动作。

（三）游戏过程实录

游戏开始前，教师带婴儿来到创设好的主题区，并向婴儿和家长介绍了游戏情境、路线及玩法。在妈妈们的带领下，婴儿回到起点开始游戏。教师摇动彩色响铃球吸引婴儿，他们争相向前爬，想要够拿教师手中的响铃球。

天天在爬"小山坡"的时候，停了下来，坐起身拍打着软体爬坡，不愿意继续向前爬。教师来到天天身边示范爬越"小山坡"的动作，并请妈妈用双手轻轻顶住他的小脚给予一点支撑辅助他向前爬。在教师和妈妈的帮助下，天天成功爬过"小山坡"。雪儿小朋友爬进彩虹隧道，躲在里面不出来，跟大家玩起了捉迷藏。这时，教师拿起一朵红色的"小花"，在出口处吸引雪儿,不一会,雪儿开始继续往前爬,顺利爬出彩虹隧道。教师竖起大拇指表扬雪儿。

到达终点后,教师引导婴儿用拇指和食指捏起"小蘑菇"放进自己的篮子中,练习拇指和食指对捏取物。在妈妈的协助下,婴儿成功捏起"小蘑菇",完成任务。

(四)教师分析与支持

1. 适度引导,激发兴趣

7—9个月是婴儿爬行的关键期,当他不知道怎么爬过软体爬坡的时候,成人要给予辅助,如示范动作,推动婴儿的小脚,让他借助外力向前爬行。当婴儿停留在"隧道"中时,成人可以利用他所喜爱的玩具吸引他向前爬行。

2. 多加鼓励,巩固练习

这个时期是婴儿由全掌到食指对捏的练习时期。用拇指、食指捏取物品,对婴儿来说是小肌肉动作发展的一个飞跃,开始的时候会显得比较笨拙,应多给他练习的机会。教师示范后,再让婴儿去模仿,成功后及时用语言或者抱一抱、亲一亲的方式给予鼓励。

3. 提升游戏难度,因材施教

婴儿在摆弄、抓握物品和玩具时,可加强触摸觉和视觉的联系,促进大脑发育。教师可以根据婴儿的完成情况适当调整游戏难度。可以考虑用瓶子代替小篮子,调整器皿口的大小,增加游戏难度,激发婴儿参与活动的兴趣。

(案例来源:天津市南开区第四保育院　杨畅)

案例五:箱子变变变(10—12个月婴儿游戏)

(一)游戏环境创设

1. 在地面上放置柔软的红、橙、黄等暖色地垫。

2. 根据婴儿身高选择50厘米×40厘米×60厘米的6个有一定支撑力的纸箱子,注意四角包角,保护安全,每个箱子涂一种颜色,箱体上贴上小动物或玩具图片。

3. 将纸箱相互连接,制作成钻爬通道,锻炼婴儿钻、爬等多项能力。

4. 可另外添加小纸箱及婴儿喜欢的实物玩具或其他游戏材料。

(二)环境创设意图

1. 柔软的暖色地垫可满足婴幼儿触觉和视觉的发展需求,给10—12个月的婴儿足够的安全感。

2. 婴儿的游戏往往是其回忆原有经验并以自己的行为方式再现原有经验的过程。

利用生活中常见的物品——纸箱作为游戏材料,通过组合变化,一物多玩,为婴儿创设一个可以锻炼站立、爬行、抓、捏等基本动作的游戏环境。

(三)游戏过程实录

婴儿来到主题区,摸摸、爬爬玩得很开心。他发现了自己喜欢的玩具在40厘米高的小纸箱上面,于是,他趴在地上用手使劲够拿,抓不到后发出了"咿咿呀呀"的声音。慢慢地,婴儿尝试扶着纸箱站起来,但失败了。此时,教师帮助婴儿扶着纸箱站了起来,成功拿到了玩具,婴儿很开心。

接下来,教师在小箱子上放了婴儿最喜欢的玩具小鸭子,箱子距离婴儿约两米远。教师站在箱子后面,引导婴儿向前爬行,婴儿兴致勃勃地爬到教师身边,扶着箱子站起顺利拿到了小鸭子。

教师继续鼓励婴儿向前爬,并将箱子翻转,变成50厘米高。婴儿爬到箱子面前,一只手撑着地面,另一只手试图够拿箱子上的玩具,拿不到时,他尝试扶着箱子站立起来,终于拿到了小鸭子。

随后,教师请婴儿帮忙去拿60厘米高的红色箱子上的小汽车。婴儿爬到箱子旁,扶着箱子站立起来并向前走一步,顺利完成任务。

最后,教师将箱子放在地垫两侧,自由拼搭成爬行通道,引导婴儿通过躲猫猫、追逐等游戏练习爬行、站立等动作。

(四)教师分析与支持

1. 合理利用材料,引发游戏意愿

10—12个月的婴儿对声音和颜色的刺激反应比较敏感,可以选择颜色鲜艳、造型独特、能够发出声音的玩具来吸引婴儿的注意,案例中的教师利用小鸭子玩具作为具体刺激物,使婴儿明确自己的"任务",为了拿到喜欢的玩具而积极运动、参与游戏,从而训练爬行、站立等大肌肉动作。教师巧妙利用箱子每个侧面的不同高度,逐步提升游戏难度。

2. 增加游戏难度,保持游戏兴趣

10—12个月的婴儿注意时间短、注意的广度有限,教师在摆放材料时应集中摆放。在婴儿游戏兴趣减弱之前,教师要及时采取增加音乐、丰富活动材料、调整游戏难度等方式吸引婴儿的注意力。教师应尽可能接纳他们的情绪,允许他们选择自己喜欢的方式,自主获得游戏体验。案例中,"躲猫猫""追逐"等形式进一步激发了婴儿自主游戏的兴趣,使婴儿在游戏中始终保持很高的参与度。

(案例来源:天津市南开区第四保育院 黄思思)

案例六:爬小山(1—1.5岁幼儿游戏)

(一)游戏环境创设

1. 适合幼儿活动的运动区域,地面铺有小颗粒积木,供幼儿抓捡、玩弄,并放有大型软包动物玩具。

2. 提供一个坡面角度约为30度的大型直角三角体,皮质表面较为光滑,可供幼儿在坡面上练习爬行等动作。同时,添加一些幼儿感兴趣的汽车、小动物等小型玩具材料。

(二)环境创设意图

1岁半的幼儿已经会上台阶,或能绕过小障碍物了。提供一个对幼儿来说较大的坡形玩具,他会不断爬上、爬下,反复练习该动作。其次,坡形表面较为光滑,对1岁半的幼儿来说具有一定的难度,增强了游戏的挑战性。

同时,在活动区添加小型积木和大型玩具,让幼儿在爬行过程中进行取物、抓物等活动,丰富游戏内容,增强趣味性。

（三）游戏过程实录

幼儿来到游戏区域,脚底开始接触小积木块,有些硌脚,他小心翼翼地行走着。由于穿了防滑袜,他很快适应了环境。动物玩具首先引起了他的注意,他一会儿骑大象,一会儿摸猴子。

很快,幼儿被颜色鲜艳的坡面三角体吸引,他试图站上去,但是第一次尝试并没有成功,他转头向教师求助。

教师鼓励说:"宝宝,你能像小猴子一样爬上去吗?"并把猴子玩具放在坡面上,一点点向上移动。

幼儿很快理解了教师的意思,慢慢往上爬,借助胳膊和膝盖的力量使劲攀爬。他一点一点地向上爬,虽然距离不长,但是三角体光滑的坡面对于他来说还是具有一定的挑战性。经过努力,幼儿依靠自己的力量终于爬到了最高处。他开心地笑了,一松手他又滑下来。接下来他继续向上爬,滑下来,再向上爬,再滑下来,反复多次,乐此不疲,持续了5分钟左右。

当幼儿又一次爬行即将到达最高处时,教师鼓励幼儿说:"你可以把地上的小汽车捡起来吗?"幼儿整个身体趴到坡面上向下望,看到了地面上有他喜欢的小汽车。他一只手用力抓着三角体最高处的边缘,另一只手用力向下够小汽车,几次尝试后,最终成功拿到了小汽车。

他举起小汽车给教师看,"宝宝真棒啊!"教师为幼儿拍手鼓掌,他再次开心地笑了。接下来,他开始再次尝试爬坡后抓取地上的东西。有时,他爬到一半就会不小心滑下来,但是他不气馁,会继续努力,不断挑战自己。

图 6-3　爬小山

（四）教师分析与支持

1.适应游戏环境,营造安全氛围

1岁半的幼儿对家庭环境较为熟悉,游戏活动更加自然。但是,部分幼儿对机构等外界陌生环境存在焦虑或抵触的情绪,在游戏活动开始之前,要允许幼儿逐步接纳和适应新环境,耐心地引导他们开启游戏活动。案例中,教师在游戏活动前引导幼儿认识环境中的事物,如大象、猴子等玩具,设计的骑大象、和猴子握手等游戏环节为幼儿营造了熟悉、安全的游戏氛围。

2. 适时增加难度,获得游戏体验

当幼儿游戏时,教师要通过游戏观察分析解读婴幼儿的游戏水平,适时增加游戏难度。案例中,教师在看到宝宝数次顺利爬上坡面时,会鼓励他趴在坡面三角体上抓取地上的小汽车,增加了游戏的难度。当他成功抓取小汽车后,教师重复投放新的玩具,鼓励宝宝继续抓取。

(案例来源:天津市河西区第一幼儿园　吴俊莲)

案例七:纽扣大魔方(1.5—2岁婴幼儿游戏)

(一)游戏环境创设

1. 温馨的益智活动主题区,在活动区域的地面上铺好柔软的彩色地垫。

2. 提供多个四边形可拼插、六面颜色各不相同的插塑卡片(每六个卡片可以拼插成一个大魔方形的正方体)。其次每个不同颜色卡片上有九个圆孔,配有九个与其颜色一致的纽扣。

3. 魔方的卡片可以单独使用也可以拼插起来联合使用,可培养幼儿的颜色认知和手部小肌肉的灵活性。

4. 可辅助添加幼儿喜欢的实物玩具或其他游戏材料,使幼儿对数量有更多的认知。

(二)环境创设意图

幼儿的游戏过程往往是建立在他们原有经验基础上的,并以自己的行为方式再现原有经验。我们可以充分调动幼儿的原有生活经验,利用他们对颜色、数量的感知,通过组合变

图 6-4　纽扣大魔方　　　　　　　　　图 6-5　颜色对应

化、一物多玩,为他们创设一个既有趣又可以培养语言倾听、指令完成、数量感知、颜色配对、规律探索等基本能力的游戏环境。

(三)游戏过程实录

幼儿来到益智活动主题区,摸摸、爬爬、看看,玩得很开心。他发现身边很多不同颜色的塑料大卡片玩具,还有很多大小一样、颜色不同的纽扣。幼儿尝试拿起来摆弄,并把纽扣扣到大卡片上。

教师引导幼儿在一块大卡片上放上同样颜色的纽扣,慢慢地每一面大卡片都会扣上相同颜色的纽扣。教师帮助幼儿把六个面拼在一起,完成一个正方体大魔方的拼插。

接下来,教师进一步引导幼儿把纽扣扣到异色的卡片上,如把红色的纽扣扣到黄色的卡片上……以此类推,每一面的纽扣和原来的都不一样,又出现了不一样的大魔方。

然后,教师请幼儿按照不同的规律来扣纽扣,幼儿在教师的指导下顺利完成任务。

图 6-6 按颜色规律拼插　　图 6-7 颜色对应魔方

图 6-8 创意纽扣玩法魔方

在此基础上,教师将卡片和纽扣分别放在地垫两侧,幼儿可以自由拼插成不同规律的纽扣图案,在观察、比较、体验中进一步自主游戏,从而获得成功。

(四)教师分析与支持

1. 提供适宜的游戏材料,激发游戏意愿

此阶段的幼儿在思维、语言、小肌肉动作等方面都有了一定的发展,因此材料的提供能够更多地触发幼儿的游戏行为。教师借助不同颜色的纽扣作为具体操作物,使幼儿明确自己的"任务",从而通过倾听、按压、对应获得思维及小肌肉动作的发展。

2. 渐进式引导

教师要善于观察幼儿游戏,针对幼儿的年龄特点和学习方式,采取递进式引导,鼓励幼儿大胆尝试。案例中的幼儿在第一次尝试同色纽扣的对应后,教师积极引导、观察分析,充分调动幼儿多种感官,找出正确颜色的纽扣进行补充。同时,教师要善于观察每一名幼儿的操作,发现幼儿的能力和水平差异,有针对性地指导。递进式引导要建立在幼儿原有认知水平基础上,帮助幼儿顺利完成教师的指令,让幼儿感受到游戏的快乐并建立自信。

3. 营造温馨的游戏氛围

教师要为幼儿营造一个温馨、安全、安静的游戏学习环境,满足幼儿观察、比较、对应、排序等学习的需要。游戏环境的创设也要有利于幼儿有意注意的培养,养成良好的思维习惯等。

4. 创新游戏玩法,保持游戏兴趣

游戏材料蕴含了丰富的教育价值,可帮助幼儿获得多方面的关键经验。教师在和幼儿一起操作和摆放材料时,指令应简单明了,便于幼儿理解。针对幼儿的年龄特点,教师应放慢语速,语言温柔亲切,灵活运用肢体语言,吸引幼儿的注意力。同时,教师可以依据幼儿的水平和个体差异调整游戏难度,允许他们自己探究。案例中,"排一排""变一变"等游戏都可以进一步激发幼儿自主游戏的兴趣,避免了幼儿出现倦怠感和注意力分散等问题,使幼儿在游戏中始终保持较高的参与度。

(案例来源:天津市河东区第二幼儿园 李艳)

案例八:筷子入瓶(1.5—2岁幼儿游戏)

(一)游戏环境创设

1. 选择不同口径的塑料瓶,瓶子上可贴上小动物图片进行装饰。
2. 绑有彩带的筷子若干。

(二)环境创设意图

1.5—2岁幼儿视觉和手部动作的搭配逐渐灵活,因而能尝试做出较准确且精细的动作。教师可提供不同口径的瓶子,提供绑有彩带的筷子,让幼儿尝试手提彩带将筷子投入瓶中,锻炼自己的手眼协调能力。

（三）游戏过程实录

洋洋在游戏区中挑选着自己喜欢的玩具。他拿起一个蓝色塑料瓶看了看，又拿起旁边绑着丝带的筷子看了看，不一会儿，他开始拿着丝带拖拽筷子。接着，教师将蓝色塑料瓶子拿到洋洋眼前晃了一下，说："洋洋，你可以将筷子放进这个瓶子中吗？"洋洋很好奇，拿起筷子对准瓶口，然后松手，筷子就掉入了瓶子中。"洋洋，你试一试可不可以手提彩带，将筷子放入瓶子中！"教师一边说一边将彩带递给洋洋。洋洋站起来，小心翼翼地拎着绑着筷子的彩带靠近瓶口，筷子不停地左摇右晃。他尝试了几次后，终于将筷子顺利地放入了瓶子中。

随后，教师给洋洋提供了口径大小不同的瓶子，他这次选择了一个口径稍小的矿泉水瓶进行尝试，游戏持续了6分钟。

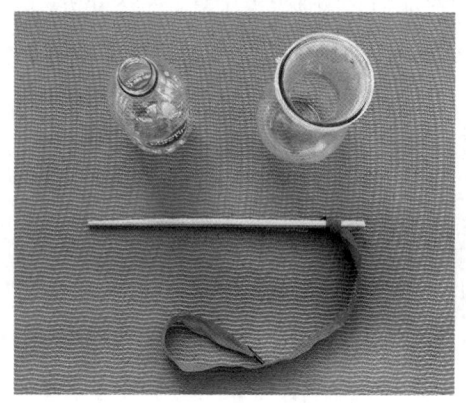

图 6-9　筷子入瓶

（四）教师分析与支持

1. 合理利用材料，激发游戏兴趣

塑料瓶、筷子是生活中常见的物品，教师巧妙地运用生活中的物品制成操作材料，引发幼儿对瓶子进行探索。

2. 增加游戏难度，保持游戏兴趣

案例中洋洋在第一次尝试筷子入瓶成功后，教师提供不同口径的瓶子让洋洋继续挑战，增加了游戏难度，激发了幼儿继续游戏的兴趣。

（案例来源：天津市南开区第四保育院　宋萌）

案例九：小企鹅运冰（2—3岁幼儿游戏）

（一）游戏环境创设

1. 在宽敞、安全的游戏场地上创设企鹅妈妈带领宝宝一起运冰块的游戏情境。
2. 准备小企鹅胸贴、纸杯、纸盘、球拍、塑料棒、海洋球、箱子、标志桶、平衡木。
3. 将标志桶依次间隔摆成S形（每个间隔1.5米左右），起点位置放置纸杯、球拍、纸盘、海洋球等材料，终点处放置箱子。平衡木、斜坡平衡木则根据幼儿的运动能力进行摆放。

（二）环境创设意图

1. 绕标志桶走"S"路线，能够锻炼幼儿的身体协调能力和专注力。
2. 提供不同难度的"路线"，满足幼儿不同发展水平的需要，提升游戏的参与度，促进其动作技能的发展。
3. 多种辅助材料可以满足幼儿自主探究的需要。

（三）游戏过程实录

教师带领幼儿来到游戏场地，给每个幼儿贴上小企鹅胸贴，并以企鹅妈妈的角色引导幼儿们模仿小企鹅的动作进行热身运动。幼儿们在教师的带领下变成一只只开心的"小企

鹅",跟着"企鹅妈妈"一起伸伸胳膊、弯弯腰、左右摇摆身体……

游戏开始时,教师提问:"我们怎样才能顺利地把'冰块'运到家呢?"请"小企鹅"们自主探索游戏玩法。

在出发之前,"企鹅妈妈"向宝宝们交代了运"冰块"的规则:"圆圆的冰块很容易滚落到地上,我们一定要小心哦!"运输开始了,"企鹅妈妈"带领"小企鹅"们出发啦,"小企鹅"们自选材料,有的用杯子,有的用球拍……尝试把"冰块"托起来。刚开始"小企鹅"们走得还比较稳,当走到"S"形标志桶时,他们会下意识地用手扶住"冰块"以防掉落。第一次游戏结束后,"企鹅妈妈"与宝宝们一起探讨使"冰块"不掉下来的办法。

第二次运输"冰块"游戏开始了,"企鹅妈妈"带领"小企鹅"们再次尝试走过S形障碍物。这次,"小企鹅"们放慢速度、保持平衡,稳稳地绕过障碍物,顺利到达终点。经过几次尝试,"小企鹅"们掌握控制"冰块"顺利绕过"S"形障碍物的方法。

为了使幼儿保持对游戏的兴趣,教师又创设了一条加了平衡木的路线,提升游戏难度。"小企鹅"们看到新路线,非常兴奋,纷纷来尝试。有了前期经验的积累,挑战平衡木的游戏路线也变得顺利多了。

(四)教师分析与支持

纸杯、球拍、海洋球等都是幼儿熟悉的物品,利用这些生活物品作为游戏材料,可以丰富幼儿的游戏情节,激发幼儿参与游戏的积极性,从而有效提升幼儿游戏的质量和水平。同时,在游戏过程中,加入平衡木,设计新的游戏路线,适当提升游戏难度,满足不同能力水平幼儿的发展需求。幼儿在全身心参与游戏的过程中,不断反思学习,在发展自身的动作技能同时,提升了自我解决问题的能力。

(案例来源:天津市南开区第四保育院 孟馨蕊)

案例十:拯救小兔子(2—3岁幼儿游戏)

(一)游戏环境创设

1. 五块边长为30厘米的正方形KT板,KT板上呈现连贯的故事内容,横向并排固定在距离地面50厘米的墙面上。

2. 前两块KT板为幼儿学习粘贴提供模板。(第一块KT板:小兔子的家,房子是用粉色的即时贴横竖交叉粘贴而成,即时贴长宽分别为20厘米和1厘米。第二块KT板:大灰狼破坏了小兔子的房子,小兔子在一旁受伤哭泣。)

3. 第三块和第四块NT板为幼儿实际操作的区域,内容分别为大灰狼被关在笼子里、小兔子在房子旁边开心的画面。(需要幼儿将大灰狼的笼子和小白兔的家用即时贴填充完整。)

4. 第五块KT板为空白,供幼儿自由创作。

5. 长为20厘米、宽为1厘米的彩色即时贴若干。

（二）环境创设意图

故事情节及动物形象都是幼儿熟知的，易产生共鸣，激发游戏的兴趣。

彩色即时贴是幼儿常见的手工材料，安全、易操作，为幼儿顺利进行游戏、大胆创新提供可能。

主题KT板有不同的功能，既可以让幼儿自主观察、学习，增加经验的积累，又有实际操作的空间，将经验转换成实际操作技能。

（三）游戏过程实录

几个幼儿来到KT板前，既好奇又喜欢，他们用小手指着并说着上面的动物图案。其中一个幼儿的注意力从小动物身上转移到彩色胶条，能准确说出即时贴的颜色。

另一个幼儿开始拿着即时贴准备操作。他慢慢撕下背胶，在大灰狼身上贴了一条倾斜的即时贴，随后又贴了几条，纵横交错，然后他停下来，看着大灰狼说："这下你跑不了了，我把你关起来了。"

旁边的幼儿也被吸引，一起来帮小兔子盖新房。新房的框架被他们贴成了纵横交错的形状，但中间留有很大的空隙。教师提问："这样大灰狼还会钻进去，怎么办？"于是，幼儿又贴了很多条即时贴，把中间的空隙补了起来，最后房子盖好了。

看到小朋友们都能顺利地粘贴，琳琳显得有些着急，她手里拿着五六根即时贴条，但尝试了很多次，都没有撕开背胶。这时教师走过去给她示范即时贴的使用方法，并鼓励她再尝试一次。这次她按照老师的方法成功了，开心地拍打着即时贴。

（四）教师分析与支持

1. 从幼儿经验出发选择材料，激发参与兴趣

游戏中材料的选择是幼儿常见的，故事内容也是幼儿所熟悉的，因此，在理解故事的基础上进行材料操作，有利于锻炼幼儿手部肌肉的协调性和灵活性。

2. 以伙伴关系适时介入，促进游戏开展

游戏时，教师是支持者、观察者、引导者，同时也是合作者。幼儿在游戏过程中，教师需要不断转换身份，为幼儿提供帮助。案例中，教师发现幼儿在为小兔子盖新房时，即时贴贴得不够完整，房屋看起来不够牢固，于是以伙伴身份参与到游戏中，指出问题所在，并积极鼓励大家想办法解决问题，使游戏活动顺利开展。

案例中，教师发现琳琳因为打不开即时贴而着急的时候，随即耐心指导，以引导者的角色参与游戏，鼓励她大胆尝试，最终获得了成功。

（案例来源：天津市南开区第四保育院 赵录敏）

案例十一：一起搭积木（2—3岁幼儿游戏）

（一）游戏环境创设

1. 正方体、长方体、圆柱体、三棱锥等彩色大型积木，盛放积木的玩具柜。

2. 小汽车、小动物模型，师幼共同制作的"花草树木""马路"等辅助材料，供幼儿游戏使用。

3. 师幼共同收集的真实场景图，如幼儿园、小区、动物园等。

（二）环境创设意图

1. 2—3岁的幼儿正处于数学认知发展的启蒙阶段，在积木游戏中会主动关注到积木的色彩和形状，探索积木形状与不同的建筑物之间的关系。但这一阶段的幼儿手部精细动作还没有得到很好发展，手部小肌肉控制能力不强，因此，彩色大型木质积木易抓握、易拼搭，更能满足幼儿的游戏需求。

2. 2—3岁的幼儿正处于直觉行动思维阶段，他们的游戏往往缺乏目的性，更容易受到游戏环境、材料、教师和同伴的影响而出现不同的游戏行为。因此，在积木游戏中提供小动物、小汽车、花草树木等辅助材料，可以使幼儿的游戏内容更加丰富，促使其游戏行为逐步从无目的向有目的转化。

（三）游戏过程实录

早餐后，菡菡、霖霖和小翊来到积木区开始搭积木。菡菡和小翊选择了彩色的积木，用"叠高"的方式搭出了一座座相同的小房子，并把它们连在了一起。由于每一座"小房子"的中间都有一块拱形的积木，连在一起后，里面黑黑的。菡菡趴在地上朝里面看了又看，然后告诉老师，那是一个隧道。

霖霖选择了她最喜欢的恐龙，开始用木质的小块积木给恐龙搭笼子。现在，霖霖已经初步掌握了围合的方法，她在积木箱里找出了厚度相同的长方形积木，将它们整齐地拼接在一起，一个方形的"地基"便建好了。然后，她开始选择其他形状的积木在"地基"上继续搭建

图 6-10　搭小房子

并装饰。在接下来的游戏中，她一直在专注地进行笼子的装饰工作，游戏持续了20分钟。

小翊和菡菡在霖霖的带动下，也开始将不同的恐龙摆在他们的"屋顶"上，菡菡说，她们搭的是一个"恐龙公园"。

在"恐龙公园"即将完工的时候，糖豆加入了他们的游戏，不过，他并没有搭积木，而是玩起了"马路"和"汽车"。起初，他选择了一个"十字路口"的马路拼接片，然后又拿起了一片直直的"马路"，想将两片"马路"连接到一起，并通到"恐龙公园"去，摆好后却发现车子无法通过。于是，他开始在积木箱里认真地寻找，当发现了那块能转弯的"马路"后，他很认真地将其与"十字路口"连接，"恐龙公园"的入口处通车了。在接下来的搭建中，糖豆根据"恐龙公园"的位置细心地选择并对齐每一片"马路"进行拼搭，不一会儿，"路段"部分

便拼好了。

"马路"拼好后，糖豆刚拿起两辆赛车准备玩，菡菡走过来递给糖豆一辆更大的汽车，说："弟弟，给你这个大的！"糖豆接过来，开始和菡菡一起开车。当菡菡把车开到"双黄线"上时，糖豆大声喊道："不能在黄线上开车，要在车道上开车！"在糖豆的带动下，更多的同伴加入积木区的游戏。

图 6-11　拼接马路

（四）教师分析与支持

1. 巧用游戏材料激发幼儿的游戏行为

在本次游戏中，通过提供辅助材料——动物模型，幼儿的游戏内容从单纯的顺接和垒高逐渐过渡到情境性游戏——搭建"恐龙公园"，游戏内容更加丰富。幼儿为了给"恐龙"搭笼子，开始尝试围合的搭建方法，搭建技能也在逐步提升。此外，模仿是2—3岁幼儿的主要学习方式。在游戏过程中，教师及时用照片、视频等方式记录下幼儿的搭建过程，利用游戏分享环节鼓励幼儿彼此分享经验，进行榜样学习。

2. 借助积木游戏促进幼儿同伴之间的交往

菡菡很喜欢和小朋友在一起游戏，且在游戏中很有主见；霖霖的游戏过程非常专注，从始至终都在搭建、装饰着"恐龙公园"。当小翊先后看到菡菡搭建"隧道"、霖霖装饰"恐龙公园"时，便模仿着她们玩了起来，这与她一个月之前"垒高—踢倒"的搭建水平相比，简直有了飞跃似的进步！糖豆借助他最喜欢的"马路"和"汽车"首先介入了积木区的游戏，随后又引来了其他小朋友和他共同游戏，并凭借他的交通安全知识使游戏内容更加丰富，而汽车也成了他与同伴之间交往的媒介。

（案例来源：天津市幼儿师范学校附属幼儿园　支娜）

案例十二：比比谁最快（2—3岁幼儿游戏）

（一）游戏环境创设

1. 地面上铺有爬行垫或柔软的地毯。
2. 根据幼儿手型大小，选择幼儿易抓握的彩色的海洋球。
3. 在海洋球上粘贴幼儿喜欢的小动物图片。

（二）环境创设意图

1. 2—3岁的幼儿已经认识了日常生活中常见的基本颜色，能够听懂成人发出的简单指令并尝试去完成，初步具备规则意识。
2. 地面上铺设爬行垫或地毯能够很好地保护幼儿在活动中的安全。我们选择幼儿熟悉的海洋球作为游戏材料，通过教师发出的不同指令来增加游戏的难度。

（三）游戏过程实录

两个幼儿来到游戏区，教师先请他们随便玩一玩、摸一摸海洋球，随后选取不同颜色的海洋球提问："你们谁知道这是什么颜色吗？"两个幼儿大声回答，顺利完成海洋球颜色的认知。

教师将不同颜色的海洋球随机摆放成两列，请两个幼儿分别站在两列海洋球的一端，幼儿人手一个小玩具筐。教师蹲坐在另一端，随后发出指令："请把你面前海洋球中的红色球捡起来，送到老师这里，比比谁最快！"1号幼儿率先完成任务，教师接过她的玩具筐，给了一个小贴纸作为奖励。2号幼儿稍慢一些，完成后，教师给了他一个爱的抱抱，并告诉他："加油，下次我相信你一定可以拿到小贴纸。"随后进行相同的游戏，请两个幼儿把蓝色的海洋球捡起来，比比谁最快。

接下来，教师发出更难的指令："请你把海洋球中黄色和绿色两种颜色的球捡起来，送到老师这里，比比谁最快！"两个幼儿虽然熟悉了游戏过程，但是并没有把两种颜色的球完全捡起来，有所遗漏。教师提示他们："你们回头看一看是不是还有球宝宝被遗漏了？"在教师的提醒下，两个幼儿顺利把遗漏的球捡了起来。幼儿们都很开心，表示想再玩一次。

游戏难度再次升级，教师发出新的指令："请把你面前的海洋球中贴着小鸭子图片的红色球球捡起来，送到老师这里，比比谁最快！"显然这个指令比之前要难，在分辨颜色的同时还要找到相应的图片。1号幼儿徘徊许久也没有找到正确答案，2号幼儿虽然找到了贴着鸭子图片的小球，但并不是红色的。两个幼儿都没有顺利完成本轮游戏的任务，情绪有点失落。教师这个时候手拿一个玩具筐，来到两个幼儿中间："那老师来帮你们找一找吧！你们帮我看看这个是红色的球吗？"他们点头表示认可。"你们再帮我看看这个红色球上贴的是小鸭子吗？"他们兴奋地回答："是的！是的！""那好，请你们帮老师把所有红色的贴着小鸭子的球球都找出来好吗？"幼儿们再次积极地参与到游戏中，顺利地完成了任务。

随后教师将海洋球摆放成轨道，引导幼儿尝试进行跳、跑等运动练习。

（四）教师分析与支持

1. 游戏层层递进，激发幼儿的挑战欲

对2—3岁的幼儿来说，分辨单一的颜色很简单。所以教师在游戏开始时，先让幼儿熟悉游戏场地与游戏材料，根据简单指令完成游戏任务，激发游戏兴趣。随后，教师发出中等难度指令帮助幼儿再次熟悉游戏规则，树立自信心。最后发出较难指令，激发幼儿挑战的欲望。

2. 善于观察时机，巧做游戏引导者

教师既是游戏的设计者、组织者，更是整个游戏的观察者、参与者。在整个游戏过程中，教师既要观察游戏环境、游戏材料是否需要调整，还要观察每个幼儿在游戏中的表现。案例中，当教师提出最后一个指令"找出贴有小鸭子的红色的球"后，两个幼儿陷入了困境，教师观察了一段时间后，以一名游戏参与者的角色进入其中，为他们提供示范。随后，他们再次大胆尝试完成挑战，最终获得成功，达到了能力的提升。

（案例来源：天津市河东区第二幼儿园　董雪晴）

案例十三：森林里的小动物（2—3岁幼儿游戏）

（一）游戏环境创设

1. 在宽敞的地面上按照幼儿人数摆放相同数量的地垫或瑜伽垫。
2. 音乐（小动物的各种叫声）。

（二）环境创设意图

根据婴幼儿发展评估标准，2—3岁的幼儿能够跟着音乐或歌曲做模仿动作，所以教师尝试选择适合2—3岁幼儿能力水平的动物瑜伽体式，带领幼儿进行瑜伽游戏。

（三）游戏过程实录

游戏开始前，教师带领幼儿认识了各种小动物，并对幼儿说："今天我们要去森林和小动物交朋友，看看哪个小朋友模仿得最像，能成为小动物的好朋友。"幼儿们根据教师要求开始自主地模仿小动物的动作和叫声。

接下来，教师播放小动物的叫声并问道："小朋友们快听，是哪个小动物来了？""小鸟！"幼儿们一下就猜出来了。于是教师一边做动作一边说："我们也变成小鸟，一起来张开双臂，撅起小屁股，抬起小腿，现在我们像一只起飞的小鸟啦。"（做飞鸟式）。

接下来，教师又播放"喵喵喵"的叫声。幼儿们马上说："老师，是小猫，小猫伸懒腰。"于是教师说："我们也变成小猫，四脚着地，抬起头，小屁股向后坐，一起来伸伸懒腰。"（做猫式伸展）幼儿们立刻都变成了小猫趴下了，有的幼儿一边趴下一边模仿小猫叫。

音乐响起了，传来了小狗"汪汪汪"的叫声，这时候幼儿们立即猜到了。教师说："我们也变成小狗，手掌推地撅起小屁股，一起来摇摇尾巴。"（做下犬式）音乐又响起了青蛙"呱呱呱"的叫声，幼儿们立即猜到了"青蛙"，"我们也变成小青蛙，蹲在地上手推地呱呱呱。"教师观察到有些幼儿开始蹲在地上尝试跳跳,于是顺势增加了游戏的难度,对他们说:"我们尝试跳一跳。"大部分幼儿能够挑战成功。

这时候音乐响起了"吱吱吱"的声音。幼儿开始猜"是小老鼠""小刺猬",他们有了不同的答案。于是教师说道:"是小刺猬来啦,我们也变成小刺猬,小刺猬看见大老虎吓得变成一个小圆团,和老师一起两脚并齐,弯起腿,抱紧我们的腿,滚呀滚。"(仰卧手抱腿)

猫式伸展

蝴蝶式

小青蛙趴

刺猬式

下犬式

图 6-12　森林动物瑜伽体式

"现在小动物都认识你们了,你们想和哪个小动物做好朋友就变成哪个小动物吧!"幼儿们都能够模仿自己喜欢的小动物,"小朋友们,你们还会变成其他小动物吗?现在试一试好不好?"幼儿们有的变成了小牛,有的变成蝴蝶,玩得非常开心。

(四)教师分析与支持

1. 师幼互动,引发兴趣

师幼游戏过程中,教师利用问答的形式引导幼儿,鼓励幼儿大胆猜测,教师进行积极回应。问答引导在游戏的过程中激发了幼儿的想象力,调动了幼儿已有的关于小动物的经验,为游戏的顺利开展奠定了基础。

在游戏的过程中,教师发现幼儿能够尝试做一些模仿小动物的动作。在这个过程中,教师支持幼儿在自己的能力范围内进行模仿,给幼儿提供想象和游戏的空间,进而获得游戏的快乐。

2. 选择合适的体式,促进发展

在选择模仿的动作时,教师应遵循循序渐进的原则,在幼儿的能力范围内选择难度适当的动作,以促进幼儿的平衡性和协调性的发展。

(案例来源:天津市南开区第四保育院　王怡)

案例十四:神奇的雪花片(2—3岁幼儿游戏)

(一)游戏环境创设

1. 彩色雪花片若干。

2. 主题区内放置一张桌子,墙上可张贴一些雪花片的基本玩法。

3. 幼儿已完成的雪花片作品的照片。

(二)设计意图

2—3岁幼儿能够学习用积塑拼插出简单的物体,雪花片就是比较适合该年龄段幼儿进行拼插的材料。雪花片大小适宜、颜色多样,既能够锻炼幼儿的小肌肉动作,同时也能促进幼儿观察力、创造力的发展。

在区域内放置幼儿作品的照片能够增强幼儿的自信,也能给其他幼儿提供灵感,学习一些拼插经验。

(三)游戏过程实录

活动前,教师鼓励幼儿用五颜六色的雪花片拼插出独特的作品,"小朋友的小手会变魔术,看看雪花片在你们的手里会变成什么样!"随后教师看到,有的幼儿将雪花片一个接一个地插起来变成一条长龙,还有的幼儿将几个雪花片叠在一起,做成一个汉堡……

突然,好好发现雪花片隐藏的秘密:每个雪花片的上面都会有一个小孔,对称的地方有一个突起,她猜测也许两个雪花片之间的小孔和突起能够扣在一起。于是她开始尝试,将两片雪花片放在桌子上用力一按,果然雪花片被成功地连接起来。于是她高兴地和旁边的彤彤分享她的发现,彤彤也尝试了相同的操作,不一会,雪花片扣在一起围成了一个圈,就像一朵小花。就这样,幼儿们探究出了雪花片的新玩法。

这时,彤彤发现了采取新玩法搭建而成的雪花片不能立在桌子上。于是,好好和彤彤又开始了新的尝试,她们在平面搭建的雪花片造型上再叠加了几层,雪花片变多变厚了,但每个雪花片只有一个小孔和一个小突起,使用完后就无法再叠加了。她们尝试了各种办法,但都不能将平面的雪花片立在桌子上。这时教师拿出了一个相框立在桌子上,引导她们自由观察,并对她们说:"如果给平面的雪花片搭建一个支架,这样就能让它像相框一样立在桌子上了,那支架怎么搭呢?我们一起来试一试吧!"教师引导幼儿观察相框支架的结构。在教师的帮助和引导下,她们成功地拼插出一个支架,这样搭好的作品就能立在桌子上了。她们开心极了,继续创作新的作品。

(四)教师分析与支持

1. 合理利用材料,引发游戏兴趣

雪花片属于低结构材料,是孩子们最常见、最熟悉的材料。雪花片不仅可以提高幼儿的思维创造能力,也能培养其动手能力与合作精神。在案例中,好好发现雪花片的特殊之处,并与同伴分享了自己的发现,共同探索雪花片的新玩法。

2. 善于等待观察,抓住介入时机

幼儿游戏过程中,教师要善于观察,鼓励幼儿大胆尝试。当幼儿的游戏遇到困难时,教师要引导幼儿观察周围的事物,思考解决方法。在幼儿尝试了各种办法都无法让搭好的雪花片立起来后,教师并没有直接告知解决问题的方法,而是向幼儿提供立式相框,让她们自己观察相框立起来的原因,以及支架的结构,给幼儿提供适宜的帮助。

(案例来源:天津市南开区第四保育院　刘秋伶)

案例十五:有趣的轮胎(2—3岁幼儿游戏)

(一)游戏环境创设

1. 活动场地选择塑胶跑道与人造草坪,不同的游戏环节选择不同材质的地面。幼儿跑、跳环节选择塑胶跑道,可以很好地保护幼儿脚踝,提高支撑力;平衡木上推轮胎、攀爬轮胎山的环节选择人造草坪,柔软的草坪对幼儿起到一定的保护作用。

2. 选择大小不一的轮胎(自行车轮胎、汽车轮胎)作为活动材料,让幼儿进行双脚跳、钻、爬、平衡等能力的锻炼。

3. 和幼儿一起在轮胎表面绘制图案,对轮胎进行装饰。

(二)环境创设意图

2—3岁是大动作和精细动作发育完善的时期,这个阶段的幼儿喜欢尝试各种动作,为满足这个年龄段幼儿的需求,结合幼儿认知水平,我们利用各种轮胎创设户外主题游戏,将幼儿大动作与精细动作的锻炼融入游戏。

(三)游戏过程实录

幼儿们来到操场看到五颜六色、大大小小的轮胎非常好奇,他们自由探索、各种摆弄,有的主动地玩起了跳圈圈(自行车轮胎),有的爬上了轮胎堆成的小山,还有的站在汽车橡胶轮胎上。站在塑料轮胎上的幼儿,因为塑料轮胎不太稳固摔倒在了草坪上,旁边的幼儿马上过来把他扶起来,教师把幼儿集中起来,并且问他们:"塑料轮胎不能踩在上面,可以怎么玩呢?"很多幼儿提议推着轮胎向前走,于是,大家一起玩起了推轮胎的游戏。教师不断变换指令"快快推!""慢慢推!""转弯……"难度不断增加,幼儿们玩得很开心。

当幼儿们掌握了推轮胎的技巧后,教师将"小兔子送萝卜"的故事情境加入游戏。幼儿们扮演小兔子,通过平衡木"小桥"去给兔妈妈送萝卜。有的幼儿推着轮胎走过"小桥"的时候掉了下来,教师会以兔妈妈的口吻说:"河水很深,别着急,一定要注意安全哦!"以此进行安全提示。

在该故事情境的引导下,幼儿推轮胎的积极性更高了,不仅能顺利完成任务,还创编了很多花式推轮胎的方法,单手推、双手推、用脚推等。

（四）教师分析与支持

1. 提供适宜材料，激发幼儿兴趣

幼儿通过触摸和绘画感受轮胎的材质，在单一的材料不能满足幼儿游戏的需要时，一物多玩的优势就可以凸显出来。

活动中，孩子们需要通过不断地探索、尝试，寻找解决问题的方法，对孩子的能力具有一定的挑战性。

2. 多观察幼儿，减少介入

幼儿的行为很大程度上取决于先期的经验，每个幼儿的原有经验不同，从而行为表现不同。教师应多满足、少要求，也就是说，"怎么玩"由幼儿自主，允许他们选择适合自己的方式进行游戏，自主获得体验。

3. 多在活动中生成，减少预设游戏

教师要善于挖掘和利用游戏材料生成幼儿喜欢的游戏内容，将教育因素隐含其中。根据轮胎滚动的特点，教师设计了滚轮胎的游戏，先让幼儿自己学习滚动轮胎，在能较好地控制轮胎后，逐步加入指令，如转弯、向前、倒退、快开、慢开等。

（案例来源：天津市南开区第四保育院　黄思思）

第二节　家庭游戏案例

案例一：我的小手有力量（0—3个月婴儿游戏）

（一）游戏环境创设

1. 温馨不刺眼的环境，婴儿呈仰卧或俯卧姿势。
2. 准备摇铃、牙胶、拨浪鼓等安全的玩具。
3. 儿歌或音乐。

（二）环境创设意图

1. 利用易抓握的玩具锻炼婴儿手部力量，促进手、脑、眼协调能力的发展。
2. 0—3个月的婴儿对声音有初步的辨别和反应能力，用手抓握发出声响的玩具能够吸引婴儿的兴趣。

（三）游戏过程实录

婴儿呈平躺仰卧位姿势，妈妈试图将准备好的玩具放进婴儿手中，但是他握紧小拳头。妈妈轻轻抚摸婴儿的小手，从指根按摩到手背。这时，婴儿的小手自然放松并张开。妈妈将摇铃放进婴儿手中，同时握住他的小手，帮助其抓握。

妈妈轻声呼唤婴儿的名字，在他做出反应时，妈妈用夸张的语言、丰富的表情给予表扬与肯定。随后妈妈播放轻快的音乐,并握着婴儿的小手跟着音乐轻轻晃动。当婴儿能够自主晃动时,妈妈可松开手,鼓励他自己晃动。

待婴儿掌握抓握动作后,可慢慢训练他进行动态抓握。妈妈可以在婴儿看得见的地方悬吊响声玩具,并扶着他的手去够取、拍打、抓握。动态练习不但能训练婴儿抓握的力量,还能锻炼手眼协调能力,是精细动作进一步发展的基础。

(四)家长分析与支持

3个月左右,婴儿仰卧位的视觉追踪可以达到180°,这个时候多和婴儿面对面说话,这样可以让他通过观察成人的五官和表情来发展视觉。妈妈用温柔的声音多次呼唤婴儿,并在他面前做出丰富甚至夸张的表情动作,可刺激他的听觉、视觉,还可以促进良好亲子依恋关系的建立。

出生第一个月起就应锻炼婴儿的抓握能力。训练婴儿抓握能力的同时可吸引他看着手中的玩具,逐渐提高小手的灵活性。注意控制游戏时长,每次3—5分钟。

(案例来源:天津市幼儿师范学校附属幼儿园　周蕾)

案例二:宝宝的海洋球(4—6个月婴儿游戏)

(一)游戏环境创设

1. 为婴儿穿上舒适、便于活动的贴身衣物。
2. 适合爬行的床单或爬行垫。
3. 彩色海洋球若干。

(二)环境创设意图

1. 4—6个月的婴儿活动区域和范围还比较小,主要在床上或爬行垫上活动。这个阶段的婴儿处在身体大肌肉群发展的黄金时期,因此在家中为婴儿准备一块方便爬行、活动的区域,能够随时随地满足婴儿的运动需求。

2. 这个阶段的婴儿已经能初步辨别色彩,彩色的海洋球能够在视觉上引起他的注意。同时,这种软塑料海洋球轻便、常见,便于婴儿抓握。

(三)游戏过程实录

婴儿平躺在床中央,妈妈将不同颜色的海洋球放置在他身体的一侧。拿起一个海洋球和婴儿对话吸引他的注意,并向其他海洋球方向移动。婴儿的眼睛随着手中的海洋球移动,看到了更多的海洋球,努力向有海洋球的一侧翻身。

妈妈将海洋球滚到婴儿面前,趴卧的婴

图6-13　宝宝的海洋球

儿看到彩色小球开始兴奋,手脚不停地扬起、落下。妈妈将海洋球往远处滚动,婴儿嘴里发出"咿咿呀呀"的声音,撑起身子使劲向前看,小手向前伸,尝试向前爬。婴儿的力气小,还不能顺利爬过去,妈妈用手轻轻推动婴儿脚跟,婴儿向前移动了一点点,伸手抓到了一个小球并慢慢放到嘴边。

妈妈拿起一个海洋球在婴儿的身体上滚动按摩,按摩时说,"这是宝宝的后背""这是宝宝的屁股"。婴儿慢慢地停下来,开始感受小球的位置。婴儿翻身过来平躺,妈妈继续用海洋球滚动按摩,按摩到肚皮时,婴儿发出了"咯咯"的笑声。

接下来,妈妈伸出食指平放在婴儿面前,婴儿抓到了妈妈的手,随着妈妈的拉动由平躺向前坐了起来。妈妈随即坐在婴儿身后环抱着他,将海洋球向远处扔,婴儿的眼睛随着海洋球向远处看。接着,妈妈抓起海洋球从婴儿的头顶向下抛,婴儿的眼睛注视着小球移动的方向。妈妈拿起小球放在婴儿面前对他说球的颜色,婴儿眼睛盯着小球并伸手去抓。

图6-14 盯看海洋球

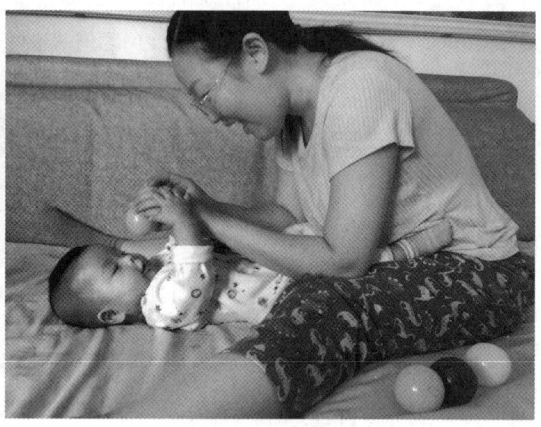

图6-15 巧用海洋球

然后妈妈将婴儿放平,两手拿起小球,举到婴儿眼前挡住视线,再忽然拿开说"嗨"。婴儿忽然看到妈妈的脸很兴奋。妈妈再次重复,婴儿又一次开心地笑了起来。

（四）家长分析与支持

1. 选择适宜的游戏材料,便于开展亲子游戏

海洋球色彩丰富、抓取轻便、滚动时便于婴儿追视,是比较常见的游戏材料,便于在家中存放。因此,选择海洋球开展亲子游戏,一物多玩,充分发挥游戏材料的价值,促进婴儿感知觉和肢体动作的发展。

2. 注重亲子互动,发现教育契机

在游戏中,父母要注重和婴儿进行眼神、语言、肢体上的互动,认真观察孩子,随时发现互动中的教育契机。例如,婴儿在趴卧时有向前爬的意向,家长可以辅助宝宝练习爬行,促进婴儿全身的动作的发展。滚动按摩环节能够提升婴儿的触觉感知,帮助宝宝放松肌肉、舒缓心情。家长温柔的眼神、及时的触摸为婴儿提供了安全感,增进了婴儿对家庭环境和家庭成员的认知,加强了亲子之间的情感交流。

3. 符合身心发展,激发游戏兴趣

4—6个月婴儿的大动作发展非常关键,趴卧、翻身等环节都能够有效地锻炼婴儿的颈部力量、背部核心肌肉力量和四肢大幅度动作。随着婴儿神经系统的发育,抓握、追视等环节能够锻炼他手部精细动作的发展,促进手眼协调能力和认知能力的发展。拉坐练习需要根据婴儿的实际情况来进行,有的婴儿可以先练习伸手抓,而有的婴儿可以进行拉坐。家长可以根据婴儿自身的需要调整游戏结构,选择最适合他身体发育的游戏环节。

(案例来源:天津市河东区第二幼儿园　张鑫)

案例三:爬爬乐(7—9个月婴儿游戏)

(一)游戏环境创设

1. 选择宽敞、平整、软硬度适宜的环境作为婴儿练习爬行的场地,如地板上放一个爬行垫或地毯,周围有护栏围着。

2. 在地板上设置简单的障碍物,如大枕头、沙发垫、绒布玩具等。

3. 用纸箱做成"隧道",在纸箱上开若干方孔或圆孔,以便通风透亮,游戏时更加安全、有趣。在"隧道"中铺上垫子,将婴儿喜欢的玩具放在"隧道"的另一头,吸引婴儿爬过去够拿。

(二)环境创设意图

1. 鼓励婴儿沿着设置好的障碍一个个翻越:爬过枕头,绕过玩具,从椅子下钻过去。

2. 爬"隧道"游戏,让婴儿逐渐认识到那些暂时不在视线范围内的人和物其实并没有消失,进而逐步建立"客体永久性"的概念。

3. 在训练婴儿爬行时,我们还可以利用浴巾、毛绒玩具、奶瓶及婴儿感兴趣的玩教具来吸引他练习爬行。通过爬行,训练宝宝的肢体运动技能。

(三)游戏过程实录

当妈妈用玩具逗引婴儿时,他俯卧挺胸抬起了头,却并不向前爬。妈妈双手轻推婴儿的双腿,给他一点辅助,当支撑力增强后,婴儿就向前爬行了。

接下来,妈妈拿出一些能移动的玩具响铃、小车等放到婴儿前面逗引他继续向前爬行。婴儿一步一步努力向前爬,顺利抓到玩具小车,开心极了。

妈妈又把玩具藏在婴儿的左侧,引导他转身去找玩具。婴儿尝试转身,努力了几次,都没有转过来。妈妈轻轻帮婴儿调整了一下身体的方向,婴儿终于把身体转了过来,朝着目标爬了过去,顺利抓住了玩具。

然后,妈妈用枕头和靠垫给婴儿制造了一点小障碍,引导他努力爬过障碍,抓拿自己喜欢的玩具。

待婴儿基本掌握爬行技能后,就可以让他尝试钻爬纸箱"隧道"了。妈妈扶着宝宝爬进纸箱,爸爸则在"隧道"另一端,利用婴儿喜爱的玩具逗引他。婴儿在爸爸妈妈的帮助下顺利通过"隧道"。

（四）家长分析与支持

1. 辅助训练，有助于爬行

爬行是婴儿运动发展中的一个重要动作，需要四肢协调配合。成人用手托住婴儿的胸口，另一个手托住他的腿，然后让他屈腿蹲下、起立，锻炼他的腿部肌肉力量。还可以让婴儿趴下来，然后头转向一侧，将一条腿屈曲，用手心顶住他的脚心让他左右交替向前爬。

2. 够拿玩具，保持游戏兴趣

在婴儿面前放上他喜欢的玩具，抓住他的足底，锻炼他自主蹬腿去够拿玩具。当婴儿能以腹部为支点匍匐前行时，可以用双手或毛巾把他的腹部抬起来，使他的手和膝盖着地向前爬行。开始要用力提起婴儿的腹部，等练习到一定程度时，就让他自己提起腹部。家长可以利用婴儿喜爱的玩具，放在他触手可及之处，待他快要拿到时略微拉远一点，让他往前爬行一点。训练的初期，让婴儿爬上两三步就能拿到玩具，然后休息一会。家长拉玩具的速度很关键，既要让婴儿能够抓到，又要让他速度逐步加快。

3. 增加游戏难度，激发爬行乐趣

在训练婴儿爬行的过程中，我们可以通过丰富活动材料、调整游戏难度的方式吸引他的注意力。当婴儿的灵活性增强之后，用靠背、枕头等做一些小小的障碍，逗引他翻越障碍，提升爬行技能。

（案例来源：天津市南开区第四保育院　袁丹妹）

案例四：水果真有趣（10—12个月婴儿游戏）

（一）游戏环境创设

1. 在开阔的墙边布置宝宝椅和沙发，并准备塑料布、保鲜膜等物品。
2. 准备新鲜的水果、彩色打印的水果图片、彩色丝巾等物品。
3. 挖孔的纸箱子，洞孔周围平整。

（二）环境创设意图

图6-16　水果图片

从六个月添加辅食开始，婴儿就非常喜欢甜甜的水果，各种水果的大小、形状、颜色、味道、表皮触感都不尽相同，可以作为游戏材料，训练婴儿的感知觉和动作技能。

（三）游戏过程实录

1. 摘水果

婴儿爬到沙发边，发现小纸箱上面插满了彩色的水果图片。她趴在地上使劲用手抓图片，抓不到后发出了"咿咿呀呀"的声音。慢慢地，婴儿尝试扶着沙发站起来，用手够到纸箱上,抽出自己喜欢的水果图片。此时,她发现沙发上还有其他水果的图片,开始尝试把图片插回去,但因对不准插口,总是不成功。妈妈把婴儿抱上沙发继续尝试,她在不停抽插图片的过程中,会拿着图片向妈妈哼哼,妈妈就会告诉她图片上是什么水果。得到回应后,婴儿就会满意地放下这张图片,再拿起另一张图片,继续刚才的询问。

图 6-17 水果树

过了一会儿,婴儿倒着爬下沙发。妈妈鼓励她去旁边看看,她发现地上有许多彩色的绒球。这时,姥姥坐在墙边呼喊婴儿的名字,引导她朝自己爬。姥姥帮助婴儿扶墙站起来,并把绒球粘在水果轮廓的贴纸上。婴儿对贴纸很新奇,不停用小手拍打着贴纸,感受贴纸的黏性,咯咯咯地笑了起来。婴儿爬到妈妈的位置取绒球,再爬到姥姥的位置,贴在纸上,最后拼出了彩色的水果。

2. 敲水果

接下来,妈妈把婴儿抱到餐椅上,桌面上有用保鲜膜裹着的水果和饼干。妈妈用小锤子敲击保鲜膜,会看到水果和饼干被敲碎。婴儿尝试自己敲,敲碎后,妈妈帮她揭开保鲜膜,让她顺利吃到了相应的水果和饼干。

3. 画水果

几天后,婴儿认识了许多水果,妈妈开始带她画水果。婴儿爬上铺好的塑料布,塑料布上有对切的水果和颜料(食用色素和面粉混合,避免宝宝误食)。妈妈拿着水果柄在图画纸上进行拓印示范,婴儿很开心,想拿水果柄但拿不起来,尝试几次后改为握着水果进行拓印。

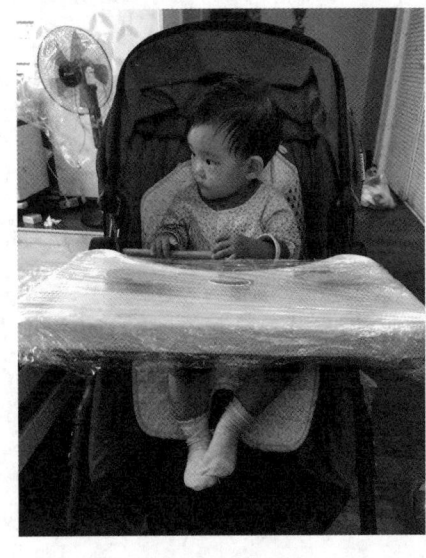

图 6-18 敲水果

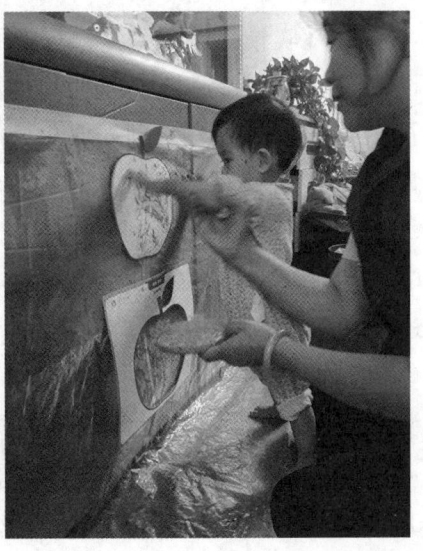

图 6-19 画水果

水果拓印结束后,妈妈帮助婴儿扶墙站起来,又拿出几种颜色的颜料,示意她用小手给墙上的水果轮廓图涂色。婴儿摸了一下颜料,皱起了眉头,不敢尝试。妈妈主动用手蘸颜料,进行涂抹示范。在妈妈的鼓励下,婴儿也尝试蘸颜料涂色。

（四）家长分析与支持

10—12个月的婴儿从会爬、会坐、能扶站到双腿直立行走,经历了人生的一个很重要的阶段。案例中的家长借助水果作为具体刺激物,使婴儿在日常爬行、扶走的探索中,积极动手、参与游戏,促进了认知和动作技能的发展。

案例中的妈妈作为婴儿最信任的人,在她不敢触摸颜料的时候,主动进行示范。妈妈的有效示范激励了婴儿主动进行尝试,进而完成涂色游戏。

（案例来源：天津市河东区第二幼儿园　魏郁莹）

案例五：色彩初体验（10—12个月婴儿游戏）

（一）游戏环境创设

1. 干净整洁温馨的生活环境,伴有背景音乐,室内光线柔和明亮。

2. 红、黄、蓝三瓶颜料,20厘米×20厘米能封口的透明袋,1.5米×2米家庭地垫,高度为25厘米的小桌子。

（二）环境创设意图

1. 色彩不仅可以帮助婴儿变得感情丰富,也可以给他们更多幻想的空间,减少负面情绪对孩子的影响。有意识地培养婴儿对色彩的感知,对他们良好性格的形成和智力的发展都具有重要的意义。

2. 伴随着舒缓的音乐,婴儿在熟悉的家庭环境中玩耍,并且有家人的陪伴,这样的环境创设给予了婴儿足够的安全感。

（三）游戏过程实录

妈妈将红、黄、蓝三种颜料挤入透明塑料袋,做好密封工作,将袋子平铺于桌子上。婴儿开始用手按在袋子上,手指轻轻地揉捏几下,颜料的融合效果不是很好。婴儿继续用力拍打,增加力度,颜料的融合效果很好。

接着,妈妈将袋子提起来,让婴儿抓住袋子,继续对袋子里的颜料进行抓握、捏挤。整个游戏过程中,婴儿一直保持着愉悦的情绪。

游戏过程中,妈妈一直用语言描述婴儿的动作,并说出颜色的名称。

（四）家长分析与支持

1. 以婴儿为中心,创设舒适轻松的游戏环境。

为婴儿创设自由、舒适、轻松的游戏环境,有利于消除婴儿不安的情绪。游戏过程发生在熟悉的家庭环境中,并有家人的陪伴与鼓励,婴儿能够情绪饱满、积极主动地参与活动。

2. 灵活地安排活动时间与内容

我们要为婴儿的游戏活动提供充足的时间，但是也要根据婴儿的实际情况灵活调整。当婴儿有哭闹情绪的时候可以选择停止游戏，等他情绪稳定后再继续。这样才能让他高效地获得游戏体验。

3. 学会观察，恰到好处地支持与鼓励

在游戏过程中，我们要善于观察，及时用语言表扬鼓励婴儿，让他体验成功的乐趣。例如，婴儿在游戏过程中无意识地划动颜料，让颜料快速融合，这时我们就可以跟他说："你的小手真能干，小手一划，让红色的颜料遇到了白色、黄色还有蓝色，他们开心地聚在了一起，你真的太棒了！"

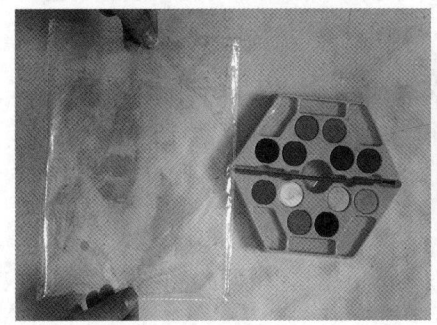

图 6-20　密封袋

图 6-21　颜料融合

（案例来源：天津市南开区第四保育院　赵录敏）

案例六：快乐洗澡（1—1.5岁幼儿游戏）

（一）游戏环境创设

1. 冰格、水和食用色素制作彩色冰块。

2. 海绵、浴花、毛巾等洗澡工具。

3. 塑料盆和若干海洋球。

4. 幼儿喜欢的塑料玩具若干。

5. 事先为幼儿准备好的洗澡环境。（洗澡之前，将干净的衣服和尿布准备好，建议室温控制在24℃—26℃，水温控制在38℃—40℃，时间控制在20分钟之内。）

（二）环境创设意图

1. 在洗澡过程中，幼儿可以感受到水的冷热，有助于促进体温调节中枢的成熟，还可以有效促进全身的血液循环。洗澡不仅提高了幼儿对皮肤温度、压力的感知能力，还提高了他对环境的适应性。

2. 给幼儿洗澡的时候用一些安全的玩具，如冰块、浴球等让他触摸，既能带给他许多乐趣，又能促进他感知觉的发展。

3. 幼儿通过洗澡游戏中的抓握、抛扔、捏挤等动作,能很好地锻炼自己的手眼协调能力及大小肌肉的发展,为今后的精细动作发展奠定基础。

(三)游戏过程实录

幼儿洗澡的时候看到浴盆里的几块冰块儿感到很新鲜,并尝试用手去抓。滑滑的冰块很不容易被抓起来,需要极大的耐心和专注力,但幼儿还在不停地进行尝试,父母在一旁积极鼓励。不一会儿,凉凉的冰块遇见温热的洗澡水逐渐融化,幼儿同时感受热和冷两种温度。

接着,妈妈将海绵、浴花、毛巾等洗澡物品放入水中,幼儿打算用小手去抓,结果这些洗澡物品浸水后变得又湿又重,幼儿拎不起来。父母帮忙提起浸湿的海绵,幼儿就用小手去抓海绵底部的水流,滴滴答答很好玩。看到海绵不滴水了,幼儿就用小手去挤海绵,一只手挤不动,就两手一起挤,一边挤一边笑,玩得开心极了。海绵中挤不出水了,幼儿就试着自己将海绵浸入水中再举高,这时父母用手去挤海绵中的水。

父母将平时玩的塑料海洋球倒入浴盆。示范将球投进装了水的大塑料盆中,让幼儿也照样子进行投掷,父母可帮助幼儿计数。当幼儿完成得很顺利时,父母可调整浴盆与塑料盆的距离,增加游戏难度。

(四)家长分析与支持

这些适合幼儿的游戏,无论内容与形式都比较简单,父母借助这些轻巧简便的游戏培养幼儿的注意力和观察力。

几个游戏环节中,父母的示范参与作用不可小觑,无论是感知冷和热,还是探索海绵的吸水特性,以及海洋球的投掷,都需要父母进行示范和引导。亲子共同游戏既增进了亲子情感,又使游戏富有挑战性。

(案例来源:天津市南开区第四保育院 孙颖)

案例七:小小音乐会(1—1.5岁幼儿游戏)

(一)游戏环境创设

1. 选择客厅或幼儿游戏房间创设音乐角,地板上铺上地垫或地毯,创设一个温馨舒适的环境。

2. 拓展材料:常用的打击乐器(沙锤、手鼓、拨浪鼓等)。

3. 创意材料:日常生活中收集的发出声音的物品(瓶子、罐子、纸盒、豆子等)。

(二)环境创设意图

1. 沙锤、手鼓是幼儿喜爱摆弄的小乐器,通过敲击、摇动来感知不同乐器的声音,跟随音乐的节拍敲击,可以锻炼幼儿的节奏感。

2. 利用生活中的物品自制小乐器和幼儿一起玩音乐游戏,体验探索声音的乐趣。

(三)游戏过程实录

妈妈和幼儿一起来到家中的音乐角,妈妈拿起拨浪鼓来回晃动吸引幼儿注意。幼儿尝试抓拿拨浪鼓，妈妈就将拨浪鼓递到幼儿手中。幼儿拿着拨浪鼓上下使劲晃动，发出连续的"咚咚咚"的声音。随后，幼儿拿起沙锤随意晃动，这时妈妈播放音乐《小星星》，一边跟着节奏拍打手鼓一边鼓励幼儿跟着节奏摇动手中的沙锤，幼儿跟着妈妈一起尝试表现乐曲的节奏。

不一会儿，幼儿发现音乐角中有个装着豆子的瓶子，就拿起来上下摇晃发出"哗哗"声。这时，妈妈播放奥尔夫音乐《巡逻兵进行曲》，拿起瓶子随着音乐的节奏有规律地晃动。看到妈妈的示范，幼儿也跟着节奏晃动手中的瓶子。

（四）家长分析与支持

1. 善于观察等待，抓住介入时机

妈妈创设音乐角，投放了新的"小乐器"，引起了幼儿的好奇心，适时地引导他使用"小乐器"进行演奏，调动了他的积极性，激发了他的探索行为，培养了他对音乐的敏感性。

2. 合理利用材料，引发游戏意愿

幼儿对音乐的敏感性基本上是从声音开始的，周围环境中各种有趣的声音会吸引他不断去探索，妈妈将生活中常见的物品制作成好玩有趣的小乐器，让宝宝在敲打、摇晃的过程中探索声音，感受不同的音量和音调。

（案例来源：天津市南开区第四保育院　张雅琪）

案例八：猜猜我是谁（1.5—2岁幼儿游戏）

（一）游戏环境创设

1. 选择安全无害、软硬适宜、颜色鲜艳的地垫铺在客厅。
2. 在地垫上摆放小动物玩具，吸引幼儿主动来和妈妈一起做游戏。
3. 准备小动物爱吃的食物图片或实物（如胡萝卜、肉骨头、小鱼等）。

（二）环境创设意图

这个阶段的幼儿具有强烈的好奇心和探索欲，喜欢亲近大自然，喜欢小动物。在认识了小动物的外形特征后，可引导幼儿了解小动物的习性及喜欢的食物。

（三）游戏过程实录

妈妈将家中的玩具小动物摆放在地垫上，陪同幼儿来到"小动物"身边，引导他与"小动物"们抱一抱、亲一亲、玩一玩。这时幼儿表现得既兴奋又激动，抱起所有"小动物"玩了起来。突然，幼儿手中的"小猫"掉落在了地上，但是他没有发现。妈妈对幼儿说："哇！小动物摔倒了，好痛呀！"幼儿这才注意到掉落的"小猫"。妈妈就和幼儿一起抱起"小猫"吹一吹、揉一揉、亲一亲。幼儿说："小猫，吹一吹就不疼了！"

接下来，妈妈对幼儿说："今天有好多小动物来和我们一起做游戏，让我们一起来猜猜它是谁吧！"妈妈模仿"小牛"哞哞哞："宝宝猜猜我是谁？"幼儿兴奋地说"小牛！"。妈妈又模仿"小鸡"叽叽叽，让幼儿猜一猜。妈妈从身后依次变出"小狗""小鸭"……当幼儿顺利猜出了所有小动物，妈妈引导他模仿相应小动物的动作和声音，加强对小动物的认识。

此时，妈妈和幼儿一起玩给小动物找食物的游戏。妈妈扮演小羊："嗨！宝宝你好！我的肚子好饿呀！我最喜欢吃美味的青草。"引导幼儿从筐里找出小羊爱吃的青草。当幼儿找到青草后，妈妈接着问："我最喜欢吃香蕉，你知道我是哪个小动物吗？"幼儿很快地说出"猴子"，并找出香蕉喂小猴子吃。通过该游戏，幼儿了解了小动物爱吃的食物是什么，加深了对小动物的了解。

（四）家长分析与支持

1. 这个年龄段的幼儿善于模仿，家长的一言一行、一举一动都会对他起到潜移默化的作用。妈妈在游戏中引导幼儿关爱小动物，让幼儿学会照顾他人、关心他人。

2. 以猜猜我是谁的游戏方式，让幼儿尝试用肢体动作和声音模仿小动物，激发他的游戏兴趣。

（案例来源：天津市南开区第四保育院　杨娇）

案例九：抓珠子（1.5—2岁幼儿游戏）

（一）游戏环境创设

1. 温馨的居家环境，地面铺设幼儿熟悉的暖色系地垫。
2. 准备较大的、颜色鲜艳的圆形塑料滚珠。
3. 准备不同颜色的纸杯，并在纸杯上贴上小动物的图片。

（二）环境创设意图

利用生活中常见的纸杯和塑料珠子作为游戏材料，让幼儿在用纸杯捉珠子的过程中发展手眼协调能力。

（三）游戏过程实录

幼儿来到地垫上，对彩色的塑料珠很好奇，走过去用手抓着玩。玩了一会儿，幼儿看到旁边贴有小动物图案的纸杯，伸手拿起来又放下。

接着，妈妈一手将塑料珠放在地垫上滚动，另一只手用纸杯去扣住塑料珠。幼儿觉得很好玩，也想自己试一试，但动作并不协调，妈妈提议说："妈妈来滚珠子，你来用纸杯捉珠子好不好？"幼儿开心地答应了。妈妈将珠子慢慢地往幼儿的方向滚去，幼儿顺利将珠子捉住，完成任务，开心地大笑。

待幼儿熟悉游戏玩法后，妈妈逐步增加难度，珠子滚动得越来越快，幼儿也不甘示弱，加快捉珠子的速度，每捉住一个珠子，都表现得很兴奋。接着，妈妈又将珠子滚到不同方向，频率和速度再次提升，幼儿跟着妈妈的游戏节奏一直专注捉珠子，顺利完成游戏任务。

（四）家长分析与支持

1. 合理利用材料，创设有利于幼儿发展的游戏环境

颜色鲜艳、造型独特的玩具容易引起幼儿注意，能更好地激发幼儿的游戏行为。案例中选用幼儿喜欢的彩色塑料珠作为刺激物，第一时间吸引幼儿的注意力，使幼儿积极参与游戏。

2. 善于观察等待,抓住介入时机

幼儿游戏过程中,家长要善于观察,抓住即时引导的机会。案例中的幼儿一开始尝试一手拿杯子一手控制滚珠并不顺利,当幼儿尝试了几次确实无法独立完成游戏时,家长再介入,调整游戏策略,逐步增加游戏难度,既增强了幼儿的自信心,又有效锻炼了幼儿的手眼协调能力。

(案例来源:天津市南开区第四保育院 宋萌)

案例十:粘粘乐(1.5—2岁幼儿游戏)

(一)游戏环境创设

1. 地垫上摆放一个装满海洋球的篮子,海洋球直径为10厘米,颜色分别为红、黄、蓝,个数为30个,并准备舒缓的背景音乐。

2. 一卷较宽的透明胶带。

(二)环境创设意图

海洋球简单易得,是生活中常见的幼儿玩具。同时,海洋球颜色丰富、大小适宜,可以成为训练幼儿计数和排序的游戏材料。透明胶带则是用来辅助幼儿排列与固定海洋球,能直观地呈现幼儿玩海洋球游戏的过程。

(三)游戏过程实录

幼儿来到地垫上,看到装满海洋球的篮子,开心地坐下并将双手放在篮子里,随意翻动。当发现有海洋球掉落出来,幼儿会将海洋球捡起来放回篮子内。

随后,家长拿出透明胶带,剪了一段长约30厘米的胶带,双手拉住,逗引幼儿抓握,感受胶带的黏性。

在家长的引导下,幼儿尝试将海洋球粘在透明胶带上。开始时,幼儿握着一个海洋球粘上又拿下来。反复几次后,幼儿开始尝试将海洋球一个一个粘在胶带上,当多个海洋球粘满胶带时,幼儿露出了开心的笑容。接着,幼儿将海洋球一个一个取下来,放回篮子里。

家长将幼儿的活动场所转移到门框前,让他尝试将海洋球粘在门框上的透明胶带上。幼儿轻松地将球粘满了整个胶条,但是球与球之间的空隙很大,于是家长帮助幼儿调整了球的位置,让球一个挨一个。幼儿看到以后,也积极地动手玩起来,这次球与球之间的空隙明显缩小。

看到幼儿在用胶带粘海洋球时,颜色都是随机的,家长提出让幼儿按照一定的颜色规律粘海洋球。"一个红色,一个黄色,一个蓝色……"家长一边说一边将球粘在胶带上,让海洋球按照红黄蓝的排列规律排在胶带。重复几次以后,幼儿能按照颜色规律正确地排列海洋球,并且还数出有几个海洋球。

(四)家长分析与支持

1. 为幼儿自主探索提供机会,尊重自主性

游戏中,家长没有向幼儿介绍海洋球的颜色、质感,同时也没有介绍透明胶的黏性,而是

让幼儿自主探索,感受材料的特性。

2.增加游戏难度,保持游戏兴趣

由于幼儿注意力集中的时间短,家长在游戏过程中变换活动形式、活动场所、调整游戏难度,不断满足幼儿的好奇心。尽可能接纳他们不同的感受,允许他们选择自己喜欢的方式,自主地获得游戏体验。游戏中,游戏形式由自主探索到模仿学习再到自主创新,不断调整变化,不断满足幼儿的游戏乐趣。

图6-22 游戏材料　　　　　　图6-23 粘贴海洋球

(案例来源:天津市南开区第四保育院　赵录敏)

案例十一:好玩的乐器(1—2岁幼儿游戏)

(一)游戏环境创设

音乐对孩子有着天然的吸引力,这是音乐能进入孩子生活的一个优越条件,但必须使这种力量持续下去,才能使兴趣成为一种动力,成为最好的老师。因此,有必要对幼儿进行适当的音乐教育,培养一定的音乐素养。幼儿到了1岁左右,对声音的分辨力增强,父母可以有意识地训练他的节奏感和乐感。父母可以在家庭中为幼儿创设一定的音乐环境,并投放适当的操作材料,通过聆听音乐,跟着音乐的节奏进行材料的操作,培养幼儿对音乐的感知能力。在游戏中,让幼儿学习分辨声音的高低、音响时值的长短、音量的强弱及各种不同声音的特性等,不断提高听觉灵敏程度,进而发展智力。

1.材料的选择上要符合婴幼儿的年龄特点,安全无毒、边角圆润、便于取放、颜色鲜艳、外形可爱、操作简易。

2.创设温馨舒适、阳光充足的游戏环境。地点可以选择在阳台的飘窗前或明亮的客厅里。在地上铺上颜色鲜艳、舒适的垫子,家长与幼儿面对面坐在垫子上进行游戏。

3.家长可以选择童谣、儿歌等音乐作品,带着幼儿跟着音乐做游戏,让幼儿在音乐中感受节奏,在游戏中体验温暖和快乐。

（二）环境创设意图

1. 游戏材料的选择能够发展婴幼儿的抓握、拍打、敲击、摇晃等动作技能，刺激婴幼儿的听觉发展。

2. 温暖、舒适、熟悉的环境，能够提升婴幼儿的安全感和自我归属感。色彩鲜艳的环境和游戏材料能够刺激婴幼儿的视觉发展。

3. 选择婴幼儿喜欢的音乐，让婴幼儿在音乐中感受节奏。

（三）游戏过程实录

游戏1：小沙锤（12个月）

安安自己打开了小度，学着妈妈的样子对着小度说话。在妈妈的帮助下，小度播放一首安安平时最喜欢的音乐。音乐响起来，他先是跟着音乐左右摇晃起来，然后又有节奏地前后摆动身体，最后伸出了小手拍起来。忽然，安安伸手拿起面前的小沙锤，有节奏地跟随音乐晃动沙锤，沙锤发出了"沙沙沙"的声音。然后，他发现沙锤另一面的小球可以用手拨动，小球转起来的时候还发出"哗啦哗啦"的声音，他便用小手拨弄沙球，直到音乐结束。音乐第二次播放的时候，安安发现用手拍打沙锤也可以发出响声，这一次他跟随音乐拍打着沙锤，直到音乐结束。

游戏2：边弹边唱（24个月）

安安拿出了喜欢的小鼠铃，这一次妈妈按照音阶的顺序摆放好，并告诉安安："你试试按照妈妈帮你摆放的顺序来拍一拍小鼠铃，听一听是什么声音？"于是，安安按照顺序，连续拍了八个小鼠铃，在拍的时候，妈妈跟着他拍的顺序唱了音阶。安安问："妈妈唱的是什么呢？""妈妈给每个小鼠铃起了一个好听的名字，安安一拍妈妈就唱出来了。"于是，安安又拍了一遍，妈妈又跟着唱了一遍，妈妈说："安安你拍得真好，能给妈妈伴奏啦！"这一次，安安每拍一个小鼠铃都问妈妈："妈妈，这个叫什么？"妈妈就将对应的音符唱给他听。

图6-24　小鼠铃

图6-25　弹钢琴

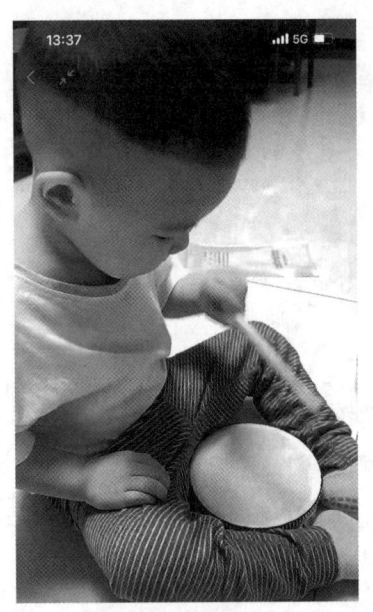

图 6-26 敲小鼓

安安来到了钢琴前,学着妈妈的样子按琴键。他伸出一个手指,找到其中一个琴键摁下去,并连续向后又摁了四个琴键,并跟着钢琴声,唱出了旋律。安安把小鼠铃的经验迁移到钢琴上,一边弹奏一边跟唱,重复了十多次。每一次弹奏结束,都给自己拍手,告诉自己:安安真棒!

游戏3:我们一起来伴奏(27个月)

今天,安安从乐器箱里找出一个小铃鼓和一个小鼓槌。他用鼓槌敲击小铃鼓,边敲边对妈妈说:"妈妈,你听!"妈妈说:"这个声音真好听,有'咚咚'的小鼓声,还有'哗啦哗啦'的小铃声!"安安尝试了几次,又从乐器箱里翻出了一个小手铃,举过头顶,晃动着小手腕,手铃发出了"哗啦哗啦"的响声。这时,安安把手铃递到了妈妈的手里,然后说:"妈妈晃晃,安安敲敲。"妈妈就唱起了一首小儿歌《小花猫和小老鼠》,在歌唱中插入手铃的伴奏,安安则跟着音高与铃鼓,两人很默契地为歌曲完成了伴奏。

(四)家长分析与支持

1. 了解幼儿的年龄特点,提供适宜的环境材料

早期的音乐游戏需要多种感官的参与,幼儿借助不同感官的相互作用,增强对音乐的体验、感受,然后用自己的方式表达出来。适宜的音乐游戏材料能够有效训练幼儿的听觉能力、反应能力和注意力。家长应尽量选择节奏韵律鲜明、速度适中、轻快活泼的音乐,让幼儿可以随着音乐节奏舞动身体。在音乐游戏中,幼儿的肢体运动能力和音乐感知能力都得到了相应的提高。

2. 支持幼儿自主选择,促进其身心健康发展

音乐游戏环境是由家长和幼儿共同创设出来的,在游戏中要让幼儿保持愉快的情绪,提高其对音乐游戏的兴趣。通过音乐游戏,幼儿的性格变得开朗、活泼,能够通过动作去表现美、创造美和感受美。

3. 创设温馨的环境,提升亲子情感

幼儿的音乐活动大多是由家长带着进行的,幼儿在与家长的互动中,增进亲子情感,提升游戏体验。

(案例来源:天津市幼儿师范学校附属幼儿园　杨珺)

案例十二:我最喜欢的车(2—3岁幼儿游戏)

(一)游戏环境创设

1. 提供一个安全舒适的婴幼儿围栏,同时在围栏内放置软硬适中的暖色系地垫。

2. 根据幼儿的年龄特点和日常兴趣爱好，提供种类丰富、大小不一、形式各样的汽车玩具。

3. 添加一些幼儿感兴趣、喜欢操作的积木玩具。

（二）环境创设意图

1. 婴幼儿围栏主要作用是为了解放妈妈的双手，给幼儿提供一个安全舒适的环境，为他的身体协调训练提供适宜的活动场所。

2. 2—3岁的幼儿自我意识逐步发展，产生了强烈的独立性需要，出现了自己行动的意愿；能说出自己的行为，有时也能用语言控制自己的行为；出现占有意识，开始意识到哪些东西是属于自己的。因此，为幼儿提供独立空间和常玩的汽车玩具，有助于推动他自主游戏的发展。

3. 2—3岁的幼儿在头脑中有了表象、想象和思维这些高级的认知活动，可以利用身边的玩具材料创造性地进行游戏。

（三）游戏过程实录

幼儿来到游戏区域，很快拿起身边的汽车玩具开始摆弄。起初，由于汽车的种类过多，幼儿漫无目的地操作、摆弄，拿起一辆车玩一会儿便放下，接着换下一辆车。渐渐地，他把自己最喜欢的车挑了出来，而且把几辆车排成了整整齐齐的一排。

这时候，幼儿开始向站在围栏外始终没有说话的妈妈介绍他的汽车。他指着第一个玩具说："这是螺旋桨。"紧接着他指着第二个交通工具说："这是轮船。"接下来他依次指着一系列的工程车说："吊车、挖掘机，这是翻斗车，这是瓦罐车，这也是挖掘机。"

妈妈问幼儿："你最喜欢哪个？"

"我最喜欢蒸汽飞机。爸爸说这是蒸汽飞机。"幼儿指着第一遍说的"螺旋桨"的那个玩具。"我还喜欢翻斗车！你看，大不大？"

图6-27　小汽车真好玩

没等到妈妈的回应，他便开始往翻斗车的斗里面放积木，边放边说："翻斗车可以装很多的东西呢！"

"这么多积木，你能拼一辆汽车吗？"妈妈问。

"好！"他开始用身边的积木聚精会神地拼汽车。过了一段时间，汽车的模样成型了，"这是给你的汽车，玩一会，再给我。"

"好的，谢谢你。"妈妈向幼儿表示感谢。

（四）家长分析与支持

1. 了解幼儿兴趣，合理利用材料

家长要善于观察幼儿的兴趣和爱好，在选择玩具时，给予其充分的自主权，尊重并鼓励和支持他的选择。兴趣是最好的老师,任何幼儿都具备一些潜能,而潜能开发是以幼儿的兴趣为前提。

2. 做观察者而非参与者,给予幼儿充足的空间

幼儿在游戏过程中无比投入,有时会自言自语,有时会向周围的人进行提问,即使没能得到回答,依然乐在其中。我们应给予幼儿充分的空间,他们会在与材料的互动过程中不断地探索、调整、尝试、实践,用自己的方式解决游戏过程中出现的一个又一个问题。

3. 把握指导时机,促进游戏发展

幼儿游戏时我们要细致观察,把握好指导时机,适时适度地介入。案例中的幼儿为我们一一介绍玩具交通工具的名称,我们要很耐心地倾听,尽管在日常生活中他复述了较多次,但"重复"本身就是幼儿游戏的一个特征。

(案例来源:天津市河西区第一幼儿园　吴俊莲)

案例十三:百变的钻笼(2—3岁幼儿游戏)

(一)游戏环境创设

1. 游戏区内铺上柔软的地垫。
2. 准备长度为两米、可伸缩的幼儿钻笼。
3. 准备相应辅助材料,如平衡木、拱形桥等。

(二)环境创设示意图

钻笼是深受幼儿喜欢的器械之一,可以满足不同年龄阶段幼儿的需求。钻笼也是灵活多变的,可以配合其他辅助材料,创造出不同的玩法。2—3岁幼儿运动的协调性有一定增强,他们需要逐层递进的、具有一定挑战性的运动游戏。

钻笼游戏可以发展幼儿的上肢力量、跳跃能力、爬行能力等,促进幼儿动作的协调发展。

(三)游戏过程实录

幼儿非常喜欢家中的钻笼玩具,经常自己打开在里面钻来钻去。有时,还将钻笼立起来,站在里面和家长玩捉迷藏的游戏。

家长用钻笼、拱形桥、平衡木搭了一条通道,引导幼儿有序地通过通道。

图 6-28　钻笼游戏

紧接着，家长清空场地，引导幼儿站在钻笼中，双手扶住钻笼的两边，扮成小兔子，双脚跳跃来到家长面前领取"胡萝卜"。

家长还将幼儿平日喜欢的毛绒玩具拿出来，和他一起玩。家长引导幼儿伸直手臂，将玩具放置在头顶稍后方，从后向前用力将毛绒玩具投入钻笼。

图 6-29　百变钻笼

家长逐渐增加难度。家长坐在沙发上，手握钻笼，用钻笼和双腿支撑，引导幼儿玩"爬小山"的游戏。

（四）家长分析与支持

家长在日常生活中耐心观察幼儿的行为表现，发现幼儿喜欢钻爬或者将钻笼立起来玩之后，便以此为基础，进行玩法上的改进。

根据幼儿的参与情况和实际需要，家长在引导幼儿游戏时并未只局限于"钻笼"一种材料，而是将多种材料组合，创编多种玩法，如"走小路""玩具捉迷藏""小兔子吃萝卜"等。根据幼儿在游戏中的表现，家长也在不断调整游戏的难度，增加一定的挑战性，用身体和钻笼搭成小山，引导幼儿爬小山，促进幼儿多方面能力的发展。

（案例来源：天津市幼儿师范学校附属幼儿园　杨杨）

案例十四：制作腊八蒜（2—3岁幼儿游戏）

（一）游戏环境创设

1. 准备宽口瓶和手持量杯。宽口瓶便于幼儿取放材料，手持量杯适合幼儿手的大小，便于幼儿操作，所有材料安全无毒、边角圆润。

2. 食材和器皿提前清洗干净并消毒、晾干，幼儿触摸食材前先洗手。

3. 游戏的场所可以选择阳光充足的客厅，环境清洁卫生、温馨舒适，材料的摆放可以集中平铺、分类摆放，把即将操作的材料摆放在离幼儿最近的位置，便于他取放。若材料较多，可以按照步骤从左至右依次摆放。幼儿可以坐在舒适的地垫上进行操作，家长与幼儿面对面坐下，尽量与他平视，便于观察他的游戏过程，适时进行指导和记录。

4. 在制作腊八蒜之前，家长可以带领幼儿一起挂灯笼、写福字等，让幼儿感受到即将过年的气氛,顺利衔接腊八蒜制作游戏。

（二）环境创设意图

做腊八蒜是中国北方的传统习俗,让幼儿亲自体验剥蒜、装蒜、加冰糖、倒醋、封口的全过程,感受到浓浓的年味和传统习俗的有趣,充满对新年的美好期待。

（三）游戏过程实录

腊月初八,安安要和妈妈一起制作腊八蒜。妈妈帮他准备好了制作腊八蒜所需要的材料：米醋、冰糖、紫皮大蒜、干燥的宽口玻璃密封罐。妈妈帮安安把蒜掰开,递给安安一瓣儿蒜,安安学着妈妈的样子认真剥下紫色的蒜皮。成功剥好第一瓣蒜,他举起手里的蒜给妈妈看,妈妈说："你剥得真干净。再来一个,加油！"安安继续一瓣一瓣地剥蒜皮,并告诉妈妈："妈妈不剥,安安剥。"不一会儿,安安剥了很多蒜。接下来就要制作腊八蒜了,安安把干净的蒜抓到两个玻璃瓶中。

接下来,要把米醋倒入玻璃罐。妈妈提前为安安准备好了一个适合他取放的小量杯,安安手握小量杯将醋倒入玻璃罐,但第一次失败了,醋洒了一地。妈妈说："没关系,慢慢倒,两只手拿着小杯子,再试一次！"这一次,安安一只手拿着量杯,另一只手托着杯底,成功将醋完全倒入量杯,接着他继续操作了十几次,直到将两个玻璃瓶全部装满。每倒一次,都会给自己拍手,妈妈也及时给予他鼓励和赞扬。接下来安安按照妈妈的要求,把冰糖加进去,还帮着给玻璃罐封口。妈妈说："我们把制作好的腊八蒜送给姥姥姥爷和爷爷奶奶吧！"

（四）家长分析与支持

剥蒜是发展幼儿精细动作的一个非常好的小游戏,需要幼儿双手的小肌肉群相互配合。1—2岁的幼儿,因为手眼协调能力发展不完全,需要通过训练让手指变得越来越灵巧。倒醋能够训练幼儿手腕、手指的灵活程度,以及手眼协调能力。

在剥蒜的游戏中,安安能够积极参与,大胆尝试,不怕失败,遇到困难能够听取妈妈的指导建议,尝试独立解决问题,具有良好的学习品质。

在制作腊八蒜的过程中,除了良好的物质环境,还需要一个温馨、民主的心理环境。亲子共同参与游戏,关系平等、和谐。亲子共同完成腊八蒜的制作,并把制作好的腊八蒜送给家人,培养了幼儿的责任意识,传递了爱的力量。

（案例来源：天津市幼儿师范学校附属幼儿园　杨珺）

案例十五：游戏好伙伴—子母床（2—3岁幼儿游戏）

（一）游戏环境创设

子母床既是幼儿休息的港湾,更是幼儿游戏的乐园。利用子母床进行创造性游戏,可以激发幼儿互动兴趣和探索欲望,为幼儿的深度参与和深层次的学习提供了机会。

1. 排除子母床上的安全隐患,保证床体、扶梯坚固稳定,边角圆润,床垫柔软,方便孩子活动。

2.上床光线更为充足,可以布置休闲角,摆上小沙发、小书架、毛绒玩具,幼儿玩累了可以在上面看书、游戏或者休息。下床则可以布置秋千、"泳池"等,让幼儿进行体育游戏,锻炼体质。

（二）环境创设意图

在家庭环境创设的过程中,成人通过观察幼儿与环境的互动情况,评估环境的适宜性,阶段性地对环境进行调整,保持环境与幼儿的同步发展。

子母床床体本身就为幼儿提供了良好的游戏条件。幼儿会高兴地沿着扶梯爬上爬下,小手抓住上床床边就能荡人体秋千,还能做悬垂抬腿动作。这些行为是幼儿自主发起的,能够增强幼儿肢体灵活性,锻炼其手臂、腹部力量等。家长所要做的就是顺应幼儿兴趣及动作发展的需求,为他们提供支持性环境,做好安全保护措施。

幼儿的主要生活经验来源于家庭,家长可以帮助幼儿准备所需要的游戏材料并适时介入幼儿游戏,支持幼儿在自由探索中获得发展。

（三）游戏过程实录

游戏1：豆豆小手扒住上床的床边,两条小腿借助腹部的力量抬了起来,一直到双脚也踩到小手的位置,他悬挂在床上晃来晃去,像只小猴子。他一边玩,一边说:"妈妈,你看我!"我赶紧在他身下垫上枕头,防止他摔下来。这时,他的小脚从上边放了下来,然后重复前面的动作。

游戏2：豆豆把图书拿到了上床,趴在上面看了起来。看他的眼睛离书有点近,我把他的小沙发递了上去。他开心地坐在上面看起来。当看到书里的小朋友为妈妈和妹妹做早点时,他放下图书,从梯子上爬了下来,找出做饭的一套玩具又爬了上去,像模像样地做起饭来。"你吃牛排吗?看我做好了,给你。"他在玩具锅里用小铲子铲出"牛排"放到盘子里,又把盘子摆到皮卡丘跟前。他又爬下床,把"小猫""小熊""小乌龟"分别运上床:"你们也饿了吧?等着,我给你们做饭啊。"摆弄了一会儿,他给"小熊"吃鸡蛋,给"小猫"吃鱼,给"小乌龟"吃饼干。我也凑过去说:"我想吃西兰花。"这是豆豆平时不爱吃的食物,他皱皱眉说:"不好吃。""可是我想吃啊,吃西兰花能长高哦,还能让小眼睛变亮。""那好吧,我给你做。"他拿起盒子里无人问津的西兰花,放进了锅里,用小铲子在锅里炒了炒,放到碗里对我说:"吃吧。"我接过来高兴地对他说:"真好吃,谢谢你。"他笑着回答:"别客气。"然后就又去喂小动物了。

游戏3：豆豆拿起一个小药瓶爬到上床,从上面扔到下床上。他乐此不疲地爬上爬下,继续扔药瓶。我拿来一个小桶放到下床上:"你能把药瓶扔进小桶吗?"他一边点头,一边说:"嗯嗯。"他尝试了两次,失败了,可他没有气馁,再次爬下床捡起药瓶,并爬回床上。第三次,他终于把药瓶扔到了小桶里,高兴得在床上蹦蹦跳跳。我又拿来了口径不同大小的盆和小盒子,让他试试看,他开始了新的尝试。

为了支持豆豆游戏,我们一起在上床布置了阅读角,摆好小沙发、小书架,还摆上了他喜欢的毛绒玩具、做饭玩具等,下床我们一起用绳子、被子做了秋千等。子母床成了豆豆的游戏好伙伴,潜移默化中,豆豆的肢体动作更为协调、灵活,并养成了认真、专注、坚持的学习品质。

（四）家长分析与支持

幼儿探究事物的方式有自己的特点,如豆豆自发爬梯、在床上荡秋千、悬垂抬腿、投掷等,成人要根据他的需求提供安全、支持的氛围。

个体与环境的交互作用即经验,而经验是学习的真正起点。幼儿的主要生活经验来源于家庭,他们通过观察、模仿、反复尝试、不断自我调整来探究每日生活。所以,家庭环境的创设要与幼儿的生活经验相联结,激发幼儿与环境的对话。游戏中,豆豆给小动物们做饭吃,正是源于生活经验的游戏探索。成人应满足幼儿对生活探究的需求。

在游戏过程中,成人应该给予幼儿爱与包容,在保证幼儿安全的前提下,支持、欣赏幼儿自主选择与环境互动的方式。例如,当幼儿在进行空间探索的时候,他可能对成人提供的成套的搭建玩具不感兴趣,会拿各种生活物品（遥控器、鞋子、盒子、枕头等）来进行操作。成人可以在保证幼儿安全的前提下,允许他对生活物品的探索。

（案例来源：天津市幼儿师范学校附属幼儿园　赵颖颖）

本 章 小 结

本章主要列举了不同阶段婴幼儿在早教机构和家庭这两个不同环境下的游戏案例,帮助大家了解不同阶段婴幼儿游戏的环境创设、游戏过程及分析与支持策略等。同时,也可为家长创设游戏环境、观察婴幼儿游戏过程、支持孩子进一步游戏提供指导,以更好地提升照护人员组织与实施婴幼儿游戏的实践能力。

延 伸 学 习

 拓展阅读

游戏发展进度量表

游戏发展进度量表可以帮助我们了解儿童玩物游戏、表征游戏、社会游戏及体能游戏的发展随年龄的增长而变化的规律。

游戏发展进度表

操弄/建筑 （玩物游戏）	表征游戏	社会游戏	身体/动作游戏 （体能游戏）
1. 玩自己的身体部位（如手指、脚趾） 2. 用手臂挥打玩物并获得愉快	1. 在游戏中模仿 A. 模仿声音 B. 模仿别人的手势	1. 模仿镜中的形象 2. 对镜中的形象微笑 3. 在游戏中嬉笑	1. 可以不用支撑而坐着玩 2. 玩时可以独立

(续表)

操弄/建筑 （玩物游戏）	表征游戏	社会游戏	身体/动作游戏 （体能游戏）
3. 玩别人的身体部位，如摸别人的脸或头发 4. 玩水 5. 在游戏中去拿玩物（或自己拿或从别人处获得） 6. 在玩中放开玩物 7. 用双手去敲打玩物或拍手 8. 做影响环境的重复性动作（如敲打玩具产生砰砰响） 9. 堆放玩物 10. 自发性地涂鸦 11. 拿玩具 12. 将容器（篮子）中的玩具倒出来 13. 可以横向排列玩具并且有组织性 14. 玩沙（过滤、拍、抹平、倒或挂） 15. 玩拼图　A. 三件式的形状拼图（三角形、四边形、圆形）　B. 四件式个别成形的拼图　C. 四件组成一形体的拼图　D. 七件组成一形体的拼图　E. 十二件组成一形体的拼图。 16. 将玩具放入容器或篮子 17. 会将篮子盖于有盖的容器上 18. 玩黏土 A. 会用手去压、挤、滚及造型 B. 利用工具（如棒子及形状加上黏土做造型） C. 利用黏土/沙做表征的玩物（如做所熟识的物品，如电话、车子或茶杯，并能说出其名称）	C. 模仿别人的脸部表情 D. 延宕模仿（将以前所听过或看过的声音或动作模仿出来） 2. 在游戏中可制造声音 3. 在游戏中可用语言交谈或叫喊 4. 使用玩物来做假装、虚构（如假装积木为车，可使玩物具有意义） 5. 功能性使用表征玩具（如电话、车子、娃娃或茶具组合等） 6. 使用成人衣物或装扮游戏 7. 表现单一的假装情境游戏（如喝茶、开车等） 8. 表现虚构情境（事件之间有连续或单一角色持续在5分钟以下，如用茶具组合在一起喝茶、吃饼干，好像开茶话会、派对，或开车去逛街或加油等） 9. 表现虚构情境（单一角色的游戏可以持续5分钟以上） 10. 表现虚构情节（有情节、主题但较不具组织性） 11. 表现有组织、情节的假装游戏 12. 可以与其他幼儿做假装游戏（社会扮演游戏）	4. 玩社会游戏（如躲猫猫、玩拍手游戏） 5. 单独地玩（如幼儿自己玩玩具，即使与别的幼儿彼此处在很近的距离，也不想与其他幼儿在一起玩） 6. 可以独立玩游戏，持续15~30分钟 7. 平行游戏（幼儿通常在一起玩，但各自单独做他们的活动或游戏；通常在玩相似的玩具或活动，除非他抢夺别人的玩具，不然彼此很少有社会性的互动或影响他人的活动） 8. 联合游戏（幼儿可在一起玩。但各自拥有自己主题的深度活动。彼此间有沟通交流，通常玩的主题是与玩物有关的活动。彼此之间各自有自己的活动目标与目的，可以彼此有所关联，但不是一个完整有组织的活动） 9. 两人的合作游戏（两个幼儿参与共同目的的活动，彼此有组织，能相互协调以达目的。通常幼儿是玩一些扮演、竞争/非竞争的比赛，或做一些作品，彼此相互支持以达目的） 10. 团体的合作游戏（两个意向的幼儿能达到的目标） 11. 游戏中有分享行为 12. 玩时可以等待 13. 能为他人做事以达到目标的活动	站得很好 3. 爬或匍匐前进 4. 可以边走边玩 5. 可以双手将球从头上丢出 6. 可以用大人椅子爬上爬下 7. 踢球 8. 听音乐、做些律动 9. 踩（骑）三轮车 10. 用双脚做跳远状的动作（脚离地） 11. 可以从25厘米高处跳下来 12. 接大球 13. 跑得很好（不曾跌倒） 14. 可以在矮的玩具和梯上爬上爬下 15. 跳绳（至少连续两次以上） 16. 会翻筋斗、跳跃、荡秋千，用轮子溜冰、走平衡木等

（续表）

操弄/建筑 (玩物游戏)	表征游戏	社会游戏	身体/动作游戏 (体能游戏)
19. 玩积木 A. 没有表征意识的建构游戏 B. 具有表征意识的建构游戏 20. 用剪刀 A. 用剪刀剪东西 B. 将纸或布剪成碎片 C. 沿线剪不同的形状 D. 剪成不同的形状 E. 剪图案(除了太细小部分之外) 21. 用画图来表征事物(大部分画他所知道的故事并能说出故事中图画的名字) 22. 游戏建构的结果成为重要部分 23. 组织工艺技巧 24. 使用彩笔将图案着色 25. 拓印/盖印画或用笔作描绘		14. 要求同伴与他一起玩 15. 能叫出同伴的名字并炫耀(自夸其所做的事情) 16. 可与特定的玩伴一起玩并将他当作最好的朋友 17. 能对有规则的游戏或比赛遵守规则，并能轮流共享玩具	

（资料来源：翟理红．学前儿童游戏教程（第二版）[M]．上海：复旦大学出版社，2013：102．）

学习活动

1. 设计适合早教机构开展的游戏方案。方案应包括：游戏环境与材料、环境创设意图、游戏过程。

2. 以小组为单位，分别对教育机构和家庭背景下的婴幼儿游戏进行实录，分析整理后班级交流与分享。

3. 举例说明对婴幼儿游戏如何进行分析与支持。

复习与思考

1. 为早教机构和家庭中的婴幼儿设计游戏方案时有哪些异同？
2. 如何做好婴幼儿游戏实录？

参考文献

[1] 张珊明.国外有关儿童游戏的文化研究概述[J].比较教育研究,2005(11):19-23.

[2] 毛曙阳.儿童游戏与儿童文化[D].南京:南京师范大学,2008.

[3] 华爱华.幼儿游戏理论[M].3版.上海:上海教育出版社,2015.

[4] 刘焱.儿童游戏通论[M].2版.北京:北京师范大学出版社,2008.

[5] 约翰·赫伊津哈.游戏的人:文化中游戏成分的研究[M].何道宽,译.广州:花城出版社,2007.

[6] 吕逸.中国古代儿童游戏研究[D].西安:陕西师范大学,2006.

[7] 杨宁.儿童游戏:行为种系发生与个体发生之间的桥梁——三论进化、发展和儿童早期教育[J].学前教育研究,2010(11):3-11.

[8] Pellegrini A D, Dupuis D, and Smith P K. Play in evolution and development[J]. Developmental Review, 2007(27):261-276.

[9] 刘焱.幼儿园游戏与指导[M].北京:高等教育出版社,2012.

[10] 赵迪,严仲连,谢福秀,等."婴幼儿早期教育"专题研究[J].教师教育学报,2020,7(04):113-124.

[11] 王小英.学前儿童的游戏与学习:内在的连结性[J].学前教育研究,2013(07):3-7.

[12] 李雪,张家琼.0—3岁婴幼儿早期教育与活动方案[M].重庆:西南师范大学出版社,2020.

[13] 龙景云.学前教育原理[M].沈阳:东北大学出版社,2016.

[14] 教育部师范教育司.幼儿心理学[M].北京:北京师范大学出版社,1999.

[15] 丁海东.论儿童的游戏精神[J].山东师范大学学报(人文社会科学版),2006(1):78-81.

[16] 虞永平,王春燕.学前教育学[M].高等教育出版社,2012.

[17] 劳拉·E·贝克.婴儿、儿童和青少年(第5版)[M].桑标,等译.上海:上海人民出版社,2014.

[18] 冯婧.幼儿玩耍电子游戏的情况调查研究[D].四川师范大学,2015.

[19] Slee P, Shute R H, Slee P T. Child Development: Thinking About Theories. Arnold Publishers, 2003:167.

[20] 邱学青.学前儿童游戏[M].南京:江苏教育出版社,2008.

[21] M.艾森克.心理学——一条整合的途径[M].上海:华东师范大学出版社,2000.

[22] 王慧.0—3岁儿童早期发展中心的环境创设[J].世界教育信息,2018,31(08):67-71.

[23] 苏云晶.创设支持性幼儿游戏环境的策略探究[J].兰州教育学院学报,2014,30(10):155-156.

[24] 陶金.生活材料是0—3岁婴幼儿游戏的最佳选择[J].才智,2019(08):175.

[25] 黄晶.银川市0—3岁婴幼儿家庭玩具选择与使用的现状调查研究[J].大众标准化,2021(11):92-94.

[26] 周丽红.用游戏的方式在"玩"中学——班级区域游戏环境的创设与组织[J].华夏教师,2020(21).

［27］张星瀛.托幼机构小班环境创设原则之我见［J］.职业技术,2012(09).

［28］徐潇逸.亲子游戏促进儿童健康发展和亲情融合的有效性研究［J］.大学,2021(29):119-121.

［29］方尔埼.游戏理论对儿童全面发展的指导意义［J］.衡水学院学报,2016,18(01):114-117.

［30］韩平花.适合于2—3岁儿童的玩具及游戏材料探索［J］.学前教育研究,2006(01):57-59.

［31］吴文青,黄少芸.0—3岁儿童教育的途径［J］.鸡西大学学报,2012,12(05).

［32］唐娇.浅析当前我国早教机构的文化建设［J］.才智,2014(30):356.

［33］侯素雯,林建华.幼儿行为观察与指导［M］.上海:华东师范大学出版社,2014.

［34］北京市教育委员会.儿童早期教育指南［M］.北京:北京师范大学出版集团,2010.

［35］陈向明.质的方法与社会科学研究［M］.北京:教育科学出版社,2000.

［36］高瞻教育研究基金会.学前儿童观察评价系统［M］.霍力岩,译.北京:教育科学出版社,2018.

［37］董旭花,等.幼儿园自主游戏观察与记录——从游戏故事中发现儿童［M］.北京:中国轻工业出版社,2015.

［38］韩映虹.婴幼儿行为观察与分析［M］.上海:上海科技教育出版社,2017.

［39］周念丽.0—3岁儿童观察与评估［M］.上海:华东师范大学出版社,2012.

［40］格斯特维奇.发展适宜性实践:早期教育课程与发展［M］.霍力岩,译.北京:教育科学出版社,2011.

［41］卡西·纳特布朗.读懂幼儿的思维:幼儿的学习即幼儿教育的作用［M］.刘焱,刘丽湘,译.北京:北京师范大学出版社,2009.

［42］德布·柯蒂斯,玛吉·卡特.关注儿童的生活:以儿童为中心反思性课程设计［M］.郑福明,张博,译.北京:教育科学出版社,2015.

［43］杰克琳·波斯特,玛丽·霍曼,安·S.爱泼斯坦.高瞻0—3岁儿童课程:支持婴儿与学步儿的成长和学习［M］.唐小茹,译.北京:教育科学出版社,2019.

［44］里德尔·利奇.观察:走近儿童的世界［M］.潘月娟,王艳云,译.北京:北京师范大学出版社,2008.

［45］蔡蔚文.教师如何有效地观察幼儿的自主游戏［J］.福建教育,2015(27).

［46］翟理红.学前儿童游戏教程［M］.上海:复旦大学出版社,2013.

［47］张凤敏.幼儿园游戏区规划与指导［M］.上海:华东师范大学出版社,2016.

［48］刘俐敏.幼儿发展评价研究［M］.北京:人民教育出版社,2004.

［49］严芳.教育元评估的理论与实践［M］.上海:华东师范大学出版社,2013.

［50］林美德.在游戏中评价儿童——以游戏为基础的跨学科儿童评价法［M］.陈学峰,江泽菲,等,译.上海:华东师范大学出版社,2008.

［51］教育部基础教育司.游戏·学习·发展——全国幼儿园优秀游戏活动案例选编［M］.北京:人民教育出版社,2020.

［52］迈克·C.纳格尔.生命之始:脑、早期发展与学习［M］.王治国,等,译.北京:教育科学出版社,2016.

[53] 科恩(Cohen,D.L.),等.幼儿行为观察与记录[M].马燕,马希武,译.北京:中国轻工业出版社,2013.

[54] 盖伊·格朗兰德,玛琳·詹姆斯.聚焦式观察:儿童观察、评价与课程设计[M].梁慧娟,译.北京:教育科学出版社,2017.

[55] 菲利帕·凯.宝宝的第一个五年:0—5岁育儿与潜能开发全书[M].周汪源,译.武汉:武汉出版社,2017.

[56] 郑琼.0—3岁婴幼儿亲子活动指导与设计[M].福州:福建人民出版社,2013.

[57] 本书编写组.0—3岁婴幼儿早期教育家长指导手册[M].福州:福建人民出版社,2010.

[58] 张劲松.0—6岁儿童社会情绪发展指导[M].上海:复旦大学出版社,2019.

[59] 方凤,鲁直.宝宝习惯养成手册[M].南昌:江西科学技术出版社,2013.

[60] 西尔斯,等.西尔斯亲密育儿百科[M].邵艳美,译.海口:南海出版公司,2009.

[61] 尹坚勤,张元.0—3岁婴幼儿教养手册[M].南京:南京师范大学出版社,2008.

[62] 刘晶波,李旭.0—1岁儿童的发展与教育[M].南京:南京师范大学出版社,2020.

[63] 刘晶波,李旭.1—2岁儿童的发展与教育[M].南京:南京师范大学出版社,2020.

[64] 尹坚勤,张元.0—3岁婴幼儿认知发展与教育[M].上海:华东师范大学出版社,2020.

[65] 张明红.我与宝宝共成长:0—3岁婴幼儿家庭教养指导手册[M].上海:华东师范大学出版社,2021.

[66] 盖伊·罗伯特·赫尔姆斯.学前教育研究:方法与应用(第三版)[M].孙爱琴,译.北京:教育科学出版社,2019:107-111.

后 记

随着国家生育政策的调整和贯彻实施，0—3岁婴幼儿保育教育问题得到了社会各界广泛的关注与讨论。一方面，家庭亟须专业支持与指导；另一方面，现有的公共托育服务机构远远无法满足实际需要。为了更好地服务家庭、提升0—3岁婴幼儿保育教育质量，国家积极制定、颁布纲领性文件，加强对我国0—3岁婴幼儿保育教育的规范和管理。为了响应国家政策，顺应社会发展的需要，促进我国0—3岁婴幼儿保育教育事业更好更快地发展，上海科技教育出版社积极发起并组织全国部分高校长期从事早期教育的专家学者，编写了一套关于0—3岁婴幼儿保育教育的丛书，并且邀请参与讨论、制定相关文件的专家对本套丛书进行审核，力求保证本套丛书具有鲜明的理念引领性、教育科学性和实践指导性。

婴幼儿保育教育质量关系到人一生的身心健康，但是要顺利实施科学有效的保育教育却是非常困难的。一方面，目前关于婴幼儿保育教育的理论阐释还比较少，没有形成完善的理论体系。为了弥补这一缺憾，本套丛书广泛收集国内外相关资料开展深入研究，深入浅出地阐释了婴幼儿动作、语言、认知、情感与社会性、心理等方面发展的相关理论。同时，结合托育服务机构多年的实践经验，撰写了大量的教育教学活动观察案例，辅助实施保育教育活动的教师更好地理解和运用。另一方面，由于0—3岁的婴幼儿还不能完全表达自己的需要与情感，对教师和家庭的主要抚养者而言，如何准确地觉察他们的需要和情感，提供适宜的支持性环境显得至关重要。因此，本套丛书从实践需要出发，就婴幼儿行为观察、婴幼儿家庭保育教育、特殊婴幼儿的保育教育等方面进行翔实的阐述，以期对家庭和早教机构起到积极的指导作用。与此同时，为了更好地推动我国0—3岁早期教育健康发展，提升0—3岁婴幼儿保育教育质量，本套丛书还对如何研究婴幼儿身心发展、如何推进家庭保育教育、如何管理早教机构等问题进行了思考与总结，相信这些努力会对0—3岁婴幼儿保育教育发展产生广泛而深远的影响。

本套丛书的组织编写与出版凝聚了许多人的心血与汗水，也得到了多方面的帮助与支持，正是基于此，本套丛书才能按时顺利出版。在此，首先感谢丛书的所有编者，大家对丛书的编写倾注了大量的心血和努力。其次，感谢上海科技教育出版社领导的理解与支持，感谢有关编辑为本套丛书的出版付出了大量的精力与时间。同时，也要感谢幼教界同仁的关心和鼓励。此外，丛书中还引用了国内外同行的研究成果，在此一并表示衷心的感谢。由于时间紧张，本套丛书难免有不妥之处，敬请批评指正，以期不断修正、完善。

中国学前教育研究会教师发展专业委员会

张明红

2017年7月于华东师范大学